"十二五"职业教育国家规划教材

经全国职业教育教材审定委员会审定

快递实务

（第二版）

刘万军 主 编

中国财经出版传媒集团
中国财政经济出版社

图书在版编目（CIP）数据

快递实务 / 刘万军主编. --2 版. --北京：中国财政经济出版社，2020.6（2022.8 重印）
“十二五”职业教育国家规划教材
ISBN 978-7-5095-9788-0

Ⅰ.①快… Ⅱ.①刘… Ⅲ.①快递-职业教育-教材
Ⅳ.①F618.1

中国版本图书馆 CIP 数据核字(2020)第 073535 号

责任编辑：樊 闽　　　　责任校对：张 凡
封面设计：汪俊宇

中国财政经济出版社出版
URL：http：//www.cfeph.cn
E-mail：cfeph@cfeph.cn

社址：北京市海淀区阜成路甲 28 号　邮政编码：100142
营销中心电话：88190406　北京财经书店电话：64033436　84041336
北京鑫海金澳胶印有限公司印刷　各地新华书店经销
787×1092 毫米　16 开　18.75 印张　456 000 字
2020 年 6 月第 2 版　2022 年 8 月北京第 2 次印刷
定价：49.00 元
ISBN 978-7-5095-9788-0
（图书出现印装问题，本社负责调换）
本社质量投诉电话：010-88190744
打击盗版举报热线：010-88190492、QQ：634579818

编写 说明

本书是“十二五”职业教育国家规划教材、财政部规划教材，经全国职业教育教材审定委员会审定，作为全国中等职业学校财经商贸类教材使用。

本书自2015年出版以来得到了广大读者的厚爱。但随着大数据、互联网、人工智能的飞速发展和实际应用，极大地推动了我国快递物流业的快速发展。本次教材修订以习近平新时代中国特色社会主义思想为指导，在整体结构上与初版保持一致，主要针对过去几年里国际、国内快递物流业发生的新情况和新变化进行增补和调整，总体上保持了原来的特色与创新。

快递实务课程是中职物流专业的专业课。本书根据当前中职教育的特点和中职生的认知水平，以快递工作过程为导向，注重实训操作，以尽可能具体的案例说明问题。本书的编写思路是：

1. 按照快递业务的顺序流程即快件收寄、快件处理、快件运输以及快件的收派顺序组织内容，辅以必要的快递产生与发展的知识，以工作过程为导向，摈弃过多的理论介绍，在实训中教会学生应该掌握哪些基础知识，并通过实训掌握一个完整的业务流程操作，注重动手能力。

2. 每个实训都给出所需的实际业务要求，使学生做训练时不感觉空洞，明确实训的目的，以便在今后的实际工作中遇到同样问题时能够找到解决方法。

3. 对大型实训任务进行分解，由整体到分散，再由分散到综合，细化各个任务，使学生彻底了解每个小任务的解决方法，而不是笼统模糊地介绍大的步骤，这样做也利于教师的课堂安排。

4. 在实训过程中，针对个别需要注意的问题或者是延伸的知识点，都给出特别提示，以引起学生注意，避免遇到具体问题时走弯路。

5. 行文风格通俗，提高学生的学习兴趣，易教易学。

6. 对于理论性较深的知识点注重结果和应用，真正做到以“够用”为原则，侧重于“用”。

7. 全书围绕走近快递、寻找快递入门的钥匙、学会快递管理、体验国内快递作业流程、体验国际快递作业流程共计五个项目的学习来展开。

《快递实务》教材建议教学课时数为72学时，课时分配见下表。实际教学时可视教学具体情况适当安排课时。

《快递实务》课时分配表

序号	项目名称	任务名称	理论讲授	实训（课外）
1	走近快递	任务一　认识快递 任务二　认知快递与物流的关系	20	8
2	寻找快递入门的钥匙	任务一　了解航空快递 任务二　了解报关知识 任务三　了解快件保险 任务四　了解客户须知	12	6
3	学会快递管理	任务一　学会作业管理 任务二　学会快件与车辆的安全管理 任务三　学会客户管理 任务四　学会销售管理 任务五　懂得财务管理 任务六　懂得快递信息管理 任务七　懂得岗位管理	16	6
4	体验国内快递作业流程	任务一　掌握基本的作业知识 任务二　体验接单服务 任务三　学会查询服务 任务四　学会快件收取服务 任务五　学会得快件处理 任务六　懂得派送服务	16	10
5	体验国际快递作业流程	任务一　掌握国际快递作业常识 任务二　认识地面作业 任务三　认识口岸作业	8	8
合　计			72	38

本教材由邯郸市第一财经学校刘万军主编，著名物流专家郑彬担任主审。张琦可（贵州物资学校）、齐艳君（文山州财贸学校）、王同科（邯郸第一财经学校）参加了教材编写。刘万军编写项目一、项目二、项目三、项目四；张琦可、齐艳君、王同科编写项目五。

本书为用书学校任课老师提供了课后习题答案和电子课件，如有需要，请登录中国财经教育网（http://jiaocai.cfeph.cn）下载，或通过电子邮箱 caijingjiaocai@163.com 索取（请注明学校、全书名、版次、作者）。

在教材编写过程中，参阅了大量相关教材、书籍和网络信息，得到同行和领导的大力支持，在此一并表示感谢。

由于编者能力有限，书中不妥之处，恳请读者批评指正。

编　者

2020 年 4 月

目　录

项目一
走近快递

【学习导航】

你有从网上购物的经历吗？你知道货物是通过什么途径送到购买者手上的吗？快递充当了买卖双方不可缺少的桥梁。在当今世界，快递作为一种先进的运输服务方式越来越受到社会各阶层客户的普遍欢迎并得到蓬勃发展；快递作为一个专门的行业，已经为社会生产和人们生活所必需。职业学校学生掌握一定的快递知识，对于工作和生活都是非常必要的。

本项目主要讲述快递业的起因、背景、特点、种类等，使学生对这个行业有一个基本的了解。在物流业快速发展的今天，快递已经成为物流业的一个重要分支，认识快递与邮政的关系、快递与物流的关系、快递与运输的关系至关重要，这不仅涉及法律法规的适用问题，更涉及快递业的规范化管理问题。

对中国而言，快递是从国外引进的新型运输方式。20 世纪 80 年代，国际快递才进入中国市场，作为一个新兴的产业得到了飞速的发展。特别是网络购物的繁荣带动了快递业务的激增，近年来我国快递量稳居世界第一。快递业的壮大极大地推动着中国经济的发展。

知识目标

- ☐ 理解快递的定义与性质
- ☐ 熟悉快递服务的特点和作用
- ☐ 了解快递的分类、快递服务的起源与发展

技能目标

- ☐ 培养辩证分析问题的能力和对比分析的能力

情感目标

- ☐ 增强对快递业的认识，培养对快递岗位的情感

任务一　认识快递

任务情境

王力是邯城中专学校物流专业毕业生，到顺达快递公司实习。公司为使王力对快递公司及快递业务流程等知识先有一个较为全面的认识，以便为后续的业务操作打好基础，按照惯例安排企业导师给王力等实习生进行了专业化的集中培训。培训中，物流专家——公司张经理特意结合实际案例介绍了快递的概念、产生发展的过程，并针对快递业务知识进行了重点培训。培训采用现场授课方式，在参观公司各部门的操作流程的过程中，分析快递的性质、特点和应注意的问题。通过培训，王力对许多理论性的知识有了感性认识，原来感觉抽象的东西变为具体了。

集中培训结束前，公司召开学员座谈会，会上对学员提出了如下要求：

1. 具备扎实的专业知识。
2. 到公司后，首先从基层做起，物流业工作比较艰辛，要注意培养吃苦耐劳的精神。
3. 要有强烈的社会责任感和团结协作的精神。

为检验学员本阶段实习的成果并加以巩固，王力小组还按照公司要求参加了市场部正在进行的市场调查。

任务要点

理论要点：

- □ 能描述快递概念
- □ 熟悉快递的特点与方式
- □ 熟悉快递的分类
- □ 了解主要的国内、国际快递公司

实践要点：

- □ 熟悉本地各类快递公司的特点、性质和业务范围
- □ 选择某一快递公司邮寄快件，清楚所选公司的实力与地位以及优势
- □ 到快递公司实习，热爱自己所在的快递岗位，能为公司提出合理化建议

任务实施

知识准备

一、快递的定义和特点

（一）什么是快递

快递，又名“速递”，是指快速收寄、运输、投递单独封装的、有名址的快件或其他不需

储存的物品，按承诺时限递送到收件人或指定地点，并获得签收的寄递服务，故快递又称速递。快递服务属于邮政业。快件包括快递服务组织依法收寄并封装完好的信件和包裹等寄递物品。

案例分析

快递的产生

1969年3月的一天，一位名叫达尔西（Adrian Dalsey）的美国青年到加利福尼亚的一家海运公司看望朋友时，听一位管理人员讲，一艘德国商船正停泊在夏威夷港等待加利福尼亚（旧金山）签发的提单。如果通过正常的邮政途径，需要一个星期提单才能到达夏威夷。达尔西提出他愿意乘飞机将文件送到目的港，公司管理人员通过比较发现，此举可以节约昂贵的港口使用费和船舶滞期费用，于是便同意他充当一次特殊信使，将文件交给了他。达尔西乘飞机专程来到夏威夷，亲手将文件交给了收货人。收货人迅速办理了卸货手续，使货船顺利交货返航，这一举动减少了该航运公司在港口的各项费用，也得到了收货人的赞赏。达尔西有了这次经验后，便与几位志同道合的朋友一起创立了世界上第一家快递公司——敦豪公司（DHL公司），总部设在旧金山，专门从事银行票据、航运文件、单证的传递业务，后来又将业务扩大到货物样品等小包裹运送服务。由于这种运送方式可以快捷、准确、可靠地将文件和货物送到收货（件）人手中，所以，快递业从一出现就受到从事跨国经营的贸易、金融、运输各界人士的热烈欢迎。

分析：

1. 快递的产生是由于传统跨国邮政速度和服务质量与经济的发展不相适应。

2. 由于快递业快捷、安全的运送特点满足了工商、贸易的要求，因而在全世界范围内迅速发展起来，特别是在美国、日本、西欧各国等经济发达的国家和地区发展更为迅速。

（二）快递服务的特点

1. 寄送方式独特——采用“门到门、桌对桌”的递送方式。
2. 寄送过程快速——充分利用多种运输工具，使快件迅速送达收货人手中。
3. 快递网络安全、完善、高效。
4. 寄送过程可全程监控、跟踪。
5. 寄递物品以“件”为单位，要求名址、联系方式齐全。

相关资料

为了实现寄递过程的透明性，快递公司必须配备先进的计算机网络、先进的通信网络，以及能够满足和实现各种个性化的、特殊的快递服务需求的特有软件和硬件功能。20世纪的最后10年，UPS公司在电子技术方面共投资了110亿美元，实现了对包裹运送的每一步紧密跟踪，从而使其在电子商务大潮中占据了有利地位。

资料来源：http：//wenku. baidu. com/view。

6. 递送物品的特定性。

（1）封装的物品。快递业务是对封装物品的递送。快递业务对递送物品的封装要求明显区别于一般的物流业务。

封装的物品在快递业务中称为“件”，并以“件”为计量和计价以及物品流动的基础单位。一个或以上相同或不同物品封装后只作为一件快件。而一般的物流业务中并不特别要求物品封装，可以以运输工具如“车”，或以物品重量或体积为计量和计价单位。

（2）署有名址的物品。快递业务是对有名址物品的递送。由于快递业务以“件”为物品流动的基础单位，因此封装后的物品即“件”要署有名址是快递业务的基本要求。收件人名址明确了物品的目的地及接收者，寄件人名址明确了物品的收寄地及寄件人，这“件”物品的流向就得以确定。所以，名址信息是经营快递业务的基础。

（3）有重量、体积限制的物品。快递业务是对有重量、体积限制物品的递送。快递递送物品主要是信件、包裹、印刷品。信件和印刷品统称“信函”，以纸质物品为主。

《中华人民共和国邮政法》（以下简称《邮政法》）第五十六条规定：“不得将信件打包后作为包裹寄递。”快递经营中很少有大重量、大体积的信函发生。包裹涉及面广，因此《邮政法》对包裹重量、体积有明确规定：“其重量不超过 50 千克，任何一边的尺寸不超过 150 厘米，长、宽、高合计不超过 300 厘米。”这些规定界定了快件的重量、体积的范围。

二、快递网络

（一）快递网络的概念

“快递网络”是实现快件收寄、分拣、封发、运输、投递等的实体网路和信息网络的总称。**快递网络是由快递取送点、各级中转中心（中转场站）和各级网路（运输路线），按照一定的原则和方式组织起来的传递快件的网路系统。**快递网络是实现快递服务的物质基础和重要保障，对快递服务质量和水平有着决定性的影响。

（二）快递实体网络的构成

1. 取送点（取件和派件），主要是指快递的基本营业网点。

2. 中转点，是指网络中的集散节点，是进行快件分拣集散的重要节点，需要一定的机械化、自动化处理能力。中转点也称为“分部”“点部”或者“营业所”等；大型的中转点一般称为“中转中心”或“分拨场”，也称为“集散点”“集散中心”等。基本功能是对快件进行集散和转运。

提示：

- 中转点的数量相对于取送点要少得多。
- 中转点的地位和相互联系的疏密程度不同，构成不同层次和集团的快递运输系统。
- 中转点的选择和在网络中地位的确定，一般要综合考虑货物流量流向、交通条件、地理环境、城市规划和政策、与其他中转点的衔接、作业效率、边际成本等因素。
- 中转层次的设定一般要综合考虑时效、中转点流量、中转点处理能力和成本等因素。

3. 运输路线与运输工具。快件要按规定路线和班期来运行，线路的级别不同，适用的运输工具也不同。

一级干线：跨省或跨区域的连接一级中转场的线路，多使用飞机或较大型汽车工具。

二级干线或一级支线：省内或区域内下级各地区之间的线路，省级以下地区内的线路一般称为“支线”，也可进一步分为各级支线。城市内的线路一般称为“市内支线”，支线运输多使用地面汽车运输。在不同层级中，运输路线的功能、地位和传递速度不同。

三、快递的种类与方式

（一）快递的种类

快递可以按照不同的标准进行分类，如图 1－1 所示。

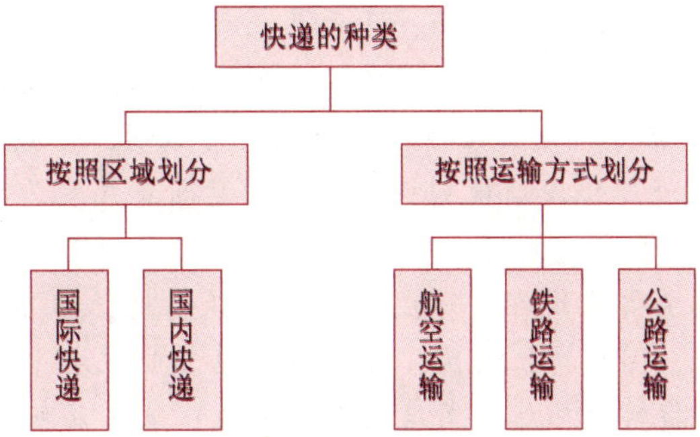

图 1－1　快递的分类

1. 按照快递的区域划分，可以分为国际快递和国内快递两大种类。

（1）国际快递。是指快件从一个国家到另一个国家的跨越国界的递送过程，就是通过国家之间的边境口岸和海关对快件进行检验放行的运送方式。

提示：

国际快件到达“目的国口岸”之后，常常要在目的国内再次转运，才能将快件送达最终目的地（收件人所在地）。此时，该快件到达目的国后的运转只是国际快递活动的延续，该快件仍然是国际快件，而不是目的国的国内快件。因此，国际快递中核心的要素（最关键的问题）是：国际快递公司在各个目的地国家一定要拥有自身网络，至少要有代理网络，否则就没有经营国际快递业务的资格。

（2）国内快递。是指快件在同一个国家内的递送过程，即快件的始发地和目的地都不超出国界的运送方式。国内快递又可分为全国快递、区域快递、同城快递三类。

提示：

从中国大陆发往中国香港地区的快件，因需要通过深圳海关，从作业角度上讲，应视为国际快件。

①全国快递。全国快递是国内快递的一种，它是跨区域的递送服务方式。大型快递企业一般将本公司的运输网络划分成若干区域，如北方区（以北京为中心）、东方区（以上海为中心）、南方区（以广州为中心），每个区域网络都辐射到周边若干省市，类似我国传统的大行政区（东北、西北、华北、华东、华南等）。比如，从北方区发往南方区，或从东方区发往北方区，这种跨区域运送的快件称为“全国快递”。

②区域快递。区域快递是国内快递的一种，它是区域内的递送服务方式。中国地域辽阔，长江三角洲、珠江三角洲和京津环渤海高速公路网的形成为这三个经济热点区域提供了以高速陆运为主的特殊优越条件。上述三个区域内的快递业务就是区域快递。比如，快件从北方区的天津发往北方区的大连，这种在同一个区域内运送的快件称为“区域快递”。

相关资料

长江三角洲、珠江三角洲和京津环渤海区域包含的主要城市

长三角以上海为中心，南京、杭州为副中心，包括江苏的苏州、无锡、徐州、扬州、泰州、南通、镇江、常州、盐城、淮安、连云港、宿迁，浙江的宁波、温州、嘉兴、湖州、绍兴、舟山、台州、金华、衢州、丽水，安徽的合肥、马鞍山、芜湖、滁州、淮南共30个城市。以沪杭、沪宁高速公路以及多条铁路为纽带，形成一个有机的整体。根据2019年长江三角洲区域一体化发展规划纲要，规划范围正式定为苏、浙、皖、沪四省市全部区域。

长三角的发展特色主要表现在：形成综合性产业基地；城市化呈现结构性大发展；城市综合实力全国领先，圈层特征明显；城市与城镇工业化水平较高；城市大物流条件初步形成；城市教育科技实力雄厚，高层次人才密集；城乡居民生活水平比较富裕，全国领先。

狭义上的珠三角经济区包括广州、深圳、佛山、东莞、惠州、中山、珠海、江门、肇庆，大珠三角还包括香港、澳门特别行政区，是中国人口密度最高的地区之一，也是中国南部的经济和金融中心。

京津环渤海地区或“环渤海经济圈”，狭义上是指京津冀、辽东半岛、山东半岛环渤海滨海经济带，同时延伸辐射到辽宁、山东、山西以及内蒙古中东部，京津环渤海地区包括北京、天津、唐山、沧州、石家庄、保定、沈阳、大连、济南、青岛、烟台、秦皇岛、葫芦岛等多座城市。环渤海地区拥有40多个港口，构成了中国最为密集的港口群；环渤海地区是中国交通网络最为密集的区域之一，是我国海运、铁路、公路、航空、通讯网络的枢纽地带，交通、通讯联片成网，形成了以港口为中心、陆海空为一体的立体交通网络，成为沟通华北经济和进入国际市场的重要集散地。随着北京、天津、唐山等城市经济快速发展，京津冀区域经济合作进一步加强，环渤海地区成为新世纪中国经济发展最为活跃的地区之一。

资料来源：百度百科

③同城快递。同城快递是国内快递的一种，是发件人和收件人都在同一个城市的递送服务方式。同城快递成本投入少，取件和送件及时，能为客户解燃眉之急，受到社会各界欢迎。同城快递多集中在商业发达的大中城市，成为活跃城市经济、提高客户工作效率、解决就业问题的重要行业之一。比如，快件从北京的东城区送往北京的海淀区，这种在同一个城市内运送的快件称为“同城快递”。

2. 按照快递的运输方式划分，快递可以分为航空运输、铁路运输和公路运输三大方式。

（1）航空运输。是指快递企业使用飞机、直升机及其他航空器运送快件的一种运输方式，具有快速、机动的特点，为国际贸易中的贵重物品、鲜活货物和精密仪器运输所不可缺。

（2）铁路运输。是指快递企业利用铁路列车运送快件的一种快递运输方式。

（3）公路运输。是指快递企业使用各种车辆（主要是汽车）在公路上进行快件运送的

一种快递运输方式。

相关资料

快递的多式联运

多式联运由两种及以上的交通工具相互衔接、转运而共同完成的运输过程统称为“复合运输”，我国习惯上称之为“多式联运”。在多式联运方式下，所有一切运输事项均由多式联运经营人负责办理。托运人只需面向多式联运经营人一次性办理托运、订立运输合同、支付费用以及保险等业务。同时，由于多式联运采用一份货运单证，统一计费，简化制单和结算手续，节省人力和物力。此外，一旦运输过程发生货损货差，由多式联运经营人对全程运输负责，也可以简化理赔手续，减少理赔费用。

由于客户对快递服务的时效要求越来越高，为了能够在承诺的时限内准确无误地将快件送达客户手中，快递企业需要整合调度各种地面和空中资源，实现高效率的多式联运。

快递企业对运输方式的选择是根据企业实际已经获取的运力资源，综合考虑快件时效和运输成本两个主要因素后决定的。一票快件的成功运送往往不能只靠单一的运输方式，而是经常需要多种运输方式结合运用。在短距离运输方面，比如省区市际和部分邻近区域内可以通过陆路的方式实现，但是在远距离运输上，比如跨省区市、跨国区域内，则通常需要通过航空运输实现。例如，联合物流贸易有限公司是一家专门提供中国—韩国双线物流快递服务的大型快递公司，它采用空运、海运和手提等多种运输方式。

资料来源：http：//wenku. baidu. com/view。

（二）快递的递送方式

1. 门到门。是指从发件人委托发件开始（签字后运单生效），到收件人在运单上签收，即快递公司从发货方处取货，经过运输各环节，将货物送达收货人手上的承运一票快件的全过程。它的根本特点是：确保快件准确无误地按时送到收件人手中。此外，也有人将门到门称之为“桌到桌”（Desk to Desk）或“手递手”（Person to Person）。门到门的方式是快递业务中最常见的服务形式。

2. 门到机场。这是应客户（多为发件人）要求，或因收件人一时难以找到而产生的特殊服务方式。近年来，快递物品有逐年增大加重的趋势，这些大件物品必须报关查验，到达目的地国家后，还有内陆运输的转运问题，这也是门到机场递送方式产生的原因之一。

3. 专人派送。这是一种由快递公司派专人亲自登机，携带并护送快件，直接送到客户手中的特殊服务方式。只有在情况紧急或物品有特殊要求的情形下，才会产生这种服务要求和方式，因其运费昂贵，托运人和承运人双方需要特别议定。

四、快递的作用和影响

（一）快递的作用

快递作为新型的运输方式，适应全球经济一体化的社会需求，推动了人类生产力的迅速提高，对社会生产和人类生活产生了巨大的作用和影响。快递的作用如图 1－2 所示。

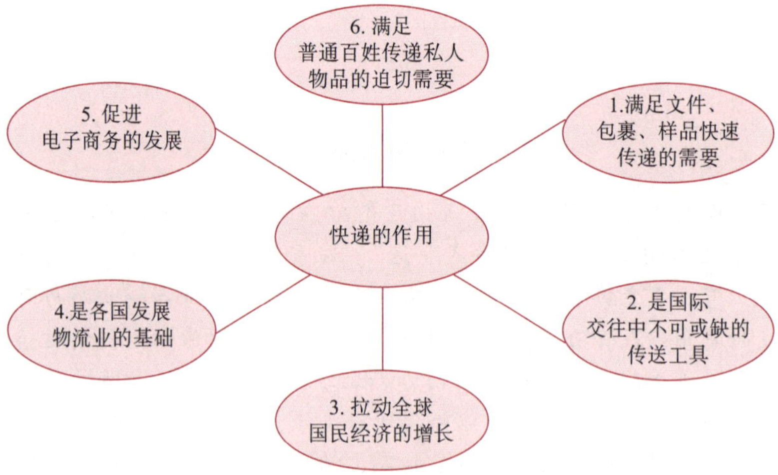

图1－2 快递的作用

相关资料

DHL的历史作为

1988年DHL公司协助中国成套设备进出口公司赶制紧急标书，及时发往沙特阿拉伯，使该公司顺利中标4000万美元项目。

2002年足球世界杯期间，中国订购的15749张门票就是由DHL公司从英国曼彻斯特送到北京的。又如，1987年英国女皇伊丽莎白访华，一批重要的外交文件，也是委托DHL公司先期运抵中国的。

2012年，作为阿斯皮纳基金会动物保护举措的一部分，DHL还参与了3头极度濒危的黑犀牛（特殊快件）的运输工作。在DHL的帮助下，这3头黑犀牛从英国肯特的迈斯顿机场（Manston Airport），来到了坦桑尼亚的乞力马扎罗国家公园（Kilimanjaro National Park）。这3头黑犀牛是在圈养状态下，于阿斯皮纳基金会的林姆尼港野生动物园（Port Lympne Wild Animal Park）出生。该运输任务是一项增加黑犀牛种群数量计划的一部分。通过重新引入，增加坦桑尼亚姆科马齐犀牛保护区东部黑犀牛的数量，该计划得到了活跃的动物保护组织象牙信托基金（Tusk Trust）的支持。

2013年，DHL曾经将9只银背大猩猩从英国运到了加蓬。那次运输由阿斯皮纳基金会（Aspinall Foundation）组织，让大猩猩家族重返了野外家园。

2014年2月22日，两只大熊猫从成都大熊猫繁育研究基地出发，最终于23日抵达富有中国园林特色的比利时天堂动物园。这两只大熊猫搭乘的是DHL公司的B767货运专机从中国飞往比利时，同行的还有两名动物驯养员和一名兽医，以及竹子等食物。在抵达布鲁塞尔机场时，两只大熊猫受到了附近学校孩子们的热烈欢迎，比利时首相埃利奥·迪吕波也专程前来迎接。不用镇静剂运输大熊猫是项非常艰巨的任务，公司为此筹划数周，并成立了一个由20多名DHL国际快递专家组成的特别工作小组。分别来自网络规划、清关与认证、地面操作与运输等领域的小组成员在至少5个国家之间协同工作。DHL国际快递完备的网络在这项复杂的项目中发挥了关键作用。

安全地运送这些美丽而濒危的动物，不仅能体现我们支持世界各地动物保护和环保事业的承诺。由于规划和执行此类任务存在诸多挑战，这些任务为我们提供绝佳机会的同时，也展示DHL的专业经验和能力。运送动物的目标是确保旅途上花费的时间最少，同时还要确保动物安全，并尽可能让它们舒适。与此同时，此类项目需要制订大量的计划——涉及数量众多的文件，比如海关清关和兽医检查的许可和文件。DHL还需要安排其航空网络的飞行时间表，以确保调配专门的货机来运送。

DHL母公司德国邮政敦豪集团是全球首家提出GoGreen战略的物流公司。早在2008年，集团就提出了环保承诺：在2007年的基础上，到2020年将碳排放效率提升30%，并于2016年提前达成目标。

因此，德国邮政敦豪集团在2017年提出了更宏大的2050年“零排放”的愿景，届时将所有与物流有关的排放减少为零。为了能如期实现此战略愿景，集团还专门设定了2025年中期目标，制定了多项切实可行的行动计划和举措，包括通过采用清洁能源运输方式的绿色方案，完成70%取派件服务的第一公里和最后一公里服务，在超过50%的产品和服务中包含绿色解决方案等。

DHL快递在中国也积极通过基础设施改造、对生产线、运输和服务等环节的节能管理措施，以及对新技术和可替代能源的投入不断推动绿色物流可持续发展。公司结合各地情况，大力采购电动车，并加入了由中国国际经济交流中心和保尔森基金会共同发起的“争做零跑者”（Race to Zero）项目，并承诺基于2013年的标准，至2025年提升碳排放效率36%的目标。2019年7月，DHL快递还在河北丰宁县共同建立了首个“DHL快递中国公益林”，扩大当地林木面积近200亩。

资料来源：根据中国物流网整理。

（二）快递业对经济的影响

1. 快递业对GDP有较大的直接贡献，可创造大量的就业岗位。快递业的产业关联效应显著，表现为快递业务量与GDP高度正相关和显著的就业吸纳效应。快递业不仅可实现可观的增加值，而且可创造大量的就业机会。

相关资料

根据牛津经济预测中心的测算，2013年快递业对全球GDP的直接贡献达1350亿美元，直接创造210万个工作岗位，间接创造和派生出240万个工作岗位，总计提供240万人的就业机会。到2019年的时候，对全球GDP的直接贡献增加为3000多亿美元，直接创造的就业岗位达到700多万个，间接创造和派生出的工作岗位超过800多万个，总计提供1500多万人的就业机会。随着AI技术的应用，快递无人化的深入，快递的直接岗位可能有所下降，但快递创造的间接就业岗位确有上升趋势，所以快递行业创造的总的就业岗位不会减少。

资料来源：牛津经济研究院：快递是对全球经济的影响（略有改动）

2. 快递服务有助于企业降低经营成本。快递服务的快速性，使企业采购的选择范围更加广阔，从而可降低采购成本。快递服务也可使企业实现集中化的、更加科学的仓库布局，从而降低库存成本。快递还可使企业更加便捷地处理维修、退换等售后服务事宜，降低售后服务成本和商誉损失。另外，快递服务还有助于降低企业的缺货损失和生产、设备中断的风险损失。

3. 快递成为企业经营模式改革的重要支撑之一。当前，企业经营模式逐步发生变革，快递已经成为企业经营发展过程中的重要服务需求。跨国公司的全球化扩展、产业的跨国转移、工厂或仓库经营布局模式的转变、销售模式的变革等，都需要快递服务予以支持。

五、快递业的发展

（一）世界著名国际快递公司

世界著名的国际快递公司主要包括四大国际快递巨头（UPS、FedEx 、DHL、TNT）、我国的 EMS、日本的 OCS 以及中东快递 ARAMEX 等。

1. UPS（联合包裹运送服务公司）。UPS 于 1907 年作为一家信使公司成立于美国，如今已发展为拥有超过 578 亿美元资产的大公司。如今的 UPS 已是一家全球性的公司，其商标是世界上最知名、最受青睐的商标之一（见图 1－3）。作为世界上最大的快递承运商与包裹递送公司，也是专业的运输、物流、资本与电子商务服务的领导性的提供者。

图 1－3　UPS 商标

目前，UPS 在全球拥有众多的店铺、客户服务中心以及庞大的运输队伍。巨大的设施与设备量使 UPS 快递业务形成了可观的规模效应，提高了单位成本的回报率。

相关资料

UPS 创建简史

UPS 的创始人是当时 18 岁的美国青年 James E. Casey，又称吉姆（Jim）。1907 年 8 月的一天，吉姆向朋友借来 100 美元，在华盛顿州的西雅图市创建了美国信使公司。当时，由于商业发展的需求，在美国已有多家信使服务公司，吉姆就曾在一家信使公司任过职。吉姆的合作伙伴叫 Claude Ryan。创业之初，他们在街面租用了一间简陋的办公室，并请来了十几位年轻人（其中有吉姆的弟弟）来担当信使（派送员）。他们利用分布在西雅图市的几个服务网点，来接听客户的电话，指派距离最近的信使前去收件（有包裹、信件、请柬、食物等），然后按时送到。运送方式有三种：客户较近时，就一路小跑（步行）；稍远一点的，就用自行车；分量重一些的货物，就用四轮马车。

第一次世界大战后，美国的包裹业务上升，吉姆的信使公司便开始为邮局做代理，以投递包裹和物品为主，并开始使用摩托车。1913 年，UPS 第一次使用福特汽车。不久，又与几个同行合并，把业务转向“协助零售商，提供家庭配送”，西雅图市的三家最大百货商店成为 UPS 的固定客户。从 1918 年开始，UPS 将褐色作为公司形象的标志性颜色，一直沿用至今。1919 年，UPS 将业务延伸到加利福尼亚的奥克兰，公司正式命名为“联合包裹运送服务公司”，该名称一直沿用至今。1924 年开始使用传送带系统，1929 年开始使用飞机，其已扩大到美国西海岸所有大中城市，UPS 的总部迁到了亚特兰大市。第二次世界大战后，UPS 通过市场竞争和自身实力，获得了与邮政总局同等的权利，成为能够为企业和个人送货的公共承运人，此时 UPS 的业务已经扩展到美国全境。

资料来源：百度百科，http：//baike. baidu. com。

2. DHL（敦豪国际）。DHL 隶属于德国邮政全球网络集团，是世界上最大的运输和物流集团。

DHL（敦豪）是 1969 年 10 月 20 日在美国加利福尼亚建立的全球最早的国际快递公司，面对的是国际快递客户。**DHL 是一家私营公司，主要的合作伙伴是德国邮政世界网络、汉莎航空公司和日本航空公司。**

2002 年初，德国邮政全球网络集团成为 DHL 的主要股东。到 2002 年底，DHL 已经 100% 由德国邮政全球网络集团拥有。2003 年，德国邮政全球网络集团将其下属所有的快递和物流业务整合至一个单一品牌——DHL，即将敦豪环球快递（DHL）、丹沙（Danzas）、德国邮政欧洲快递整合为统一的 DHL 品牌进行经营。统一后的 DHL 品牌拥有四大服务支柱公司：DHL 快递、DHL 货运、DHL 丹沙海空运以及 DHL 解决方案。DHL、Danzas 都是全球知名的国际性品牌，但为了建立全球范围的统一形象，德国邮政全球网络集团选择了在业内知名度更高的品牌 DHL。

从 2003 年 4 月 1 日开始，DHL 的新标识开始启用（见图 1－4）。新的品牌标识是传统的 DHL 标识置于黄色背景之上，表示德国邮政全球网络集团对新的 DHL 100% 的控股。2005 年 12 月，德国邮政全球网络集团并购 Exel 的举措进一步巩固了 DHL 的品牌。整合后的 DHL 的专业服务来自由德国邮政全球网络集团收购的几家公司。

图 1－4　DHL 商标

目前，德国邮政全球网络集团的服务网络遍及全球 220 多个国家和地区。全球约 36 万名尽心尽职的员工向 12 万多个目的地的客户提供快捷、可靠的服务。

3. FedEx（联邦快递公司）。联邦快递（FedEx）成立于 1971 年，现隶属于美国联邦快递集团（FedEx Corp.），是集团快递运输业务的中坚力量。

联邦快递集团为遍及全球的顾客和企业提供涵盖运输、电子商务和商业运作等一系列全面服务。作为一个久负盛名的企业品牌，联邦快递集团通过相互竞争和协调管理的运营模式，提供了一套综合的商务应用解决方案，年收入高达 679 亿美元。联邦快递集团激励旗下员工和承包商高度关注安全问题，恪守品行道德和职业操守的最高标准，并最大程度地满足客户和社会的需求，屡次被评为全球最受尊敬和最可信赖的雇主。

联邦快递作为全球最具规模的快递运输公司，为全球超过 235 个国家和地区提供快捷、可靠的快递服务。联邦快递设有环球航空及陆运网络，通常只需 1～2 个工作日就能迅速运送时限紧迫的货件，而且确保准时送达。联邦快递是一家国际性快递集团，提供隔夜快递、地面快递、重型货物运送、文件复印及物流服务，总部设于美国田纳西州的孟菲斯市。其品牌商标 FedEx 是由公司原来的英文名称 Federal Express 合并而成（见图 1－5）。

图 1－5　FedEx 商标

4. TNT（荷兰邮政集团）。其创始人是澳大利亚人托马斯（Thomas），他于 1946 年在澳大利亚悉尼成立 TNT 公司。1997 年 TNT 被荷兰邮政兼并，总部移至荷兰的阿姆斯特丹。

1998 年荷兰实行邮政改革（邮电分营），荷兰邮政兼并了十几家大公司，成立了荷兰邮政集团（TNT Post Group，TPG）。从 1990 年开始，荷兰邮政集团进行了 30 多次全球战略性收购：1997 年收购澳大利亚的 TNT；1998 年收购法国的 Jet 服务公司；1998 年 6 月成立荷兰邮政集团（TPG）；1999 年收购意大利的 Tecnolo gistica 物流公司；2000 年收购法国 Barlatier 物流公司。TNT 被荷兰邮政收购后，总部（TPG）业务共分三部分：国际快递、邮政和物流。它的业务以欧洲为主，特别是在汽车零配件物流方面获得成功，得到广泛承认，成为全球最大的汽车物流供应商。

TNT 集团在世界范围内向企业和个人消费者提供全方位的邮政和快递服务。在欧洲和亚洲拥有高效的网络设施，并在世界范围内不断扩展业务网络，以实现其网络绩效的最大化。

TNT 集团拥有 185 000 名员工，分布于 200 多个国家和地区。集团分别在阿姆斯特丹和纽约股票交易所上市。TNT 快递是全球领先的企业级快递公司，通过其在全球近 900 个快递服务中心、转运中心以及分拣中心，每周在全球 200 多个国家递送 350 多万个包裹、文件和货件，其快递拥有欧洲最大的门到门空陆递送网络（见图 1－6）。

图 1－6　TNT 快递商标

2016 年，联邦快递以 48 亿美元的价格收购 TNT。收购完成后，TNT 成为联邦快递的子公司。联邦快递与 TNT 快递就国际业务、员工和设施方面进行整合，欧洲是这次整合的主体。整合后联邦快递收购，双方的品牌和渠道形成集约化的竞争力。TNT 基本业务保留并得到强化。事实上，在联邦快递和 TNT 已经达成的协议中带有一定的附加条件，例如现行 TNT 的用工规则将受到尊重，合并后欧洲地区总部仍在阿姆斯特丹，TNT 位于比利时烈日的欧洲转运中心仍将作为重要的操作设施被保留，TNT 航空业务将剥离。合并完成后，联邦快递和 TNT 在新的董事会中将分别占据 3 个和 2 个席位。业内人士分析，联邦快递在欧洲市场上拥有规模庞大的空运快递业务，正是剥离 TNT 航空业务这样的安排，减少了监管部门对两家合并后市场过于集中的担心。①

2019 年 5 月 31 日，销售队伍的整合将取得实质性进展。由于分公司得到整合，不必进行重复取货和配送，配送路线得以优化，从而降低了成本，取得了一加一大于二的效果。

5. 中国邮政速递物流股份有限公司，（以下简称“中国邮政速递物流”，Express Mail Service）是中国邮政集团于 2010 年 6 月联合各省邮政公司共同发起设立的国有股份制公司，是中国经营历史最悠久、规模最大、网络覆盖范围最广、业务品种最丰富的快递物流综合服务提供商。

中国邮政速递物流在国内 31 个省（自治区、直辖市）设立全资子公司，并拥有邮政货运航空公司、中邮物流有限责任公司等子公司。截至 2019 年底，公司注册资本 80 亿元人民币，资产规模超过 250 亿元，员工超过 93 万人，业务范围遍及全国 31 个省（自治区、直辖市）的所有市县乡（镇），通达包括港、澳、台地区在内的全球 200 余个国家和地区。目前已有近 6 亿个直营网点和 60 多万处便民服务加盟站。

---

① 根据中商情报网整理（http：//www. askci. com）。

中国邮政速递物流主要经营国内速递、国际速递、合同物流、快货等业务，国内、国际速递服务涵盖卓越、标准和经济不同时限水平和代收货款等增值服务，合同物流涵盖仓储、运输等供应链全过程。拥有享誉全球的“EMS”特快专递品牌（见图1－7）和国内知名的“CNPL”物流品牌。

图1－7　中国邮政特快专递商标

相关资料

我国EMS与四大国际快递的优势比较

EMS属于我国国有快递公司，具备高效发达的邮件处理中心、领先的信息处理能力。凭借与万国邮政联盟（UPU）查询系统链接，可实现EMS邮件全球跟踪查询，既从事国际快递，又有国内快递业务。EMS国际快递网络强大、价格合理，可不用提供商业发票即可清关，而且具有优先通关的权利。特别敏感的货物一般都可以通关，通关不过的货物可以免费运回国内。

UPS是世界最大的快递公司，其次是FedEx。TNT是欧洲最大的快递公司，在欧洲的市场占有率约为65%，DHL在欧洲仅次于TNT。EMS与四大国际快递比较如表1－1所示。

表1－1　中国邮政EMS与四大国际快递企业在中国快递市场的综合比较

	中国EMS	DHL	FedEx	UPS	TNT（被FedEx收购）
网络覆盖（全球）	200多个国家和地区	230多个国家和地区	235个国家和地区	220个国家和地区	235个国家和地区
网络覆盖（中国）	2000多个城市（城市全覆盖，乡镇快递网点覆盖率达96.6%）	50多个城市	300多个城市	150多个城市	500个城市
网络运输能力	33架飞机，8万多辆邮运汽车，火车174列	420架飞机，4万辆汽车	18万辆汽车，700多架飞机	自有飞机269架，长期租赁350多架，有18万辆汽车	50多架飞机，4万辆汽车
办理方式	邮局办理或电话（网上、微信等）预约上门收寄	上门收寄	电话（网上、微信等）预约	上门收寄	上门收寄
结算方式	现金结算、特殊大客户到付	月底结算或现金支付	预付、到付、第三方付款等多种方式	预付、到付、第三方付款等多种方式	预付、到付、第三方付款等多种方式
操作时间	4～5分钟左右	30秒左右	1～2分钟左右	1～2分钟左右	1～2分钟左右
业务种类	文件、物品等	精品产品、标准产品、特殊服务产品等			
总部所在地	北京	布鲁塞尔	孟菲斯	西雅图	阿姆斯特丹

资料来源：根据各快递公司官网最新数据综合整理。

6. OCS（欧西爱斯国际快递公司）。1957年9月，日本的“朝日”“每日”“读卖”“日经”四家主要新闻社发起成立海外新闻普及株式会社（Oversea Courier Service，OCS）。成立之初，主要是为海外的日本商社提供进出日本的新闻报纸和文件派送服务（见图1－8）。

图1－8 OCS商标

OCS作为日本成立最早的本土快件公司，快递服务网络覆盖整个日本区域，针对日本东京、大阪中心城市，安全、时效完全可以做到最高效最优质的高端服务，可以做到一日达。OCS作为日本本土最大的日资快递公司，在日本的清关、派送能力一流，仅往日本的清关速度就比竞争对手（DHL、UPS、Fedex、TNT）快3～5个小时。

7. Aramex快递公司。Aramex公司是阿拉伯世界的第一家本土快递，成立于1982年，1997年在美国纳斯达克上市。其主要业务涵盖国际快递、货代、国内快递以及杂志和报纸递送等。总部位于迪拜的Aramex公司，精选当地优势航班运力，运抵Aramex公司在阿联酋（迪拜）的转运中心，再由迪拜清关转运派送到中东、南亚和非洲部分地区。

今天，Aramex公司把业务成功拓展到世界各个角落，在全球的各大城市都有Aramex公司的足迹。Aramex公司为客户提供全球性的、丰富的物流解决方案，从全球货运到本地快递服务；从物流仓库管理到分销和特殊定制化的购买服务。Aramex快递公司商标如图1－9所示。

图1－9 Aramex快递公司商标

（二）中国快递业的发展

1. 中国快递业的发展。中国邮政先后于1980年、1984年开办了国际、国内特快专递业务，开创了中国大陆快递业之先河，并逐步具备了一定的规模。

1985年，中国邮政成立了经营快递业务的企业——中国邮政速递服务公司（EMS），成为我国本土第一家专业快递企业。

20世纪90年代上半期，EMS几乎是国内快递业务的唯一经营者。随着珠江三角区和长江三角区的经济起飞，1993年，顺丰和申通分别在深圳和上海诞生，中国快递业进入了新的时期。

民营快递企业提供了企业迫切需要而当时EMS又难以满足的更高需要的服务，在短时间里以超乎寻常的速度发展起来。民营快递企业异军突起，市场地位日益巩固，已经成为中国快递产业的重要组成部分。

近年来网购需求的爆发式增长给快递行业带来了新的增长动力，催生出巨大的国内异地快递服务需求，民营快递企业借此高速成长，不断壮大。

2019年，全国完成快递超600亿件，同比增长22.7%，实现快递收入超7000亿元，同比增长32%。我国快递行业市场规模已排名世界第一位，全国持有快递业务经营许可证的法人企业超过10000家。

2. 国内主要快递公司简介。

（1）中国邮政速递物流股份有限公司由中国邮政集团公司在2010年发起成立。2019年12月28日，中国邮政集团公司改制更名为中国邮政集团有限公司。改制后的中国邮政集团有限公司由中央管理，是国有独资公司。公司注册资本1376亿元，以邮政、快递物流、金融、电子商务等为主业，实行多元化经营。

（2）中铁快运股份有限公司。中铁快运股份有限公司（以下简称“中铁快运”，China Railway Express Co.，Ltd.）是原铁道部直属大型国有专业运输企业。其商标如图 1－10 所示。

图 1－10　中铁快运股份有限公司商标

2013 年 3 月，铁道部被撤销，成立中国铁路总公司，中铁快运被划归中国铁路总公司。2013 年 5 月底，中国铁路总公司实施改革，从此中铁快运不再拥有铁路快运市场承运人资格，在铁路快运市场上只以托运人身份出现，承运资格和运输收入都归属地铁路局。

目前，中铁快运经营网络已遍及全国 31 个省、自治区和直辖市，在国内 275 个城市设立 736 个经营网点，门到门服务网络覆盖国内 380 多个大中城市。其主要业务包括：

- 行李、包裹、邮件、小件等货物“门到门”的铁路快捷运输；
- 仓储、装卸、搬运、包装、加工、配送等物流服务；
- 办理铁路小件货物特快专递、铁路票据特快专递；
- 国际快递业务（信件和具有信件性质的物品除外）；
- 海上、航空、陆路国际货物运输代理业务以及相关运输咨询业务；
- 进出口业务；
- 国内航空代理；
- 公路运输；
- 铁路运输设备、铁路配件、专业器材等法律法规允许销售物品的销售；
- 电子商务；
- 设备租赁；
- 经济信息咨询、解决方案及与上述业务相关的技术咨询、服务等；
- 法律法规允许的其他业务。

（3）宅急送快运有限公司。宅急送于 1994 年 1 月在北京成立，由日本留学归国的陈平创立。公司原名“北京双臣快运有限公司”。1995 年日本一城运输株式会社的小林利夫加盟，投资 180 万元，将公司改名为“北京双臣一城快运有限公司，后来又改名为“宅急送快运有限公司”。其商标如图 1－11 所示。

图 1－11　宅急送快运有限公司商标

宅急送公司恪守“安全、准确、亲切、视服务为生命”的经营训诫，自 1994 年成立以来，公司以跨越式发展速度，在全国建立了庞大的“快递网络”，以优质服务赢得了国内上千家著名企业以及广大民众的信赖。

（4）申通快递有限公司。2007 年，申通快递有限公司（以下简称“申通快递”）正式成立，注册资本 5 000 万元，接替成立于 1993 年的上海盛彤实业有限公司，拥有注册商标“STO 申通快递”。申通快递在继续提供传统快递服务的同时，也在积极开拓新兴业务。在国内（包括港、澳、台地区）建立了庞大的信息采集、市场开发、物流配送、快件收派等业务机构，建立服务客户的全国性网络，同时，也积极拓展国际件服务，为国内最重要的电子商务物流供应商。申通快递目前已成为国内快递网络最完整、规模最大的民营快递体系。其商标如图 1－12 所示。

（5）顺丰速运（集团）有限公司（以下简称“顺丰”）。顺丰快递于 1993 年成立，总部设在深圳，是一家主要经营国内、国际快递及相关业务的服务性企业。其商标如图 1－13所示。

图 1－12　申通快递有限公司商标

图 1－13　顺丰速运（集团）有限公司商标

顺丰自成立以来，不断投入资金加强公司的基础建设，积极研发和引进具有高科技含量的信息技术与设备，不断提升作业自动化水平，实现了对快件流转全过程、全环节的信息监控、跟踪、查询及资源调度工作，促进了快递网络的不断优化，确保了服务质量的稳步提升，奠定了业内客户服务满意度的领先地位。

顺丰建立了庞大的信息采集、市场开发、物流配送、快件收派等业务机构，建立服务客户的全国性网络，顺丰在中国大陆目前已建有 2 200 多个营业网点，覆盖了国内 32 个省、自治区和直辖市，近 250 个大中城市及 1 300 多个县级市或城镇。同时，顺丰公司也积极拓展国际件服务，目前已开通新加坡、韩国、马来西亚、日本及美国的业务。

（6）圆通速递（上海圆通速递有限公司）。成立于 2000 年 5 月 28 日，是一家集速递、电子商务于一体的国内大型知名快递品牌企业。其商标如图 1－14所示。

图 1－14　上海圆通速递有限公司商标

（7）韵达快递。又名韵达快运，这是国内知名快递品牌企业，于 1999 年 8 月在上海市正式成立。在全国建设了七十余个转运中心和近万个服务站点，服务范围覆盖国内 34 个省（区、市）。其商标如图1－15所示。

图 1－15　韵达快运商标

韵达快递为客户提供快递、物流及电子商务等一系列门到门服务，为大客户订制物流解决方案，并形成了到付、贵重物品、同城区域当天件、国内次晨达件、国内次日达件、代收货款等特色服务。

2012 年，韵达快递已全面覆盖中国大陆各省（区、市）及香港、澳门以及台湾地区，旗下员工更是达到数万人，随着快递行业的不断发展和竞争对手的不断增加，韵达也在逐步提升自己，各运转技能日益完善。

（8）中通快递。中通速递服务有限公司创建于 2002 年 5 月 8 日，是一家集物流与快递于一体、综合实力位居国内物流快递企业前列的大型集团公司，注册商标“中通”“zto”。总部位于上海市。其商标如图 1－16 所示。

图 1－16　中通快递商标

公司的服务项目有国内快递、国际快递、物流配送与仓储等，提供“门到门”服务和限时（当天件、次晨达、次日达等）服务。同时，开展了电子商务配送、代收货款、签单返回、到付、代取件、区域时效件等增值业务。

（9）汇通快运。汇通快运是杭州百世网络技术有限公司旗下的知名快递品牌，成立于2003年，服务网络覆盖全国，业务辐射至西藏拉萨等偏远地区。“汇通快运”凭借高效运作的快递网络，在为广大用户提供精益速递服务的同时，专业的商务团队还可以针对电子商务等企业量身制定速递方案，提供个性化、一站式的优质服务。其商标如图1－17所示。

图1－17 汇通快运商标

3. 中国快递业发展趋势。

（1）快递市场将继续保持高速增长。我国快递市场发展潜力巨大，主要是我国经济将继续保持增长，人口基数大，城镇化进程不断加快。

（2）快递市场将会不断地细分，增值服务与承诺服务成为新的竞争热点。随着社会不断发展和生活节奏不断加快，人们对快递服务的要求越来越高，再加上人们对快递需求的多元化，促使传统型快递企业不断创新业务模式，在自身网络不断发展的基础上推出更多的以客户为导向的服务产品和增值服务。

快递市场竞争由价格竞争逐渐转向增值服务与承诺服务的竞争，服务产品不断细分。

相关链接

快递增值服务

快递增值服务是指快递企业在传统的递送基础上开发的、以满足客户多元化需求的附加值较高的服务产品，如目前的国内一些大型快递企业推出的到付、同城异地代收货款、签单返回、报价、签收信息免费短信提醒以及目前某些快递企业推出的时效快件服务等业务。

例如，申通速递为实现这样的目标，已经先后几次升级“申通E3快递软件系统平台”。申通围绕为中小卖家提供全新的推广渠道以及对网购货物的运载提供可靠保障，不断推出全新业务，发挥了申通在网购环节的终端优势。

（3）快递企业集中度不断提高。国际快递巨头的优势十分明显，在中国的业务通过并购国内企业，市场份额不断扩大，国内的国有快递企业通过重组也在扩大实力。我国民营快递企业“散、小、弱、差”的特点比较明显，今后分化与重组在所难免，优胜劣汰是客观规律。

（4）快递业与电子商务紧密结合的趋势。没有快递业的支撑，电子商务不可能实现其功能。目前许多电子商务业务，特别是国际电子商务业务是通过快递企业来最终完成商品移动的。随着电子商务不断发展，快递业与电子商务的结合越来越紧密。

（5）快递业信息化。快递信息化是整个社会信息化的必然要求，也是快递得以发展的最基本要素。各种信息化技术与观念在未来的快递业发展将会得到普遍采用。

（6）快递技术智能化。智能化是信息化的一种高层次应用。快递自动化作业过程涉及大量的运筹和决策问题，这些问题都需要借助于大量的以信息化为基础的智能化手段才能解决。为了提高快递自动化水平，快递智能化已经成为快递发展的一个新趋势。

（7）快递业务国际化。据有关方面资料预测，中国国内最大的航空货运公司将在快递企业中产生，或者是最大的航空货运公司将主要为快递企业提供运输服务。

（8）网络化趋势。一个快递公司要在各大省市建立自己的服务网点，为自己的服务拓展获得良好优势。努力建设和完善自己的网络化体系已经成为快递业的明显发展趋势。

相关知识

网络化体系表现在两个方面：一是实体化的物流网络；二是电子化的物流网络。现在的快递企业都是以自己为核心建立网络，最多是以某一个行业或小系统建立这种物流网络，但是跨行业、跨地域、跨区域物流的网络在国内还没有形成。因此，我国快递企业的电子网络尚未形成真正意义上的网络化，尚未建立一个遍布全国、能够让大家真正应用的电子化的网络。真正的物流网络，应该是电子化的物流网络和实体化的物流网络融为一体，结合在一起。

4. 习近平新时代中国特色社会主义经济思想为我国快递物流业的发展指明了方向。

习近平新时代中国特色社会主义经济思想，是一个科学完整、逻辑严密的理论体系，系统回答了新时代中国特色社会主义经济发展的时代背景、根本立场、政治保障、制度基础、主题主线、发展理念、发展路径、内外关系和工作方法等一系列重大问题，为构建新时代中国特色社会主义政治经济学理论体系、发展当代中国马克思主义政治经济学指明了前进方向，开辟了广阔道路。

习近平新时代中国特色社会主义经济思想强调创新、协调、绿色、开放、共享的发展理念，指出新发展理念是关系我国发展全局的一场深刻变革；创新发展注重解决发展动力问题，协调发展注重解决发展不平衡问题，绿色发展注重解决人与自然和谐问题，开放发展注重解决发展内外联动问题，共享发展注重解决社会公平正义问题；五大发展理念是不可分割的整体，相互联系、相互贯通、相互促进，要一体坚持、一体贯彻；等等。这些思想，丰富和发展了对社会主义经济发展规律的认识，为推动我国经济发展提供了根本遵循，为我国新时代商业的发展指明了方向。

党的十九大以来，快递物流业深入贯彻十九大精神，以习近平新时代中国特色社会主义思想为指导，以全面推进交通强国建设、深化交通运输供给侧结构性改革、促进物流业转型升级为主线，着力降成本、补短板、强服务、优环境、增动能，推进快递物流高质量发展取得了辉煌的成效。

党中央、国务院高度重视快递物流业的发展，党的十八大以来，习近平总书记针对物流业发展做出了一系列重要指示，为推进快递物流业高质量发展、促进物流降本增效指明了发展方向，提供了基本遵循。近年来，快递物流业以深化物流供给侧结构性改革为主线，坚持新发展理念，围绕运输组织模式创新、货运车型标准化、“放管服”改革、从业人员素质提升、维护行业健康稳定发展等方面开展了大量工作，对推动快递物流高质量发展、促进物流降本增效起到了积极作用。

交通运输部门不断优化调整运输结构，进一步改善物流营商环境，进一步创新物流发展动能，进一步提升行业治理能力和治理水平，推进物流高质量发展。一是深入推进“互联网＋”战略，促进物流高效发展；二是着力优化调整运输结构，促进物流绿色发展；三是加快推进货运车型标准化，促进物流安全发展；四是推进城乡物流一体化发展，切实保障和改善民生；五是全面深化行业“放管服”改革，促进物流降本增效；六是切实改善从业人员营商环境，全力维护行业健康稳定发展。

快递物流业紧紧围绕时代智慧、生态智慧、平台智慧、人才智慧、生态智慧五大板块，深度探究物流政策、资本、技术、区块链、大数据等行业热点。不断掀起人工智能，绿色快递、绿色物流的创新应用高潮。

5. 我国快递数量世界第一，绿色快递悄然兴起。

《快递暂行条例》强调促进行业绿色发展，鼓励经营快递业务的企业和寄件人使用可降解、可重复利用的环保包装材料，鼓励经营快递业务的企业采取措施回收快件包装材料，实现包装材料的减量化利用和再利用。目前，中国是世界上快递业务量最大的国家。快递业务飞速发展，在便利人们生活的同时也带来了过度包装、循环利用率低、环境污染等一系列问题。因此，发展绿色快递逐渐走入人们的视线，成为社会各界越来越关注的话题。

（1）快递数量世界第一。近年来，中国快递业迅猛发展，快件业务量连续多年位居世界第一，成为我国服务业的重要组成部分。据国家邮政局发布数据，2019 年，全国快递服务企业业务量累计完成 600 多亿件，同比增长 28%。

“快递业的快速发展是需求、技术、模式、人力和设施等多因素共同作用的结果。”中国宏观经济研究院产业所副研究员洪群联对笔者分析称，从需求看，随着经济发展和收入水平提高，人民群众对海内外商品的多样化需求不断增加；从技术看，互联网和移动互联网技术的深度渗透，使生产者和消费者通过手机、电脑等移动终端可以“买全国、卖全国”；从模式看，B2B（企业对企业）、B2C（企业对消费者）、O2O（线上到线下）等各类商业模式涌现，电子商务成为集聚大量商品和服务资源的平台；从人力看，我国拥有大量成本较低的劳动力，为快递业提供了重要的要素支撑；从设施看，近年来我国公路、铁路、机场和网络等基础设施得到极大改善，保障了快递服务的及时性。

然而，快递业快速发展带来的物料消耗和污染等问题日益严重。据有关数据测算，全国每年平均快递业需消耗包装箱 200 多亿个、编织袋 60 多亿个、塑料袋 160 亿个、胶带 330 亿米。如果粗略按每件快件使用 0.1 千克的包装材料计算，中国每年会产生 45 亿千克以上的快递包装垃圾。

目前，我国快递业普遍存在过度包装、缺乏回收管理和大量包装材料一次性使用等问题，不但造成资源浪费，而且产生大量挥发有机物和固体废弃物，对大气、水土环境造成不容忽视的污染和损害。

（2）绿色包装推进滞后。快递的绿色包装问题受到越来越多关注。但由于牵涉主体较多，如主管部门、快递企业、网络商家、消费者等，推动绿色快递发展是一项系统工程，需要统筹协调，有序推进。

“生活中大家的环保意识越来越强，但在网购过程中，大多数快递包装都是由卖家完成，而不是由消费者主动选择的。”家住海南的消费者王玉珍说，“尤其是需要快递到海南等偏远地区时，卖家通常还会添加加固材料来保证快件安全，这样就会使用更多包装材料。”

来自北京的胡婉霞是一位兼职淘宝卖家。因为发货量不大，在两年多的销售服务过程中，她尽量把已收快递的包装箱循环使用、用废旧报纸代替塑料包装等，减少快递包装对环境造成的负面影响。不过，这种个人回收利用的方式仍然不足以形成良性循环链。

在快递公司收寄件过程中，工作人员有时会多裹几层几乎可以忽略成本不计的胶带，以免造成快件损坏，而很少去想由此带来的环境问题。在主管部门层面，尽管一些促进快递业健康发展的政策陆续出台，一些快递企业采用更加环保的包装材料，但总体上推进工作仍比较滞后。

“绿色快递发展面临一些困境和挑战，从根本上讲，是由于我们对绿色发展认识不深刻，快递业环保标准不完善，相关监管举措仍有缺位。”洪群联认为，主要原因有：一是绿色包装物成本过高，一些生态可降解包装价格是普通包装的 4 倍，相当一部分企业不会主动选择成本高昂的可降解包装物。二是环保技术水平有待突破，包装物难降解、难处理，快递包装物中包括大量透明胶带、空气囊、塑料袋等聚氯乙烯类产品，如使用填埋工艺，需要上百年时间才能降解；如采用焚烧工艺，则有产生二噁英等高危污染物的风险。三是废弃包装回收情况不乐观，目前快递纸箱回收率不到 20%。

（3）多方联动形成合力。2018 年《政府工作报告》提出，要推动网购、快递健康发展。

发展环境友好的绿色快递，各方正在积极行动，努力形成合力。2018 年 1 月，国务院办公厅发布《国务院办公厅关于推进电子商务与快递物流协同发展的意见》，强调强化绿色理念，促进资源集约，推广绿色包装，推动绿色运输与配送；2 月，国家质检总局、国家标准委批准发布新修订的《快递封装用品》系列国家标准，要求快递包装袋宜采用生物降解塑料，减少白色污染。包括京东物流、顺丰速运、苏宁物流等在内的一些物流企业也都采取措施，从技术和操作流程等方面进行优化和调整，以促进快递绿色包装。

“推动绿色快递发展，需要提高和深化全社会对绿色发展的认识。”在此基础上，要建立健全包装绿色指标体系，适时出台环保约束性标准，建立绿色包装物认证体系，引导企业、快递公司、居民使用绿色包装物，鼓励快递公司采用精简包装；支持企业技术创新，开发可回收的快递盒、共享包装箱，发展更加环保的包装材料；加快推进垃圾分类，明确分类类别、投放、收运、处置等方面的要求，实现快递废弃物集中精准处理；探索建立快递行业“逆向物流”机制，鼓励快递公司寄送快递的同时回收包装物，促进包装物重复利用及废弃物回收处置。

6. 人工智能为快递业高质量发展赋能。

“如果在大街上或者小区里碰到一个无人快递机器人，请不要惊讶！”美国麻省理工学院博士毕业生李瑞在 2019 年 9 月 10 日第三届中国（杭州）国际快递业大会上发出这样的“友情提醒”，自毕业后便专注于开发小型快递无人车的他，和团队自主研发的快递无人车如今已经在美国多个地区试运行，看重中国快递业的庞大市场需求，越来越多的科技企业将人工智能应用到快递行业展开创新“试验”。

“无人配送”是人工智能在快递场景中的热门关键词，无人机送货、无人配送开放平台、无人驾驶……瞄准快递行业的“最后一公里”以及“最后 100 米”等场景，无人配送机器人形态各异。

近年来，中国快递行业持续保持中高速发展，在运输方面不可避免地出现了运力不足、司机招工难、线路准点率低、人力成本上涨等困难。针对这些问题，中通快递率先试水将无人驾驶带进快递行业，在国际快递业大会上联合牧月科技发布了“无人驾驶物流轻卡”。

面对十字路口、环岛路口等复杂城市道路，无人驾驶物流轻卡能自动识别红绿灯及周围车辆，熟练完成自动变道、避让逆行车辆行人等行车操作，在非结构化的道路上也能够有效进行避障行驶。

中通快递业务创新部负责人王琪介绍，产品基于国产惯导系统原始数据，定位系统的表现已跟进口定位系统一致，同时纯电动的能源供给既能达到环保目标，运营成本也更低。

“无人快递是个趋势，‘最后一公里’这个概念对快递公司来说是相通的。我们算过一笔账，只要机器人做好，之后它主要是非常低廉的电力成本，但我们不是简单地取代快递员的工作，而是人与机器人互相协作，发挥各自所长。”李瑞说。

当拨打快递企业客服电话时，客户总是希望人工客服能第一时间应答并帮助解决问题，因为与机器人相比，人工客服能够更加准确地理解客户需求、情绪等。但是当人工智能进入客服领域后，它们处理问题的准确性和效率可能会让客户惊叹。

在快递关联企业新技术新成果展览上，记者看到了智能语音机器人能在 1 秒内将东北方言翻译成英语，还可以把客户提出的“A 路和 B 路交叉口向北走 100 米的某药店”，如此较复杂的上门取件地址准确定位后发送给快递员。

“服务于快递行业智能客服系统的机器人，能为业务提供导引、外呼等服务，实现面向多渠道的用户触达，通过自然语言理解的技术和语音识别的技术，实现基本的业务办理和技术提升。”科大讯飞副总裁冯祥说。

图像视觉识别是人工智能为快递行业赋能的一个方式。海康威视技术股份有限公司高级副总裁贾永华介绍，快递行业有很多包裹，对于识别是一个挑战，企业把 AI 技术用到快递行业，开发了专用的相机，包括目标标定、识别、定位引导等，不仅要把每个机器人做得智能，还要发挥群体智能，让机器人协同，满足快递行业大吞吐量和高效率运转。

除了科技企业寻找创新机会，主动赋能快递行业，政府部门出台了一系列鼓励物流快递行业向智能化、智慧化发展的政策。加快快递业高质量发展需要提升智能化水平，支持快递企业抓住 5G 应用契机，不断探索新技术、新应用，提升快递服务链条的智慧化程度。

实训练习

一、实训内容

1. 快递企业调查。在实训室运用互联网或实地调查等方法完成下面的活动内容：

（1）调查本地有哪些快递公司或营业网点。

（2）调查各家快递公司的经营理念、业务范围及其服务特色。

（3）调查各家快递公司在本市业务量的大小。

2. 社会调查。在实训室利用互联网或实地调查完成下面的活动内容：

（1）搜集近年本地各种主要经济数据，了解本地经济发展状况。

（2）了解本地居民网购情况和消费习惯。

（3）了解本地居民和单位对快递时效与价格的偏好。

3. 分析与建议。

（1）分析快递对本地经济的和生活的影响。

（2）给公司提出合理化建议。

二、实训目的与要求

1. 加深对快递产生背景和快递的作用等知识的理解。
2. 总体把握快递的运作方式。
3. 认识快递的性质、特点和发展趋势。

三、实训场地、设备、仪器、工具、手段

1. 利用互联网软件模拟实习，到快递企业见习，观看视频，请校外专家讲座等。
2. 校内快递和物流实训基地。

四、实训步骤

1. 将同学分组，每5~8人分为一组，调查活动以组为单位进行。
2. 分组制定调查方案。
3. 网上搜集资料。
4. 当地快递公司实地调查。
5. 撰写实训报告，要求简洁明了。

五、成果展示

各小组长汇报本小组的实训成果，用A4纸打印，供同学查验，要求有实习场景介绍、发现的问题，以及改进措施及其理由。

六、任务评价

1. 小组活动评价标准。组长负责分配不同的组员去完成任务，每个成员完成全部实习规定的快递调查内容，体验每个调查实习阶段、每个环节，写出个人实习报告，要求有具体的情景描述，资料符合实际，具有真实性。完成任务，得30分，如果任务完成达不到上述质量要求或有任务遗漏等情况，分别扣减相应的分值。

（1）态度：服从组长分配，灵活运用所学知识，用心完成任务，要求应独立完成的操作能独立完成，环节体验齐全，并找到自己在调查实践中感觉难度较大的地方，与小组成员进行讨论，大胆阐明自己解决问题以及克服困难的方法。

（2）互助与合作：与小组成员密切协作，帮助组内其他成员解决问题，与小组成员一起分享观点，分担任务和责任。

（3）倾听：虚心学习，认真倾听他人的观点，并能与其他成员主动交流，提出自己的观点与见解。

（4）展示与效果：提交个人总结，并参与小组总结撰写；代表小组发言，能全面、准确汇报小组共同调查取得的成果。

小组成员评价标准如表1-2所示。

表 1-2 小组成员评价表

小组名称：__________　　　　组长：________

小组成员	态度 5 分	互助与合作 10 分	倾听 5 分	质量、展示与效果 10 分

2. 教师评价标准。教师负责评价每组任务完成情况，量化评价标准，总分值最高为 70 分。教师对小组进行评价的标准如表 1-3 所示。

表 1-3 小组学习评价指标

序号	评价指标	分值
1	• 能在规定时间内小组合作完成工作任务，顺利展示 • 资料真实，符合实际，观点新颖，表述逻辑性强	60～70
2	• 能在规定时间内完成工作任务，能做展示 • 有自己的数据，资料真实，观点明确，表述清楚	50～59
3	• 获得老师或其他组的帮助能完成工作任务，有展示	40～49

3. 教师点评。教师进行点评时，汇总小组内评价，然后总结点评，每个学生最后得分为所在小组分值加上成员评价分值。

【拓展提升】

DHL、联邦、UPS，高走低开的国际三巨头

——在我国国内快递业务上并无优势

快递业的崛起和发展是市场经济的产物，是现代生产力高度发展、技术进步和社会分工深化的产物。

随着经济全球化、信息网络化、制造业精益化、产业集群化和流通业进入连锁化发展阶段，尤其是近年电子商务的快速崛起，现代物流业在国民经济中的地位得到了愈发充分的体现。同时，在经济全球化、产业全球化、市场全球化背景之下，各国进出口贸易不断提升，催生出了巨大的物流需求，致使物流业已成为经济发展与社会进步的重要力量。

据投资和市场分析机构 AL Masah Capital 最新报告数据显示，预计至 2023 年全球物流市场规模将达到 15.5 万亿美元。在如此庞大的市场规模中，有三家企业脱颖而出，分别是联邦快递、敦豪（DHL）及联合包裹（UPS）。

这三家企业凭借丰富的经验、雄厚的资金以及发达的全球网络历经历史沉浮成为世界物流行业的三大巨头。统计显示，2018 年联邦快递、联合包裹 UPS 和 DHL 三大跨国快递物流企业占据了全球国际快递 90% 的市场份额，国际业务收入的占比分别达到 42%、20% 和 21%。

20 世纪 80 年代，中国拉开了改革开放的序幕，为加快步伐融入世界经济，中国开始扩

张对外贸易。因此，国际快递的三大巨头也瞄准趋势纷纷布局中国市场，迄今为止已有近40年的时间。

这近40年的时间，国际快递三巨头在中国市场跑马圈地，意图占据整个中国市场。

1984年联邦快递以中外合运的方式进驻中国市场，截至2018年，联邦快递在华员工规模在10000人左右，覆盖了400多个城市。

DHL，1986年进入中国，与中外运合资成立中外运敦豪国际航空快件有限公司，目前建立的国际快递服务网络覆盖近401个城市，国内服务覆盖128个城市，提供服务的营业地点近200个，遍及绝大部分的人口聚集区和经济中心城市。

UPS，1988年进入中国市场，业务主要集中于国际快递市场，据官网信息显示，目前UPS在中国将近100城有分公司以及操作中心。

从以上布局情况来看，三大巨头显然没少费力，业务网点遍及全中国。然而，其真正所占据的市场份额却并没有很乐观。

据国家邮政局《2018年邮政行业发展统计公报》数据显示，2018年国有、民营、外资企业业务量占全部快递与包裹市场比重分别为12.3%、86.2%、1.5%，国有、民营、外资企业业务收入占全部快递与包裹市场比重分别为11%、83.6%、5.4%。

照常理说，中国是世界第一大对外货物贸易国，2018年进出口贸易额超30万亿元，连续5年登顶全球最大的快递物流市场名号，有巨大的物流需求。国际快递巨头有足够的经验以及良好的模式，想要在中国占据大量的市场份额并不是一件难事。那么缘何近40年来，三大巨头一直未曾融入中国市场，大展身手?

巨头"水土不服"的多方原因：

国际经济环境的影响

20世纪80年代，外资快递企业进入中国市场时，民营快递企业还未起步，改革开放大门已开，正是绝佳之机。但快递三巨头由于受到政策方面的限制，在业务上无法进行大规模拓展，未能获取经营牌照，只是通过中外合资的方式在中国开展业务。

按照中国加入WTO的协定，到2005年12月，中国取消了对外商投资的物流企业所有权的限制，对物流市场全面开放。直至2010年DHL拿到国内快递牌照，2012年FedEx、UPS先后获批经营国内包裹快递业务的许可证。而此时民营快递逐渐起步相继上市，发展逐渐趋于稳定。

民营快递企业发展的冲击

近几年来，得益于电商的快速发展，我国的快递市场规模也水涨船高，2018年中国快递业务量达507亿件，中国快递业务量和业务收入的年复合增长率在40%左右，与此相对应的是，我国的快递企业也借电商之势而起，业务量节节攀高，尤其是民营上市快递企业。

从2018年快递业务量来说，2018年顺丰与三通一达业务量均呈现增长趋势，韵达增速最为明显达47.99%，中通业务量达85亿票，有望突破100亿票。从业务量情况能够看出民营快递企业的发展态势，这五家民营快递企业顺丰、中通、圆通、申通、韵达的市场份额已达61.35%，国内整体民营快递企业占市场份额的86.2%。

民营快递的高速发展，无疑给快递三大巨头带来一定的冲击，快递三巨头的市占率愈加边缘化。再者，近两年以来，民营快递加速国际化布局，三大巨头聚焦的国际快件业务也被分走不少，以上种种都是国际快递三巨头发展缓慢的原因。

未来发展：机遇与挑战并存

国际巨头在中国发展减缓，但并不能说没有发展机遇。然而机遇与挑战总是相伴而来，放眼未来，快递三巨头的发展可谓机遇与挑战并存。

先来说说发展机遇，中国快递市场发展迅猛，2018 年快递业务量达 507 亿件，预测 2019 年将超过 600 亿件，此为机遇之一。

中商产业研究院《2019 年中国跨境电商行业市场前景研究报告》表明：中国电子商务行业交易规模持续扩大，稳居全球网络零售市场首位。据预测，到 2019 年我国出口跨境电商交易规模将突破 8 万亿元。三大巨头主打国际跨境业务，中国出口跨境电商交易规模逐年增长，此为机遇之二。

再看挑战，新形势之下，中国快递市场格局已基本稳定，对于快递三巨头而言，如何扩大中国国内快递市场份额是当前最大的挑战。

总之，几家国际快递大鳄，早在 20 世纪 80 年代起就相继进入中国，但在国内快递业务上一直没有什么起色。今后的情况我们拭目以待。

资料来源：据腾讯网资料（https：//www. qq. com）整理。

【思考】

1. 为什么实力雄厚的国际快递公司在我国国内快递业务上业绩不佳？
2. DHL 退出中国国内快递市场的根本原因是什么？

任务二　认知快递与物流的关系

任务情境

顺达快递公司是一个专门经营快递业务的公司，近来公司计划拓展业务，准备利用现有设备资源增加普通物流业务。

王力接到指导老师提供的一个案例资料："UPS 是一家大型的国际快递公司，它除了自身拥有几百架货物运输飞机之外，还租用了几百架货物运输飞机。UPS 在全世界建立了十多个航空运输中转中心，在 200 多个国家和地区建立了几万个快递中心。UPS 公司的员工达到几十万人，年营业额可达到几百亿美元，在世界快递公司中享有较高的声誉。UPS 公司是从事信函、文件及包裹快速传递业务的公司。它在世界各国和地区均取得了进出的航空权。在中国，它建立了许多快递中心。公司充分利用高科技手段，做到迅速安全，使物流服务内容广泛，形象完美。"

你认为该案例能否为顺达公司拓展业务计划提供借鉴？如果能，应该从哪些方面提出问题或进一步做市场调查？UPS 业务范围是否过宽？

任务要点

理论要点：

- □ 理解物流的定义，了解物流的作用
- □ 认识快递与物流关系，对快递公司的业务范围有明确的认识
- □ 熟悉物流产业特性
- □ 熟悉物流企业的分类

实践要点：

- □ 能够描述快递与物流的关系
- □ 能够分析快递企业同时从事物流与快递的业务特色和优势

任务实施

知识准备

一、物流的定义和作用

（一）物流的定义

物流，是指物品从供应地向接收地的实体流动过程。根据实际需要，将运输、储存、装卸、搬运、包装、流通加工、配送、信息处理等基本功能实施有机结合。

提示：

物流的核心是：移动过程和运送方式。在移动过程中，要有科学的动态管理；在运送方式上，要有完备的网络和先进的技术；否则就不能算作“现代物流”，而只能是一般意义上的“传统运输”。

（二）物流的作用

1. 服务商流。一般的商流都必须伴随相应的物流过程。在整个流通过程中，物流是以商流的后继者和服务者的姿态出现的。没有物流，一般情况下商流活动都会退化为一纸空文。电子商务的发展需要物流的支持就是这个道理。

2. 保障生产。从原材料的采购开始，便要有相应的物流活动，否则整个生产过程便成为无米之炊；在生产的各工艺流程之间，也需要原材料、半成品的物流过程，以实现生产的流动性。就整个生产过程而言，实际上就是系列化的物流活动。

3. 方便生活。生活的每一个环节都有物流的存在。多种形式的行李托运可以让人们在旅途中享受舒适的情趣；各种各样的文件、包裹邮递服务可以满足人们安全、快捷的通信、购物等方面的需求……

二、物流企业

（一）物流企业的定义

物流企业是指从事物流活动的经济组织，至少从事运输（含运输代理、货物快递）或仓储一种经营业务，并能够按照客户需求对运输、储存、装卸、包装、流通加工、配送等基

本功能进行组织和管理，具有与自身业务相适应的信息管理系统，实行独立核算、独立承担民事责任的经济组织。

（二）物流企业分类

物流企业可以分为运输型的物流企业、仓储型的物流企业和综合服务型的物流企业三种类型。三种物流企业的特征如表 1－4 所示。

表 1－4　　物流企业分类表

物流企业类型	特　征
运输型	1. 以从事货物运输业务为主，包括货物快递服务或运输代理服务，具有一定规模 2. 可以提供门到门运输、门到站运输、站到门运输、站到站运输服务和其他物流服务 3. 企业自有一定数量的运输设备 4. 具备网络化信息服务功能，可对货物和运输进行查询、监控
仓储型	1. 以从事仓储业务为主，为客户提供货物储存、保管、中转等仓储服务，具有一定规模 2. 企业能为客户提供配送服务和商品经销、流通加工等其他服务 3. 企业自有一定规模的仓储设施、设备，自有或租用必要的货运车辆 4. 具备网络化信息服务功能，可对货物进行状态查询、监控
综合服务型	1. 从事多种物流服务业务，可以为客户提供运输、货运代理、仓储、配送等多种物流服务，具备一定规模 2. 根据客户需求，为客户制订整合物流资源的运作方案，为客户提供契约性的综合物流服务 3. 按照业务要求，企业自有或租用必要的运输设备、仓储设施及设备 4. 企业具有一定运营范围的货物集散、分拨网络 5. 企业配置专门的机构和人员，建立完备的客户服务体系，能及时、有效地提供客户服务 6. 具备网络化信息服务功能，可对物流服务全过程进行状态查询和监控

三、快递与物流的联系

（一）快递是物流的重要组成部分

1. 快递业是物流业的一个分支。现代快递是现代物流的一个分支，是物流的一种重要形式。它以物流机制为基础，在运营水平和服务水准上要求更高，处于物流功能的金字塔顶端，被誉为“物流王冠上的明珠”。

2. 快递业为提升现代物流的社会功能做出了贡献。现代物流的许多服务功能都是靠快递业来实现的。现代物流除了实现传统的物流服务功能外，更强调服务现代经济的增值性物流服务，最常见的依靠快递来实现现代物流的服务功能，例如，便利、快捷的“一条龙”门到门服务；代理通关、代理结算、陆海空联运等增值服务。

3. 快递业的发展从整体上提高了现代物流的水平。快递业的发展提高了社会物流整体水平。快递发展到一定阶段，必然要适应市场的新要求，逐步增加仓储和配送业务，这就是快递公司在发展中的创新。最先开展配送业务和第三方物流的正是快递公司。快递公司最有条件从事现代物流是因为：

（1）现代物流最重要的标准之一就是安全、周到和准时，这正是快递公司的强项。

（2）在运输业和物流业中，只有快递公司最广泛地应用了最先进的通讯和 IT 技术。

（3）国际快递公司是通关（报关、清关）最快的公司，具有“最能与海关默契合作”

的丰富经验，这是从事第三方国际物流的先决条件。

（4）国际快递公司在全球各个国家和地区拥有自己的网络，有统一的预报、查询、调度、分拨和转运等指挥系统，这是综合利用全球资源的最优越条件。

提示：

快递业务和快运业务需加以区别。为满足快递业务的时效性，快运是快递业务必不可少的一个环节。当这一环节由快递服务组织委托一个运输企业承担时，对运输企业而言是快运业务而不是快递业务，前提条件是“受快递服务组织委托”。离开这一前提条件，运输企业涉足快件运输便是涉足快递业务。

根据以上分析，快递业务是“物品从供应地到接收地的实体流动过程”，满足物流业务的一般特点。但《邮政法》对快递业务递送的物品有特别规定，可以认为快递业务是一种特殊的物流业务。经营一般物流业务可不申请经营许可，经营快递业务须依法申请经营许可。

4. 快递提供了物流外包的基础。

（1）大型企业的物流作业需要外包，并且基本上外包给快递公司。对于大型生产型企业而言，虽然自身拥有一定的物流能力，但货物的快运（急货）基本上都是外包给快递公司，这便是第三方物流（3PL）产生的原因。

（2）物流业内部的物流公司之间、快递公司之间也常互有物流业务外包关系。由于每个快递公司或物流公司所具备的优势不同，有些业务自身没有能力做，或者自己做不合算，客观上产生了业务相互外包的需求。快递公司之间通过结盟或协议，可相互提供外包业务。例如，UPS 和扬子江快运公司建立了合作关系，DHL 的快件也经常外包给宅急送来做。

（3）利用第三方物流外包成功的关键是选择合格的快递公司。采用第三方物流的目的是利用物流代理商先进的网络和设施节省运输成本与包装成本，使产品增值。先进的快递公司成为外包的首选。

提示：

对第三方国际物流而言，目前在全世界仍只有少数几家大型国际快递公司有资格承揽。

5. 快递公司是物流企业的重要类别。按照我国《物流企业分类与评估指标》的规定，快递公司属于运输型的物流企业，而且是先进的物流企业。国内的顺丰快递公司，圆通、申通、中通、韵达等快递企业，不论它们是采用直营模式管理还是采用加盟式或者加盟与直营结合运作的模式管理，按标准都属于物流企业。

6. 快递业务是现代物流活动的一部分。传统物流活动包括包装、运输、装卸和仓储。而现代物流提出了物流系统化和综合物流管理的概念，并付诸实施。现代物流包含了产品从生产到消费，包括包装、运输、仓储、装卸、加工，配送到达用户（消费者）手中以及回收的整个物理性的流通全过程。快递业务包括收寄、分拣、封发、运输、投递等基本环节，这些环节包含在现代物流活动中，构成现代物流活动的一部分。

相关资料

传统物流与现代物流的区别

- 传统物流只提供简单的位移，现代物流则提供增值服务。

- 传统物流是被动服务，现代物流是主动服务。
- 传统物流实行人工控制，现代物流实施信息管理。
- 传统物流无统一服务标准，现代物流实施标准化服务。
- 传统物流侧重点到点或线到线服务，现代物流构建全球服务网络。
- 传统物流是单一环节的管理，现代物流是整体系统优化。

7. 快递服务是物流业务的拓展与延伸。物流一般是不负责送件的，发件要送到物流点，提货也要到相应的物流点提货，网络覆盖面积较小。快递则不仅网络覆盖面广，而且扩展了更多的业务品种。在快递业覆盖的派送范围内，提供收、送件上门服务，大部分件走空运，所以不仅速度快，而且更便捷。

为满足经济和社会不断发展所出现的新需求，快递不断开发新的服务产品，拓展了现代物流业务的空间。

提示：

与物流企业80%的业务为B2B的大宗货运相比，快递企业的业务快、多、杂、繁。

快，是快递企业的主要特征之一。

多，快递企业业务主要集中在的门对门的B2B，B2C及C2C业务上，这种业务的特点就是票件重量小但数量多。

杂，快递企业派送物件品类繁杂。为满足客户个性化的需求，快递企业可以说承接除违禁用品外的任何东西。

繁，是指快递运转流程比普通物流复杂。快递不比通常物流运送站到站服务那么简单，快递从客户处取件回来的第一次分拨，运送到一级分拨中心后再次被分拨，还可能再运送到二级、甚至三级分拨中心，最后达到目的站点时，已经被分拨和重新装运了好几次。

8. 快件操作是物流技术的综合运用和集中体现。由于对快递严格的时效性、安全性和快捷性要求，快件操作从收件到送达收件人的各个环节都需要综合利用各种现代物流技术。快件操作离不开IT系统的支持，包括网络技术、通信技术和软、硬件技术支持。快递从一开始就是把操作建立在先进的物流技术基础上的，快递的发展是物流技术发展和应用的集中体现。

相关链接

物流技术按技术形态分类，可以分为物流硬技术和软技术。物流硬技术是指人们在物流活动中所使用的各种运输工具、搬运、存储设备，以及服务于物流活动的电子计算机、网络通迅设备以及其他物质等；物流软技术是指物流活动中所采用的由科学知识、劳动经验发展而成的各种技能、作业程序和现代管理方法等，如物流中心运输终端的合理配置、物流途径的最佳选择等。

在电子商务时代，要提供最佳的服务，物流系统必须要有良好的信息处理和传输系统。IBM公司只需按动键盘，即可接通USCO公司订货，通常在几小时内便可把货送到客户手中。

（二）物流市场的活跃与繁荣为快递业的发展营造了经济环境

1. 新的物流需求不断增长，为快递增值服务的拓展开辟了空间。随着社会不断发展和生活节奏不断加快，人们对快递服务的需求不仅呈现多元化特点，而且质量要求也越来越高。传统型快递企业为满足社会需求，不断创新业务模块，在自身网络不断发展的基础上推出了更多的以客户为导向的服务产品和增值服务。

相关资料

2011 年我国网络购物交易额达到了 7 825.6 亿元，而 2001 年这个数据只有 13 亿元，10 年间，翻了 600 多倍。

2018 年网络购物交易额达到 90 065 亿元，不到 10 年的时间增加近 11 倍。而网络销售的商品更是琳琅满目，不仅有食品、衣服、电器，就连汽车都可以在网上购买。网购潮流最直接的影响是产生大量的物流需求，为满足这样的需求，快递业必须不断推出新的增值服务。

资料来源：据中国快递网（http：//www. eoroo. com）整理。

2. 物流技术的进步为改善快递服务质量准备了条件。物流技术一般是指与物流要素活动有关的所有专业技术的总称，可以包括各种操作方法、管理技能等，如流通加工技术、物品包装技术、物品标识技术、物品实时跟踪技术等，此外，还包括物流规划、物流评价、物流设计、物流策略等。随着计算机网络技术应用普及，物流技术中综合了许多现代物流信息技术，如地理信息系统（GIS）、全球卫星定位系统（GPS）、电子数据交换（EDI）、条码（BarCode）、射频技术（Radio Frequency，RF），等等。

快递的行业特点决定了其对现代物流信息技术及相关设备的依赖性。快递行业的特点之一是网络化经营，是从一个点出发，业务量多且散；城市与城市之间、点与点之间业务相互交叉。因此，快递行业必须应用信息技术处理各环节的信息流，并应用传输设备辅助分拣、装卸，提高快件的转运效率。

案例阅读

顺丰快递的竞争优势一是快速，二是安全。要做到这两点，必须借助物流信息化，仅靠人工无法完成。快递员手持的靶枪就是顺丰率先在业内使用的。经过几代改良，现在每把重量只有 200 ~ 300 克，运输途中每个交接环节都会通过靶枪扫描器进行扫描，很方便地全程跟踪快件。

顺丰快递的数据库非常全，这也是顺丰最宝贵的财富。“就算顺丰所有的人在一夜之间全部离开，给王卫 3 天时间，他一样可以重建一个顺丰。”一位信息化方面的专家表示。

3. 物流资源的优化整合为提升快递企业的核心竞争力提供了保障。物流资源优化整合是指根据物流企业的发展战略和市场需求对有关的物流资源进行重新配置，以凸显物流企业的核心竞争力，并寻求资源配置与客户需求的最佳结合点。通过组织和协调，把物流企业内部彼此相关但却彼此分离的职能、把物流企业外部独立经济利益的合作伙伴整合成一个为客户服务的系统，取得“1 + 1 > 2”的效果。

快递企业的物流能力是其核心竞争力的体现。快递企业的物流能力正是在物流资源的不断整合中不断提高的，所以物流资源的优化整合为提升快递企业的核心竞争力提供了保障。整合社会物流资源已成为快递企业增加实力、迅速扩张的重要方式之一。

四、快递与物流的区别

1. 在时效性要求上侧重点不同。物流强调准时，快递强调及时。

物流强调准时，就是强调按计划，货品能够顺畅、有节奏地流动是物流系统的目标，而保证货品的顺畅流动最关键的是准时。物流服务的准时概念是与快速同样重要的方面，也是保证货品在流动中的各个环节以最低成本完成的必要条件，是满足客户要求的重要方面之一。准时也是保证物流系统整体优化方案能得以实现的必要条件。

快递强调及时，就是强调尽快运达。快件涉及的事情一般都随机性较强，其计划性远不及物流，担负紧急事情的快件必然要求越快越好。快件送达的及时性已超越服务价格，成为用户最为关注的内容。

2. 相关联的经济业务性质不同。物流一般与生产经营、贸易活动相关联，快递一般与业务营销、商务交流相关联。

3. 寄递的物品不同。物流一般运送大件、重件物品，快递一般运送文件、轻件物品。

实训练习

一、实训内容

1. 运用互联网、实际市场调查、校内快递基地参观以及亲自邮寄快件等方法，对本地的国际、国内快递情况进行调研，了解快递与物流的关系。

2. 在实训室运用软件平台观看快递运作流程视频。

3. 实地参观国内、国际快递企业操作流程。

4. 选择不同的国际快递公司邮寄国际快件，并跟踪查询快件邮寄的流程。

二、实训目的与要求

1. 活动目的：

（1）结合文件、包裹以及样品寄送要求，熟悉快递企业情况；

（2）熟悉现有国内、国际快递主要经营者、价格及其优势路线；

（3）熟悉寄送不同种类快件使用快递的选择方法；

（4）熟悉快递与物流的关系；

（5）把所学知识与解决实际问题相联系，能够处理物流快递问题，培养自己发现问题、分析问题和解决问题的能力。

2. 要求：

（1）内容真实有效，尽可能多搜集快递公司类型；

（2）跟踪快件流程信息，记录要详细真实、完整；

（3）按规定格式撰写实践报告，以 A4 纸打印后上交；

（4）索要若干快递公司的联系名片和价目表；

（5）拍摄实训照片，每个小组不少于 3 张照片。

三、实训场地、设备、仪器、工具、手段

1. 运用互联网和实际快递企业见习、观看视频、请校外专家讲座等方法。
2. 校内外快递和物流实训基地。

四、操作步骤

1. 将同学分组，每 5 ~8 人分为一组，实训室模拟活动以组为单位进行。
2. 成员到国内、国际快递公司参观，跟随指导师傅观摩，认识快递的流程、运作环节及操作要领。
3. 选择更多的快递公司进行网上和实地调查。
4. 选择快递公司，亲自邮寄快件，并及时跟踪快件流程，做好详细记录。

五、成果展示

各小组长汇总本组实习成果，在全班面前展示，供同学查验，要求有实习场景的介绍、发现的问题以及改进措施及其理由。

六、任务评价

（一）小组活动评价标准

组长负责分配不同的组员完成任务，每个成员完成实习规定的各个环节的体验，每个实习阶段每个环节都体验到，有具体的情景描述。完成任务得 30 分，如果有漏错等情况，分别扣减相应的分值。

小组成员评价标准如表 1 –5 所示。

表 1 –5　　小组成员评价表

小组名称：__________　　　　组长：________

小组成员	态度 5 分	互助与合作 10 分	倾听 5 分	展示与效果 10 分

（二）教师评价标准

教师负责评价每组的任务完成情况，量化评价标准。总分值最高为 70 分。教师对小组进行评价的标准如表 1 –6 所示。

表 1-6　　小组学习评价指标

序号	评价指标	分值
1	• 能在规定时间内小组合作完成工作任务，顺利展示 • 资料齐全，观点新颖，表述逻辑性强	60～70
2	• 能在规定时间内完成工作任务，能做展示 • 资料齐全，有自己的观点，表述清楚	50～59
3	• 获得老师或其他组的帮助能完成工作任务，有展示	40～49

（三）教师点评

教师点评时，汇总小组内评价，然后进行总结点评。每个学生最后得分为所在小组分值加上成员评价分值。

【拓展提升】

联邦快递的增值服务

联邦快递（FedEx）认为，快递业者应该增加自己对顾客的附加价值，朝着做顾客的"全球物流专家"的角色迈进。

联邦快递的全球物流专家角色表现为不断提供新的增值服务。其业务内容包括：一是提供整台式维修运送服务：联邦快递提供货件的维修运送服务，例如，将损坏的电脑或电子产品送修后送还使用者。二是扮演顾客的零件或备料基地：联邦快递可扮演业者的零售商的角色，提供诸如接受订单与客户服务处理及仓储服务功能等。三是协助顾客进行合并、分销业务：联邦快递可协助顾客协调数个地点之间的产品组件运送过程。过去这些作业都必须由顾客自己设法将零组件由制造商处送到终端用户手上，现在的快递业者则可全程代劳。

联邦快递与多家电脑生产商签订了代理售后服务协议。当用户给电脑厂家拨打电话时，就会自动转到 FedEx，由 FedEx 人员回答用户，同时 FedEx 人员会了解到用户的电脑型号、曾经做过维修服务的人员姓名、问题电脑是否在保修范围、是否进口产品等。随后，FedEx 呼叫中心就会通知电脑厂商派工程师上门维修；时间和地点确定后，FedEx 物流中心马上发出数个指令，各个零配件就会从中国香港地区、新加坡和美国发运，同时送达指定地点。为电脑用户做了维修之后，FedEx 会将有缺陷的产品收回，没有使用的零备件经检测包装好以后，重新返回库存，上述所有环节都会记录在系统中。电脑厂商和它的用户都得到了满意的服务。

联邦快递服务的范围很广。公司提供 24 小时至 48 小时的户到户服务，并设"原银奉还"保证。公司的空运航线遍布全球，并拥有世界一流的空运设备，成为全球最具规模的速递运输公司之一，每天为全球 220 个国家及地区运送 1400 万件货件，提供快捷、可靠及准时的速递服务。

资料来源：百度文库，有修改。

【思考】

1. 联邦快递是怎样做顾客的"全球物流专家"的？怎样协调快递与普通物流的业务？

2. 联邦快递是如何扮演国际物流中心的角色的？
3. 联邦快递作为第三方物流企业，是如何为顾客服务的？
4. 从本案例看快递对经济的影响？

思考与练习

一、单项选择题

1. 快递按（　　）分，可以分为国际快递和国内快递。
A. 运输方式　　B. 区域
C. 所有制　　D. 服务方式
2. 最能体现快递时效性的是（　　）。
A. 采用飞机运送
B. 用最快捷、最适当的运输工具，并且使快件最大可能地处于不间断运送状态
C. 应用信息化技术
D. 应用信息网络技术
3. 最能体现快递过程透明性的是（　　）。
A. 实现对快件递送每一步的紧密跟踪与监控，实时满足各种不同的查询需要
B. 应用完善的软硬件监控设施
C. 建立完善的管理制度
D. 树立完善的管理目标
4. 快递服务是（　　）的便捷服务。
A. 门到门，桌到桌　　B. 门到门，户到户
C. 桌到桌，人到人　　D. 人到人，户到户
5. 寄递组织的网络性决定的是（　　）。
A. 团结协作　　B. 准确快速
C. 保守秘密　　D. 遵纪守法

二、多项选择题

1. 按照区域分，快递可以分为（　　）。
A. 国际快递　　B. 国内快递
C. 航空快递　　D. 陆路快递
2. 快件递送方式有（　　）。
A. 门到门　　B. 门到机场
C. 专门派送　　D. 上门取件
3. 京津环渤海地区的快递是以（　　）为中心。
A. 北京　　B. 天津
C. 青岛　　D. 大连

4. 长江三角洲地区的快递是以（　　）为中心。

A. 上海　　B. 南京

C. 杭州　　D. 苏州

5. 快递的本质是（　　）。

A. 特殊的物流活动　　B. 最典型的运输方式

C. 典型的商业运作　　D. 是一种服务活动

三、判断题

1. 世界上第一家送快递公司是敦豪公司（DHL 公司）。（　　）
2. 快递属于特殊的物流服务活动。（　　）
3. 快递必须保证寄递过程的透明性。（　　）
4. 快递递送物品的特定性是指对包裹重量的限制、封装和有名址。（　　）
5. 我国各民营快递公司都是采用航空和汽车两种运输方式，而经营上都是采用直营式。（　　）

四、简答题

1. 简述快递产生的背景。
2. 简述快递的特点。

项目二
寻找快递入门的钥匙

【学习导航】

本项目的主要内容是快递业务入门知识，目的是使学生对快递业务形成初步概念。

快递入门知识主要包括：（1）航空快递知识；（2）报关知识；（3）快件保险知识；（4）客户须知知识。

知识目标

- □ 知道航空快递的含义及形式、航空快递的特点
- □ 了解报关的含义与规定
- □ 懂得快件保险的含义与规定
- □ 熟悉快递客户须知应包含的项目和内容

技能目标

- □ 清楚航空快递的收运规定，能够进行运费的计算
- □ 会填写不同种类的报关单据
- □ 知道不同快件适用的保险费率，能够计算保险金额
- □ 能够根据快递公司的情况制定或修订客户须知

情感目标

- □ 树立客户至上的服务理念，增强自觉遵守相关法律法规的意识，热爱本职工作

任务一 了解航空快递

任务情境

在空运部的实习过程中，王力参观体验了航空快递的各个主要环节：

1. 收取航空快件，在规定时间运转到快递企业总运转中心。
2. 总运转中心分拣货物，确定发往的机场和发件总量。
3. 向航空公司订舱。
4. 计算运费、填制运单、报关单等单证。

这天王力正在公司空运部实习，收到公司客服部转来的一个客户的咨询电话，原来客户今天收到一件本公司快递送过去的快件，包装体积为：24 厘米 ×35 厘米 ×120 厘米，实际重量 3.5 千克，说是航空件，运费到付，要 212 元。原来是客户收到的是在网上买的东西，事先和商家约定运费是买家付。客户觉得很难接受，因为实际东西不是很大还很轻，运费都要超过商品本身的价值了，后悔当初没有跟卖家再确认一下运费。客户询问这种收费方式合理吗？

王力根据实际情况按公司的规定进行了计算，认为收费是合理的，并给出了顾客较满意的回答。

任务要点

理论要点：了解航空快递的含义、形式和特点

实践要点：

□ 了解航空快递作业环节，掌握主要环节的操作，能够填写主要单据

□ 熟悉航空收运规定，并能根据快件情况计算运费

除了要掌握运费计算外，还要知道哪些是航空快递禁运的物品，以及正确填制航空快递运单，使用扫描枪扫描快件上传也是要认真掌握的。

让我们和王力一起来学习航空快递计费重量的确定以及航空快递运费的计算方法等技能。

任务实施

知识准备

一、航空快递的含义及其形式

（一）航空快递的含义

航空快递，是指“具有独立法人资格的企业，将进出境的货物或物品，从发件人所在

地，通过自身或代理的网络，送达收件人”的快速运输方式。具体说就是：由专业经营该项业务的货运代理公司与航空运输公司合作，派专人用最快的速度，在货主、机场、用户之间传送急件的运输服务业务。

真正现代意义上的快递是以航空快递的形式产生的，最早的快递正是航空快递。

航空快递的含义主要从以下几个方面理解：

1. 它是航空快递企业利用航空运输，收取发件人托运的快件并按照向发件人承诺的时间将其送交指定地点或者收件人的“门到门”的速递服务。

2. 航空快递企业掌握运送过程全部情况，并能将即时信息提供给有关人员查询的快递服务。

3. 它的递送时间、递送质量区别于其他运输方式，其高效运转是建立在完善的网络基础之上的，且网络具有相当强的整合能力。

4. 主要采用航空运输；采用航空快递方式运输的货物、物品属于航空快件，从内容上主要可以分成文件和包裹。

5. 航空快递方式特别适合于大城市间各种急需小件物品和文件的运输，如急需的药品和医疗器械、贵重物品、图纸资料、货样、单证和书报杂志等小件物品，它是目前航空货物运输中最快捷的运输方式。

（二）航空快递的主要业务形式

1. 按货物的交付形式分类。

（1）门/桌到门/桌。这是航空快递公司最常用的一种服务形式。首先由发件人在需要时电话通知快递公司，快递公司接到通知后派人上门取件，然后将所有收到的快件集中到一起，根据其目的地分拣、整理、制单、报关、发往世界各地，到达目的地后，再由当地的分公司办理清关、提货手续，并送至收件人手中。在这期间，客户还可依靠快递公司的电脑网络随时对快件（主要指包裹）的位置进行查询，快件送达之后，也可以及时通过电脑网络将消息反馈给发件人。

（2）门/桌到机场。是指快件到达目的地机场后不是由快递公司办理清关、提货手续并送达收件人的手中，而是由快递公司通知收件人自己去办理相关手续。采用这种方式的多是海关当局有特殊规定的货物或物品。

（3）专人派送。是指由快递公司指派专人携带快件在最短时间内将快件直接送到收件人手中。这是一种特殊服务，一般很少采用。

以上三种服务形式相比，门/桌到机场形式对客户来讲比较麻烦，专人派送最可靠、最安全，同时费用也最高；而门/桌到门/桌的服务介于上述两者之间，适合绝大多数快件的运送。

2. 按货物的运输过程或范围不同分类，可分为国内航空快递和国际航空快递。

二、航空快递与航空货运的联系与区别

（一）联系

航空快递（尤其是包裹运输）在很多方面与普通航空货运有相似之处：

1. 业务手续相似。例如，都需要向航空公司办理托运；都要与收件人、发货人及承运人办理单货交接手续；都要向海关办理进出口报关手续，并提供相应的报关单证。

2. 性质和运输方式基本一致。航空快递的性质和运输方式同普通航空货物运输基本一样，可以视为航空货物运输的扩展和延续。因此，世界上许多经营该项业务的公司都隶属于航空货运公司之下；一些专门从事快运业务的公司也是从航空货运代理公司派生出来的；同时又有不少快运公司兼办普通的航空货物运输业务。

（二）区别

1. 航空快递是航空货运的延伸，也是航空货运增值服务的延伸，因此，产品服务范围不同。

2. 航空快递不单依靠航空公司，还需具备广泛、畅通、完备的运送网络及 IT 信息系统，包括建立与国际接轨的操作规范。

3. 航空快递企业直接向快件发件人、收件人负责，与一般的货运代理公司有所不同。

4. 航空快递具备相当规模的集中组织管理体系、训练有素的队伍、统一的服务标准和质量控制机制，需要有专用的包装和标志。

三、航空快递的特点

以下将航空快递业务与普通航空货运及国际邮政进行简单的比较，从中可以看出航空快递所具有的特点。

（一）完善的快递网络

航空快递的快件运作不是单纯依靠公司在某一个地方完成全部操作，需要不同地区的分公司密切配合，这就需要具有广泛、畅通完备的运送网络及电脑系统，包括建立与国际接轨的操作规范，才能使每件航空快件时刻处于受控状态。

（二）收件范围不同

航空快递的收件范围主要有文件和包裹两大类。文件，主要指商业文件和各种印刷品，包括技术资料、装船单据、银行单证、信用证、合同书、招标书、图纸等；包裹，主要指小件样品、急用备件、机器上的小零件等。包裹一般要求毛重不超过 32 千克（含 32 千克），或外包装单边长度不得超过 102 厘米（含 102 厘米），三边相加不得超过 175 厘米（含 175 厘米）。计费重量以包裹实际重量（毛重）和体积重量相比，取二者较大者。

近年来，航空运输业竞争更加激烈，快递公司为吸引更多客户，对包裹的体积要求趋于放松。普通航空货运以收运贸易货物为主，规定每件货物体积不得小于 5 厘米 ×10 厘米 ×20 厘米；每票货物的最小重量不得小于 0.5 千克。邮政业务以运送私人信函为主，规定包裹每件重量不得超过 20 千克；每件长度不得超过 1 米。

（三）经营方式不同

经营国际航空快递业务大多为国际性的跨国公司。这些公司以独资或合资的形式将业务深入世界各地，建立起全球网络；航空快件的传送基本上都是在跨国公司内部网络中完成。

国际邮政业务，则通过万国邮政联盟的形式，在世界上大多数国家的邮政机构之间取得合作，邮件通过两个以上国家邮政当局的合作完成传送。

国际航空货物运输主要采用集中托运的形式，或直接由发货人委托航空货运代理人进行；货物到达目的地后，再通过发货地航空货运代理的关系人代为转交货物，送达收货人手中。业务中，除涉及航空公司外，还要依赖航空货运代理人的协助。

（四）内部组织形式不同

邮政运输的传统操作理论是接力式传送。航空快递公司则大多采取中心分拨理论或者称“转盘分拨理论”组织起全世界的网络，就是快递公司根据自己业务的实际情况在中心地区设立分拨中心（Hub），各地搜集起来的快件在分拨中心按所到地区分拨后装上飞机，当晚飞机飞到分拨中心，各自交换快件后飞回。第二天清晨，快件再由各地分公司用汽车送到收件人办公桌上。这类方式减少了中间环节，快件的流向简单清楚，减少了差错，提高了操作效率，缩短了运送时间，被事实证明是经济、有效的。

（五）航空快递的服务质量更高

1. 速度更快。航空快递自诞生之日起就强调快速的服务，速度是整个行业生存之本。一般洲际快件运送在 1 ~5 天内完成；地区内部只要 1 ~3 天。这样的传送速度无论是传统的航空货运业还是邮政运输都很难达到。

2. 更加安全、可靠。在航空快递形式下，快件运送自始至终是在同一公司内部完成，各分公司操作规程相同，服务标准也基本相同，而且同一公司内部信息交流更加方便，对客户的高价值易破损货物的保护也会更加妥帖，所以运输的安全性、可靠性也更好。

3. 更方便。确切地说航空快递不只涉及航空运输一种运输形式，它更像是陆空联运，通过将服务由机场延伸至客户的仓库、办公桌，实现了门到门服务，方便了客户。此外，航空快递公司对一般包裹代为清关，针对不断发展的电子网络技术又率先采用了 EDI（电子数据交换）报关系统，为客户提供了更为便捷的网上服务。快递公司特有的全球性电脑跟踪查询系统也为有特殊需求的客户带来了极大的便利。

当然，航空快递同样有自己的局限性，如快递服务所覆盖的范围不如邮政运输广泛。国际邮政运输综合了各国的力量，可以这样说有人烟的地方就有邮政运输的足迹，但航空快递毕竟是靠某个跨国公司的一己之力，所以各快递公司的运送网络只能包括那些商业发达、对外交流多的地区。

四、航空快递的作业基本流程与操作要点

（一）航空快递作业基本流程

1. 快递企业由各分点收取航空快件，在规定时间运到快递企业总运转中心。
2. 总运转中心分拣货物，确定对应机场发货总量同外包装件数。
3. 快递企业向航空代理预订舱位，并将航空货物交给航空代理。
4. 航空代理接到快递企业订舱资料，根据快递企业要求的时间，向航空公司预订舱位。
5. 航空公司批舱后，航空代理在对应的航班起飞前 3 小时交机场主单，对应起飞前 2 小时过完安检。
6. 航空代理将对应机场资料（如到北京、深圳、上海、杭州等）给快递企业。
7. 快递企业在飞机落地后 2 ~3 小时提取货物，分拣后运到各派送点安排派送。

（二）航空快递企业进口操作要点

进口：提货、清关/分拨、转运/派送、签收/录入、反馈（发件人/发件地）。

1. 按时到机场，取回进口快件，并办理清关手续。
2. 按不同区域进行登记、分拨、转运。
3. 上门派送，收件人在派送路单上签字。

4. 派送员将签收人的姓名输入扫描枪。

5. 派送员回到公司后将扫描枪中的信息传输到公司网络系统中。

6. 派送路单交公司作业部存档。

（三）航空快递企业出口操作要点

出口：取件、制单/数据录入/报关、出境/提货、派送（国外代理）。

1. 上门取件，缮制文件或包裹的快件运单（客户填写，派送员签收）。

2. 根据运单，把有关情况输入电脑。

3. 到海关报关，用航空运单把快件发往国外代理。

4. 国外代理提货、派送。

五、航空快件的收运规定及运费

（一）收运规定

1. 不能以快件形式发运的物品：动物、珠宝、珍贵的艺术品、文物、古玩、贵金属、宝石、金条、邮票、有价证券、武器及其部件、易燃/易爆/易腐蚀/有毒的物品、有机过氧化物、放射性/磁性等危险物品、尸体、色情印刷品/音像制品等。

2. 在数量上受某些国家海关限制的物品：动物制品、酒类液体、植物产品、食品、易腐烂货物、药品等。

3. 重量：每件毛重一般不应超过 32 千克。

4. 体积：外包装单边长度一般不应超过 102 厘米；三边相加一般不应超过 175 厘米。

5. 运单：必须写清收件人的姓名、地址全称。国际快递必须英文书写。

对重量和体积的限制，因目的地国家不同而有所差别，上述只是一般通行的做法和要求。

（二）运费计算

1. 计费重量：毛重与体积重量，二者之中取较高者。

空运公司规定，在货物体积小、重量大时，按实际重量计算；在货物体积大、重量小时，按体积计算。集中空运时，一批货物由几件不同的货物组成，有轻泡货也有重货，其计费重量则采用整批货物的总毛重或总的体积重量，按两者之中较高的一个计算。

体积重量 = 长 × 宽 × 高（厘米）÷6 000。

2. 收费标准：基价 + 超重费。发件人有特殊服务要求时，应交纳特殊服务费。

以下举例说明：

客户张某邮寄国际航空快件，实际重量 3.5 千克；包装后长、宽、高分别是 84 厘米 ×40 厘米 ×30 厘米，按照国际惯例计算运费。

计算如下：

体积重量 = 84 厘米 ×40 厘米 ×30 厘米 ÷6 000 = 16.8（千克）

【分析】客户张某托运的快件体积重量是 16.8 千克，高于实际重量（如果实际重量超过 16.8 千克则按照实际计算，否则就按照 16.8 千克来收费，这是国际惯例）。按规定，计费体积重量单位为千克。假如收费标准为首重 20 元/千克，续重 12 元/千克，则该快件合计运费为 212 元［20 元 +（17 − 1）×12 元 = 212 元］。

注意：

国际航空运输协会（IATA）规定，国际货物的计费重量以0.5千克为最小单位，重量位数不足0.5千克的，按0.5千克计算；0.5千克以上不足1千克的，按1千克计算。重量在100千克以下的，小数点实行2退3进、7退8进的标准（参见项目四）。

相关链接

航空快递的有关规定

1. 计费重量。空运公司规定，在货物体积小、重量大时，按实际重量计算；在货物体积大、重量小时，按体积计算。在集中空运时，一批货物由几件不同的货物组成，有轻泡货也有重货。其计费重量则采用整批货物的总毛重或总的体积重量，按两者之中较高的一个计算。

2. 空运公司运价和费用的种类。

（1）空运运价（RATES）。承运人为运输货物对规定的重量单位（或体积）收取的费用称为“运价”。运价是指机场与机场间的（AIRPORT TO AIRPORT）空中费用，不包括承运人、代理人或机场收取的其他费用。

（2）空运运费（TRANSPORTATION CHARGES）：根据适用运价计得的发货人或收货人应当支付的每批货物的运输费用称为“运费”。

（3）空运公司按国际航空运输协会所制定的三个区划费率收取国际航空运费。一区主要指南北美洲、格陵兰等；二区主要指欧洲、非洲、伊朗等；三区主要指亚洲、澳大利亚。

（4）主要的空运货物运价有以下四类：

- 一般空运运价（GENERAL CARGO RATE，GCR）；
- 特种空运运价或指定商品运价（SPECIAL CARGO RATE；SPECIFIC COMMODITY RATE，SCR）；
- 空运的等级运价（CLASS RATE，CCR）；
- 集装箱空运运价（UNITIZED CONSIGNMENTS RATE，UCR）。

3. 起码运费。起码运费是空运公司办理一批货物所能接受的最低运费，不论货物的重量或体积大小，在两点之间运输一批货物应收取的最低金额。不同地区有不同的起码运费。

4. 有关空运运价的其他规定。各种不同的航空运价和费用都有下列共同点：

（1）运价是指从一机场到另一机场，而且只适用于单一方向。

（2）不包括其他额外费用，如提货、报关、接交和仓储费用等。

（3）运价通常使用当地货币公布。

（4）运价一般以千克或磅为计算单位。

（5）航空运单中的运价是按出具运单之日所适用的运价。

实训练习

一、实训内容

1. 校内模拟收取航空快件作业。
2. 选择一家快递公司发送航空快件。

二、实训目的与要求

1. 熟悉航空快递作业环节。
2. 掌握航空快件的收件作业。
(1) 根据航空禁限寄规定，收取航空快件；
(2) 正确填写航空快递运单，正确计算并收取运费。
3. 熟悉现有航空快递业务的主要经营者、价格及其优势路线。
4. 熟悉寄送航空快件时快递公司的选择方法。

三、实训步骤

1. 将同学分组，每 5 ~ 8 人分为一组，活动以组为单位进行。
2. 每组利用废旧包装箱等材料制作成邮寄物品。
3. 每组下载或制作航空快递运单。
4. 每两个小组自由结合，收、寄快件交互进行。
5. 计算运费、填制运单、包装贴单。
6. 汇总交库。
7. 以小组为单位选择快递公司实际邮寄航空快件。
8. 跟踪查询快递流程。
9. 写出公司选择依据、邮寄过程以及快件流转过程报告。

四、成果展示

模拟部分由组长根据运费计算的准确性、运单填写的正确性以及包装的完美程度向全体同学展示小组的完成情况。

快件邮寄部分由组长展示本组完成的记录报告。

五、任务评价

(一) 小组活动评价标准

组长负责分配不同的组员去完成任务，按照每成员制作 3 个邮件的任务进行安排，确定好收、发件人的地址；同时作为收件人为别的小组收取快件 3 票，包括称重计算运费、填制运单、包装、贴单等。实际邮寄快件中，每个成员提供一个邮寄方案，包括快件的类型、收件人地点、选择的公司以及依据。完成任务，得 30 分，如果有疏漏等情况，分别扣减相应的分值。

小组成员评价标准如表 2－1 所示。

表 2－1　　小组成员评价表

小组名称：________　　组长：________

小组成员	态度 10 分	互助与合作 5 分	倾听 5 分	展示与效果 10 分

（二）教师评价标准

教师负责评价每组的任务完成情况，量化评价标准。总分值最高为 70 分。教师对小组进行评价的标准如表 2－2 所示。

表 2－2　　小组学习评价指标

序号	评价指标	分值
1	• 能在规定时间内小组合作完成工作任务 • 操作正确、规范，完成流畅，顺利展示 • 观点新颖，表述逻辑性强	60～70
2	• 能在规定时间内完成工作任务 • 操作规范，及时纠正出现的偏差，能做展示 • 有自己的观点，表述清楚	50～59
3	• 获得老师或其他组的帮助能完成工作任务，有展示	40～49

（三）教师点评

教师进行点评时，汇总小组内评价，然后进行总结点评。每个学生最后得分为所在小组分值加上成员评价分值。

【拓展提升】

国际快递运费详细计算方法

1. 计费重量单位：特快专递行业一般以每 0.5 千克为一个计费重量单位。

2. 首重与续重：特快专递货品的寄递以第一个 0.5 千克为首重（或起重），每增加 0.5 千克为一个续重。通常起重的费用相对续重费用较高。

3. 实重与材积：是指需要运输的一批物品包括包装在内的实际总重量称为“实重”；当需寄递物品体积较大而实重较轻时，因运输工具（飞机、火车、船、汽车等）的承载能力及能装载物品体积所限，需采取量取物品体积折算成重量的办法作为计算运费的重量，称为“体积重量”或“材积”。体积重量大于实际重量的物品又常称为“轻泡物”。

4. 计费重量：按实重与材积两者的定义与国际航空货运协会的规定，货物运输过程中计收运费的重量是按整批货物的实际重量和体积重量两者之中较高的计算。

5. 包装费：一般情况下，快递公司是免费包装，提供纸箱、气泡等包装材料，很多物品如衣物等不用特别包装就可以。但一些贵重、易碎物品，快递公司要收取一定的包装费用的，包装费用一般不计入折扣。

6. 通用运费计算公式：

(1) 当需寄递物品实重大于材积时，运费计算方法为：

首重运费 + [重量（千克）×2 - 1] ×续重运费

例如：7 千克货品按首重 20 元、续重 9 元计算，则运费总额为：

20 + (7 ×2 - 1) ×9 = 137（元）

(2) 当需寄递物品实际重量小而体积较大，运费需按材积标准收取，然后再按上列公式计算运费总额。求取材积公式如下：

规则物品：长（厘米）×宽（厘米）×高（厘米）÷6 000 = 重量（千克）

不规则物品：最长（厘米）×最宽（厘米）×最高（厘米）÷6 000 = 重量（千克）

(3) 国际快件有时还会加上燃油附加费。若此时的燃油附加费为 9%，还需要在规则物品计算的结果上加上：运费 ×9%。

计入燃油附加费时，一般会同运费一起打折。

7. 总费用的计算公式如下：

总费用 = (运费 + 燃油附加费) ×折扣 + 包装费用 + 其他不确定费用

任务二　了解报关知识

任务情境

王力在学习快递报关知识时就知道了，快件报关以快件公司名义向海关递交快件报关单(KJ1、KJ2、KJ3 类报关单等)，以快件形式进行货物的通关，不需要寄件人直接操作。但王力对于海关对快件如何进行分类管理没有实际感受，没有见过真实的快件报关单证，更不知道怎样填制。

这次实习给了王力很好的学习机会。在这段时间里，王力主要学习了海关对快件分类管理的知识，学习了如何填写报关单。填写报关单时，王力也有很多不明白的地方。指导老师针对他的问题，结合快递实务知识以及我国海关工作实践要求详细给他分析、指导，使他的技能水平提高很快。

经过几天的努力，王力总算弄清了不同的快件所适用的报关单，如何根据快件内容进行报关单的填制。

任务要点

理论要点：

- ☐ 了解国际快递报关、报检的知识
- ☐ 了解我国快件进口报关、出口清关、出入境检验检疫流程

实践要点：

- ☐ 叙述不同快递物品适用的不同类型报关单
- ☐ 能够根据快件运单填制相应报关单

任务实施

知识准备

一、进出境快件的含义和分类

进出境快件是指运营人在特定时间内，以快速的商业运输方式承运进出境的物品、货物。进出境邮运快件是通过邮运渠道进出境的快件。我国法律将进出境快件分为文件类、个人物品类和货物类三类。

1. 文件类。文件类进出境快件是指法律、法规规定予以免税且无商业价值的文件、单证、票据及资料。

2. 个人物品类。个人物品类进出境快件是指海关法规规定自用、合理数量范围内的进出境的旅客分离运输行李物品、亲友间相互馈赠物品和其他个人物品。

3. 货物类。货物类进出境快件是指第1、第2条规定以外的快件。货物类又可进一步分为第Ⅰ类、第Ⅱ类和第Ⅲ类。

货物Ⅰ类：是指我国海关法定免税的货物（关税及增值税费和≤RMB50.00）。此类快件分进境、出境两种。

进境：指关税税额在《中华人民共和国进出口关税条例》规定的关税起征数额以下的货物和海关规定准予免税的货样、广告品。

出境：指出境的货样、广告品（法律、法规规定实行许可证管理的，应征出口关税的，需出口收汇的，需出口退税的除外）。

此类快件进出境时，运营人应提交“中华人民共和国海关进出境快件KJ2报关单”，每一快件的分运单、发票和海关需要的其他单证。

货物Ⅱ类：是指符合海关规定的货样、广告品类货物。此类快件仅指进境快件，是应予征税的货样、广告品（法律、法规规定实行许可证管理的，需进口付汇的除外）。进境时，运营人应提交“中华人民共和国海关进出境快件KJ3报关单”，每一进境快件的分运单、发票和海关需要的其他单证。

货物Ⅲ类：除其他两类货物外的货物。此类快件是指第Ⅰ类、第Ⅱ类以外的货物。此类货物进出境时，按照海关对进出口货物通关的规定办理。

二、快件报关

（一）快件报关的含义

快件报关是指以快递公司的名义向海关递交快件报关单（KJ1、KJ2、KJ3 类报关单等），以快件形式进行货物清关的通关方式。

（二）快件报关的特点

1. 手续简单。根据《海关对进出境监管办法》等法规的规定，为适应快件作为“快速商业运作方式承揽、承运的进出境货物、物品”的报关，相对于贸易报关，在监管条件以及通关（报关清关）手续上做了一系列旨在简化手续的特殊安排，一般情况下不需要提供报关单、通关单证、许可证（批文）。

2. 速度快捷。一方面，由于上述的监管条件少、手续简单等原因，简化了手续，也就减少了前期单证准备、申请许可证（批文）的时间；另一方面，通关过程中的清关以及查验速度都体现了快件的“快”。

3. 总成本低。根据《海关对进出境监管办法》法规的规定，快件进出境可以享有一定的税费减免优惠，尤其是个人物品类，再加上操作方便、税率低、运作费用低，成本自然降低。

4. 快件报关没有一般贸易报关中所需的“海关关税缴款书”和“海关代征增值税缴款书”，也就是说没有税单和增值税票。

5. 根据《海关对进出境监管办法》等法规的规定，其每票货的数量、重量甚至尺寸都有一些限制性规定。如果是大宗货物，比如 1 吨以上的货物，必须分车、分批、分次报关。

（三）普通进出境快件的报关规定

1. 运营人的义务。运营人经营进出境快件业务应当承担下列义务：

（1）及时向海关呈交快件通关所需的单证、资料，并如实申报所承运的快件。

（2）通知收、发件人缴纳或代理收、发件人缴纳快件的进出口税款，并按规定对进出境快件缴纳规费、监管手续费等。

（3）除经海关准许的情况外，应当将监管时限内的快件存放于专门设立的海关监管仓库内并妥善保管。未经海关许可，不得将监管时限内的快件进行装卸、开拆、重换包装、提取、派送、发运或进行其他作业。“监管时限”是指进境快件自运输工具向海关申报起至办结海关手续止；出境快件自向海关申报起至运输工具离境止。

（4）海关查验快件前，运营人应当对快件进行分类。海关查验快件时，运营人应当派工作人员到场，并负责快件的搬移、开拆、重封包装等。

（5）发现快件中含有禁止出境的物品不得擅自处理，应当立即通知并协助海关进行处理。

2. 运营人登记。运营人申请办理进出境快件代理报关业务的，应当按照海关对国际货物运输代理企业的注册管理规定，在所在地海关办理登记手续。

3. 进出境快件相关规定。

（1）进出境快件通关应当在经海关批准的专门监管场所内进行，如因特殊情况需要在专门监管场所以外进行的，需事先征得所在地海关同意。

运营人应当在海关对进出境快件的专门监管场所内设有符合海关监管要求的专用场地、

仓库和设备。

对进出境快件专门监管场所的管理办法，由海关总署另行制定。

（2）进出境快件通关应当在海关正常办公时间内进行，如需在海关正常办公时间以外进行的，需事先征得所在地海关同意。

（3）运营人应当按照海关的要求，采用纸质文件方式或电子数据交换方式向海关办理进出境快件的报关手续。

提示：

海关对符合监管要求的快件，可以接受运营人通过电子数据交换（EDI）方式的报关。通过 EDI 方式向海关报关与通过书面文件方式向海关报关具有同等的法律效力。

（4）进境快件自运输工具申报进境之日起 14 日内，出境快件在运输工具离境 3 小时之前，应当向海关申报。

（5）运营人应向海关传输或递交进出境快件舱单或清单，海关确认无误后接受申报；运营人需提前报关的，应当提前将进出境快件运输和抵达情况书面通知海关，并向海关传输或递交舱单或清单，海关确认无误后接受预申报。

（6）海关查验进出境快件时，运营人应派员到场，并负责进出境快件的搬移、开拆和重封包装。

海关对进出境快件中的个人物品实施开拆查验时，运营人应通知进境快件的收件人或出境快件的发件人到场，收件人或发件人不能到场的，运营人应向海关提交其委托书，代理收、发件人的义务，并承担相应法律责任。

海关认为必要时，可对进出境快件予以径行开验、复验或者提取货样。

（7）除另有规定外，运营人办理进出境快件报关手续时，应当按《海关对进出境快件监管办法》第十一条、第十二条、第十三条分类规定，分别向海关提交有关报关单证并办理相应的报关、纳税手续。

（8）文件类进出境快件报关时，运营人应当向海关提交“海关进出境快件 KJ1 报关单”、总运单（副本）和海关需要的其他单证。

（9）个人物品类进出境快件报关时，运营人应当向海关提交“中华人民共和国海关进出境快件个人物品申报单”，每一进出境快件的分运单、进境快件收件人或出境快件发件人身份证件影印件和海关需要的其他单证。

（10）货物类进境快件报关时，运营人应当按下列情形分别向海关提交报关单证：

- 对关税税额在《进出口关税条例》规定的关税起征数额以下的货物和海关规定准予免税的货样、广告品，应提交“中华人民共和国海关进出境快件 KJ2 报关单”，每一进境快件的分运单、发票和海关需要的其他单证。
- 对应予征税的货样、广告品（法律、法规规定实行许可证件管理的，需进口付汇的除外），应提交“中华人民共和国海关进出境快件 KJ3 报关单”，每一进境快件的分运单、发票和海关需要的其他单证。

（11）对第（8）条、第（9）条、第（10）条规定以外的货物，按照海关对进口货物通关的规定办理。

（12）货物类出境快件报关时，运营人应按下列情形分别向海关提交报关单证：

- 货样、广告品（法律、法规规定实行许可证件管理的，应征出口关税的，需出口收汇的，需出口退税的除外），应提交“中华人民共和国海关进出境快件 KJ2 报关单”，每一出境快件的分运单、发票和海关需要的其他单证。

- 对上述以外的其他货物，按照海关对出口货物通关的规定办理。

（13）按照快件 KJ2 报关单申报的进、出境快件，进出境快件运营人向海关提交快件 KJ2 报关单时，应当申报经营单位名称、经营单位编码和商品编码；按照快件 KJ3 报关单申报的进境快件，进境快件运营人向海关提交快件 KJ3 报关单时，应当申报经营单位名称、经营单位编码。

（四）进出境专差快件

进出境专差快件是指运营人以专差押运方式承运进出境的空运快件。

运营人从事进出境专差快件经营业务，除应当按有关规定办理登记手续外，还应当将进出境专差快件的进出境口岸、时间、路线、运输工具航班、专差本人的详细情况、标识等向所在地海关登记。如有变更，应当于变更前 5 个工作日向所在地海关登记。

对符合上述条件的，所在地海关核发“中华人民共和国海关进出境专差快件登记证书”，运营人凭以办理进出境专差快件报关业务。

进出境专差快件应按行李物品方式托运，使用专用包装，并在总包装的显著位置标注运营人名称和“进出境专差快件”字样。

三、按有关规定验放的物品

快件中的下列物品，海关分别按照有关规定验放：

1. 个人自用物品。
2. 外国驻华使、领馆及其人员进出境的公、私用物品。
3. 联合国各专门机构、其他国际组织驻华代表机构及其人员进出境的公、私用物品。
4. 外商常驻机构及其人员进出境的公、私用物品。

案例阅读

制作报关单

某日上午9：00 公司某快递代理交来四件快件：

1. 深圳市罗湖区××路1××号，某某学院李某，电话：（略），需快递一份邀请函到美国纽约，要求 DHL，运单号码为 20141227001，运单为该代理运单，运单上注明的实际重量为 0.2 千克。

2. 深圳市罗湖区嘉宾路1××号，某物流公司段某快递 4 份海运正本提单到法国马赛，要求 DHL，运单号码为 20141227002，运单为该代理运单，运单上注明的实际重量为 0.7 千克。

3. 深圳市罗湖区东门路××小区 22 栋1单元 501，李某，电话：（略），快递一盒玻璃工艺灯具样品到美国旧金山，要求 DHL，运单号码 1000200012001，运单为 DHL 运单。运单上注明的实际重量为 20 千克。

4. 深圳市罗湖区人民路1××号某服装厂李某，电话：（略），快递 2 箱纯棉衬衣样品（已剪破）共 30 件到巴西圣保罗，运单号码 20141227003，运单为该代理运单，运单上注明的实际重量为 10 千克。

其他资料如下：

报关单号：陆 ZWY0201410 × × ×

营运人名称：中外运空运

进/出口岸：深关机场

运输工具航次：粤 zdf58 港

进出口日期：2014 年 10 月 21 日

总运单号：5000012340055

报关单制作结果：KJ1 报关单见表 2－3，KJ2 报关单见表 2－4。

表 2－3　　进出境快件 KJ1 报关单

报关单编号：陆 ZWY0201410 × × ×

运营人名称：　进/出口岸：　运输工具航次：　进/出口日期：　总运单号码：

序号	分运单号码	名称	件数	重量（千克）	收/发件人名称	验放代码
1	20141227001	文件资料 1 份	1	0.2		
2	20141227002	文件资料 4 份	1	0.7		

本运营人保证：　年　月　日向　海关申报的上述货物为《中华人民共和国海关对进出境快件监管办法》中的文件类范围内的货物，并就申报的真实性和合法性向你关负法律责任。

（运营人报关专用章）　报关员：　申报日期：

以下由海关填写

海关签章：　经办关员：　日期：　查验关员：　日期：

表 2－4　　进出境快件 KJ2 报关单

报关单编号：陆 ZWY0201410 × × ×

运营人名称：　进/出口岸：　运输工具航次：　进/出口日期：　总运单号码：

序号	分运单号码	货物名称	价值（RMB）	重量（千克）	件数	收/发件人名称	验放代码
1	1000200012001	灯具样品	50	20	1		
2	20141227003	棉衬衣样品	10	10	2		

本运营人保证：　年　月　日向　海关申报的上述货物为《中华人民共和国海关对进出境快件监管办法》中的关税税额在关税起征数额以下的进境货物和海关规定准予免税的进境货样、广告品或出境货样、广告品，并就申报的真实性和合法性向你关负法律责任。

（运营人报关专用章）　报关员：　申报日期：

以下由海关填写

海关签章：　经办关员：　日期：　查验关员：　日期：

实训练习

一、实训内容

1. 审核物品，将不同的快件按照报关规定进行分类。
2. 按照快件的报关规定，确定不同类型快件适用的报关单。

二、实训目的与要求

1. 熟悉快件报关的规定与作业环节。
2. 确定按照海关管理规定验放的物品。

三、实训步骤

1. 将同学分组，每5~8人分为一组，活动以组为单位进行。
2. 每组下载或制作国际快递运单并打印。
3. 每人填写国际快递运单10张（不同物品、不同收发地址）。
4. 每个小组把本组成员的运单按照海关的快件分类标准分类汇总，确定适用的报关单类型。
5. 分类汇总列表显示。

四、成果展示

各小组长将本组的分类汇总结果连同组员的分运单一起在全班面前展示，供同学查验，要求不同的快递报关单类型都有涉及，并且每种类型的报关单对应的分运单越多越好。

五、任务评价

（一）小组活动评价标准

组长负责分配不同的组员去完成任务，按照每成员完成10票国际快递分运单的填制，然后分别根据运单制作报关单。完成任务得30分，如果有漏错等情况，分别扣减相应的分值。

小组成员评价标准如表2-5所示。

表2-5　小组成员评价表

小组名称：__________　　　　组长：________

小组成员	态度12分	互助与合作5分	倾听5分	展示与效果8分

（二）教师评价标准

教师负责评价每组的任务完成情况，量化评价标准。总分值最高为 70 分。教师对小组进行评价的标准如表 2－6 所示。

表 2－6　小组学习评价指标

序号	评价指标	分值
1	• 能在规定时间内小组合作完成工作任务，操作规范流畅，顺利展示 • 观点新颖，表述逻辑性强	60～70
2	• 能在规定时间内完成工作任务，操作规范，能做展示 • 有自己的观点，表述清楚	50～59
3	• 获得老师或其他组的帮助能完成工作任务，有展示	40～49

（三）教师点评

教师进行点评时，汇总小组内评价，然后进行总结点评。每个学生最后得分为所在小组分值加上成员评价分值。

【拓展提升】

快递报关巧用电子账册或电子化手册

【问题点】

加工贸易企业进出口作业中常常会因为样品确认、加急订单而使用快递，为节约时间及办事手续，大多数企业都会选择 UPS、Fedex 等快递公司。由于未使用加工贸易手册办理正常的快递报关手续，导致企业在进行短溢核算时造成保税料件的短少。

【问题分析】

快递产品中耗用的保税料件已成为导致保税物料短少的重要因素之一。部分企业加强了对快递业务的管控，日常对快递产品的名称、规格及数量进行统计，进一步折算成原材料，定期向海关申请补税。同时，少部分企业忽视快递业务的管理，未进行日常的统计及补税动作，海关下厂核查到该部分时，除要求补税外还将进行罚款。经与企业沟通，企业不是不愿意走正常的快递报关手续，而是觉得报关手续过于烦琐，除成本因素考虑外，还担心会影响通关效率。

【解决方案】

很多企业其实并没有真正了解快递报关的业务流程，如果方法得当，同样可以使用账册或手册进行快速物品的报关。具体流程如下：

1. 先找一家负责国际快递业务的公司进行前期业务沟通。

2. 确定合作后，写委托书，同时将电子账册或电子化手册在 QP 系统中授权给 UPS 或其他快递公司。

3. 企业在快递前，制作出口发票、装箱单等资料，连同快递货物一起给 UPS 或其他快递公司。

4. UPS 或其他快递公司收到货物和报关资料后，在机场进行快递物品报关，使用经授权的企业手册，申报单位为 UPS，报关单上不需要盖企业的公章。

5. 报关手续完成后，UPS 将报关单正本交付企业，企业做日常的报关单统计、手册核销。

【总结】

采用此方法后，快递物品均可以通过正常的报关手续出口，大大减少了海关核查及库存短少的风险，广大加工贸易企业采用上述方法进行运作不失为一个好办法。

资料来源：百度文库，有修改。

【思考】

1. 大宗大件货物及柜货也可以通过快件报关进口，但是还有优势吗？怎样做比较选择？通过本案例对你有什么启发？

2. 详细列举适合快递报关的物品。

3. 一般贸易报关和快件报关手续有什么不同？

任务三　了解快件保险

任务情境

快递丢失包裹的事件时有发生，如果快递贵重物品，不少人都会选择购买保险，但是时常出现的“投保包裹丢失，保险公司拒赔”的报道往往令王力同学困惑。

王力利用实习的机会专门对快递保险业务进行了体验，了解到快递保险是快递公司的一项增值服务，其流程如下：

1. 快递公司事先选择一家有快递险业务的保险公司，双方建立合作关系，保险公司不直接与寄件人发生关系。

2. 客户发件时如需购买保险，则由快递公司代收保险费，同时在运单上做出保险标记。

3. 快递公司只是代收保险费，不负责审核货物价值，价值认定由保险公司负责，保险费按月结算。

4. 包裹丢失，保险公司会按保价金额赔偿，但会要求寄件人出示价值证明。

任务要点

理论要点：

☐ 了解快件运费与保险知识

实践要点：

☐ 根据不同物品确定是否接受保险，并能够准确计算保险费

任务实施

知识准备

一、快件保险的含义

快件保险是为了防止在快递过程中产生的货品损失，快递公司向保险公司购买的财产险，以转移风险，尽可能减免双方损失。

快件（价值）保险是一种增值服务，由快件公司代客户办理；客户购买了快件保险，保险公司将对快件“在运输途中由外在因素导致的物理损失和丢失”进行赔偿，赔偿金额包括快件的重置或修理成本及运费。

快递保险承保通过快递公司运送的货物在运送过程中发生保险事故所致的损失。以快递方式将货物发送到目的地可能通过陆上或航空运输，或者经过两种或两种以上的运输工具运送。不论通过何种运送工具，凡是以快递方式将贸易货物运达目的地的保险均属快递保险。

二、保险费率

1. 国内快件：支付投保金额的0.5%，最低保险费人民币40元。
2. 国际快件：支付投保金额的1%，最低保险费人民币80元。

要在同一份账单中，分别列明保险费与运费的金额。

注意：

不同的快递公司不同时期会有不同的费用标准，具体操作中要看快递公司与保险公司的具体约定等。

三、投保金额的计算

投保金额是保险费的计算依据，又是货物发生损失后计算赔偿的依据。

1. 文件。文件的投保金额等于重新复制、重新打印、重新准备文件的成本，包括材料费用及相关人员成本。
2. 货物。货物的投保金额等于实际现金价值与重置成本中的较低者。
3. 返修品。返修品的投保金额等于实际现金价值（或重置成本）减去维修成本。

课堂练习

本地鸿运公司收到上海远大加工厂机床零件一批，其中有一件需要返修后才能正常使用，所以鸿运公司将该零件通过顺达快递公司快递邮寄回远大机械厂。该样品价值3 000元，回厂专业修理费按照往常惯例约为1 000元。请确定投保金额和保费。

四、快件投保的有关规定

（一）投保的适用产品与不接受投保的物品

1. 投保的适用产品：全球文件/包裹、国内包裹/重货、定时派送、进口/出口到付。

2. 不接受投保的物品：

（1）动物（包括昆虫、蛹、蠕虫、鱼类、胚胎蛋、鸟类）。

（2）金条；赝品或盗版印刷品；货币；流通票据。

（3）危险或易燃物品（依 IATA 条例，包括石棉）。

（4）药物/毒品（非法）；军火（包括零件及弹药）。

（5）货物所经国或地方政府法律列明的违禁品。

（6）酒精类饮品（如啤酒、葡萄酒、烈酒）；工业用钻石/碳。

（7）动植物成品及植物（如动物皮革、棉花、种子、茶叶、烟草）。

（8）色情物品；古董或艺术品；遗骸（包括骨灰）；皮革、象牙、濒临灭绝的动物产品。

（9）收藏及不能替代的物品（即任何价值高于原来售价的物品或没有普遍供应的物品）。

（10）药物；医疗样本（如诊断用的样本、血液、尿液、体液、细胞组织）。

（11）容易腐烂的物品（如鲜花、干冰、食品、需要温度控制或特别处理的物品或植物等）。

（12）贵重金属及宝石（包括珠宝）；手表、人造珠宝饰物（手表、人造宝石饰物，每只手表或每件人造珠宝饰物价值在 100 美元或以下，每次寄运之最高总价值在 25 000 美元以下）。

（13）因包装不妥而导致的损失将不予赔付。

相关链接

退货运费险知多少

一眨眼“双十一”过去了，转眼“双十二”又来了。“双十一”买的东西都陆续收到货了，几家欢喜几家愁，有人用超低价格买到了心仪的货品，有人却对实际货物失望万分，这时候退换运费险就派上用场了。运费险是指网络购物中买家或卖家向保险公司交付保险费用，保险公司根据合同约定对发生退货时的单程退货运费承担赔付责任的保险。那么消费者该如何正确使用退换运费险？

运费险的投保方式

在网络购物中，消费者与商品存在地理隔离，无法直观地感受实物，对购买商品不满意的情况也就频繁发生，买家退货产生的邮费承担问题成为最常见的纠纷。为解决这一难题，退货运费险就此横空出世。

据悉，运费险不能单独售卖，其投保于网络交易之中，和整个网购环节形成一个完整的购物流程。运费险分为卖家版和买家版两种。在卖家版运费险中，保险公司与卖家签订保险协议，针对店铺内全部符合条件的“七天无理由退货”商品进行运费险服务。当买家购买该店铺商品时，运费险一栏将显示“卖家赠送，若确认收货前退货，可获保险赔付”。商品下单成功后，系统将自动为符合条件的每一笔订单投保运费险，保险公司与卖家的保险合同即成立。卖家赠送运费险后，买家将不能再对同一订单投保运费险。

在买家版运费险中，买家可以针对“七天无理由退货”商品投保，在下单前勾选

“运费险”，系统会显示订单保费及保额。点击“确认”并下单成功后，系统将自动生成一份运费险保单，保险公司与买家的保险合同即已经成立。两种运费险的保险责任期间都从卖家发货时起，至买家在线点击“确认收货”或交易平台自动“确认收货”时止。

理赔注意产生纠纷

运费险推出之初，因其方便、快捷、低廉受到广大消费者的青睐。从消费者的角度来看，获得卖家赠送的运费险无疑对商品质量多了一层保障，不仅可“七天无理由退货”，还可以通过运费险分散退货运费的损失。即便由消费者自己投保，运费险价格也不高，而在退货时可获得十多元的运费补偿，对于经常网购的消费者来说，是一个比较划算的选择。

不过，退换运费险理赔问题引发的纠纷亦时有发生。此前有消费者反映其在某网购平台购物过程中购买了退换运费险，收货后发现商品与卖家描述不一致，与卖家协商一致退货，由保险公司承担运费赔付责任。但由于商品尺寸较大，消费者实际支付运输费用较高，保险公司实际理赔金额无法全面覆盖运输费用，因此引发纠纷。

运费险理赔金额与实际支付运费不一致的情况并不鲜见。“运费险是一种补偿性质的保险，在退货时弥补一定的损失，理赔金额是系统根据买卖双方之间的地址距离来计算的，赔付基准一般为相同路线最低首重，即 1 千克物品的快递费用，具体以保单页面显示为准。”保险业内人士叶先生表示，由于消费者往往在订单页面直接勾选，并未对保险条款进行认真阅读，对保险责任、免责内容、理赔金额、保险期等合同内容并不清楚，因此理赔阶段容易产生纠纷。

根据情况决定购买

那么，该如何合理使用退换运费险，以减轻退换货负担呢？叶先生表示，“首先消费者应了解购买需求。消费者理性判断是否需要购买退换货运费险，消费者每一订单均有对应的保险，应根据选购商品判断是否具有退换货风险，根据实际情况决定是否购买。其次是合理比价。退换运费险的保费与实际订单内容、消费者等挂钩，理赔额度根据买家的收货地与卖家退货地之间的距离来判断赔付额度，消费者可通过计算实际保费与理赔金额的差价，以及理赔金额是否覆盖实际运费，再选择是否购买。”

叶先生表示，消费者还应重点关注保险合同中的保险范围和免责条款，防范出现合同约定的免责情况。通常导致无法理赔的原因包括买卖双方未能达成一致的、超过保险期间以及因承运方的责任导致损失等情形。最后，发生理赔事项后，消费者应及时向保险公司申请理赔，并履行相应手续，如填写退货快递单、退货事由等，保证及时得到赔偿。

资料来源：上饶日报，2019 年 12 月 12 日。

（二）快递保险的责任划分

1. 责任范围。快递保险负责赔偿被保险人交寄的快递邮件在运输及存放过程中发生的下列损失：

（1）被保险邮件在运输途中由于恶劣气候、雷电、海啸、地震、洪水自然灾害所造成的全部或部分损失；

（2）由于运输工具遭受搁浅、触礁、沉没、碰撞、倾覆、出轨、坠落、失踪所造成的全部或部分损失；

（3）由于失火、爆炸所造成的全部或部分损失；

（4）被保险邮件在运输途中由于外来原因致丢失；

（5）被保险人对遭受保险责任范围内危险的邮件采取抢救、防止或减少邮件损失的措施而支付的合理费用，但以不超过被救邮件的保险金额为限。

2. 责任免除。本保险对下列损失不负赔偿责任：

（1）被保险人的故意行为或过失所造成的损失；

（2）由于承运人的责任所引起的损失；

（3）保险责任开始前，被保险邮件已存在的品质不良或数量短差所造成的损失；

（4）被保险邮件的自然损耗、本质缺陷、特性以及市价跌落、运输延迟所引起的损失或费用；

（5）被保险邮件内的有价证券、钱款、贵重金属、产品样品的损失；

（6）其他不属于本保险责任范围内的损失。

案例阅读

DHL 国际快递保险业务办理

一、DHL 国际快递保险收费

1. 国际快件：投保金额的 1%，最低收取保险费人民币 100 元。

投保金额 = 海关申报价值

必须用人民币表示。

2. 国内快件：国内快件支付投保金额的 0.5%，最低收取保险费人民币 50 元。

二、DHL 国际快递保险费率

国际快件支付投保金额的 1%（最低保险费为人民币 100 元），国内快件支付投保金额的 0.5%（最低保险费为人民币 50 元）。在收到的同一份账单中将分别列明保险费与运费的金额。

三、DHL 国际快递保险最大赔偿额度和 DHL 国际快递赔偿原则

1. 国际快递保险理赔最大限度的赔偿额 = 投保金额 + 快件运费

2. 如果客户没有上保险，DHL 内部的赔偿的原则：

第一步：根据华沙公约，20 美元/千克，将货物实重与 100 美元比，取高值；

第二步：将取到的值与客户的申报价值 120 美元相比，取低值。

四、DHL 国际快递保险投保金额介绍

1. 国际快递文件类：重新复制、重新打印、重新准备文件的成本，包括材料费用（如纸张）及相关人员成本。

2. 国际快递货物类：实际现金价值与重置成本中的较低者。

3. 国际快递返修物品：实际现金价值（或重置成本）减去维修成本。

五、安排保险

如要为快件投保，请在预约取件时提出投保要求。

请在DHL运单上勾选“Shipment Insurance”复选框，并填写人民币计价的投保金额，请务必填写清楚，这些是我们帮您投保的必要信息。

六、DHL国际快递对投保物品的限制性规定

接受投保快件价值保险的特殊物品（需附带条件）

- 酒精类饮品（如啤酒、葡萄酒、烈酒）
- 动植物成品及植物（如动物皮革、棉花、种子、茶叶、烟草）
- 古董或艺术品
- 收藏及不能替代的物品（即任何价值高于原来售价的物品或没有普遍供应的物品）
- 药物
- 皮革、象牙、濒临灭绝的动物产品
- 工业用钻石/碳
- 医疗样本（如诊断用的样本、血液、尿液、体液、细胞组织）
- 容易腐烂的物品（如鲜花、干冰、食品、需要温度控制或特别处理的物品或植物等）
- 贵重金属及宝石（包括珠宝）
- 手表、人造珠宝饰物

备注：手表、人造珠宝饰物（每只手表/每件人造珠宝饰物价值在100美元或以下，而每次寄运之最高总价值必须在25 000美元以下）。因包装不妥而导致的损失将不予赔付。

不接受投保快件价值保险的物品

- 动物（包括昆虫、蛹、蠕虫、鱼类、胚胎蛋、鸟类）
- 金条
- 赝品或盗版印刷品
- 货币
- 流通票据
- 危险或易燃物品（依IATA条例），包括石棉
- 药物/毒品（非法）
- 军火，包括零件及弹药
- 遗骸（包括骨灰）
- 色情物品
- 货物所经国或地方政府法律列明之违禁品

相关链接

快件保价

一、快件保价的概念

快件保价是指客户向快递企业申明快件价值，快递企业与客户之间协商约定由寄件人承担基础资费之外的保价费用，快递企业以快件声明价值为限承担快件在收派、处理和运输过程中发生的遗失、损坏、短少等赔偿责任。

二、保价服务注意事项

1. 声明价值。对快递企业来说，快件价值越高，遗失、损毁所产生的风险越大。为了规避风险，快递企业一般都规定了保价物品的最高赔偿价值。业务员收取快件的时候需要注意，客户填写的快件声明价值不得超出本企业规定的最高赔偿价值限制。如果超出，则建议客户对快件进行投保。

2. 保价快件的标识。保价快件普遍为价值比较高或客户非常重视的物品，因此须妥善包装快件，并使用特殊的标识提醒各操作环节注意保护快件。例如，采用保价封签，在快件封口的骑缝线上粘贴保价封签并请客户在封签上签名，确保只有破坏封签方能打开快件包装。

3. 快件称重。为能够及时发现保价快件是否短少并进行相应处理，快递企业一般对保价快件重量精确度有较高要求。例如，某快递企业规定保价快件的重量必须精确到小数点后两位，且各交接环节须进行重量复核，确保从收取到派送整个过程的快件安全。

4. 保价运单。出于保价快件自身的特殊性，有些快递企业使用专门印制的保价运单，有些企业则直接在普通运单的某一位置显著标记“保价”。

5. 赔偿上限。保价快件最高赔偿额不超过客户投保的声明价值。

实训练习

一、实训内容

1. 认识接受保险物品的规定。
2. 计算、收取保险费业务。

二、实训目的与要求

1. 学习快递增值服务，了解保价与保险的区别。
2. 了解快递保险的程序，准确计算快递保险费用。

三、实训步骤

1. 将同学分组，每 5 ~ 8 人分为一组，活动以组为单位进行。
2. 每组下载或制作国际快递运单并打印。
3. 每人填写国内、国际快递运单各 5 张（不同物品、不同收发地址）。
4. 每人根据运单的不同情况计算运费和保险费。
5. 小组分类汇总，结合列表显示。

四、成果展示

各小组长将本组的分类汇总结果连同组员的分运单一起在全班面前展示，供同学查验。

五、任务评价

（一）小组活动评价标准

组长负责分配不同的组员去完成任务，按照每个成员填写国内、国际快递运单各5张的任务进行分配，然后分别计算运费和保险费。完成任务，得30分，如果有差错遗漏等情况，分别扣减相应的分值。

小组成员评价标准如表2－7所示。

表2－7　　小组成员评价表

小组名称：________　　组长：________

小组成员	态度12分	互助与合作5分	倾听5分	展示与效果8分

（二）教师评价标准

教师负责评价每组的任务完成情况，量化评价标准。总分值最高为70分。教师对小组进行评价的标准如表2－8所示。

表2－8　　小组学习评价指标

序号	评价指标	分值
1	• 能在规定时间内小组合作完成工作任务，操作规范，成功展示 • 资料齐全，报告观点新颖，表述逻辑性强	60～70
2	• 能在规定时间内完成工作任务，操作规范，有偏差能及时纠正 • 能做展示，有自己的观点，表述清楚	50～59
3	• 获得老师或其他组的帮助能完成工作任务，有展示	40～49

（三）教师点评

教师进行点评时，汇总小组内评价，然后进行总结点评。每个学生最后得分为所在小组分值加上成员评价分值。

【拓展提升】

据国家邮政局官方网站上宣布的《国家邮政局关于2019年9月邮政业消费者申诉情况的通告》称，当月该局受理消费者关于快递业务的有效申诉27670件，其中涉及快件延误、投递服务、快件丢失短少和快件损毁，分别占有效申诉总量的33.9%、29.7%、17.7%和11.7%。一旦货物尤其是贵重物品丢失，快递公司往往与客户在赔偿问题上产生很多纠纷，类似“iPhone变砖头”等情况时有发生，导致消费者与快递公司矛盾升级。正是快递在物品运送的各个环节都会存在风险，这就迫切需要有保险来作为保障，这也催生了快递保险市场的潜在发展空间。

空间只是潜在的而已，但实践中快递保险业务和快递业务快速的发展及不匹配。据报道，早在2003年，深圳邮局便与国内一家大型财险公司就已经全面推出“邮包险”，但该业务直到目前“需求量很少”。还有另外国内一家财险与淘宝网于2010年联合推出的针对买家与卖家双方在退货方面的一款“退货运费险”，产品合同规定：买家在购买7天无理由退换商品时只要多付出0.3～0.5元的保险费，一旦发生退货，保险公司就会自动支付退货的运费。该产品经过相当长时期的探索应用收到了一定的效果。

快递保险业务冷淡，保价业务也没有受到足够的重视，仍然和现在我国快递发展水平不相称。在各个快递公司的快递详情单上，对于物件保价都有一个最高金额的限制，不少快递公司称这是“出于成本和风险因素考虑”。但随着贵重物品快递量的日益增多，保价方式显露的局限也越来越多，像赔偿最高额限制、快递公司资金实力限制等。在这种情况下，出现了贵重物品快递公司不愿接单，便宜的物品寄件人不愿保价的普遍现象。

资料来源：百度文库，有修改。

【思考】

1. 我国快递保险业务开展的现状与快递市场的发展适应吗？
2. 我国快递保险发展滞后的原因是什么？

任务四　了解客户须知

任务情境

正规的快件公司都在本公司网站上设置了客户发件程序，主要包括：建货件、查找站点、了解运费、预订单证、选择包装等。客户只要点击，即可享受这些指南性服务。还有的快递公司在其网站上可以很容易地查到快件的动态流程，无需拨打快递公司的客服电话。

一天，客服部经理收到客户短信，抱怨客服电话难以打通，而有些服务内容网站上没有列出。经理问王力，公司是否有必要增加网站中客服的内容？并布置任务安排王力调查各大快递公司的网站，比较其客户服务内容和特色，结合本公司的网站提出改进建议。

任务要点

理论要点：

□ 熟悉快递业务流程、操作要点以及快递的有关规定

□ 熟悉快递公司的部门分工及服务产品、网络覆盖区域和增值服务等

实践要点：

□ 完成本任务关键要清楚客户最关心的和最想知道的是什么，比如运费的多少甚至计算的方法、禁寄物品、包装要求、客户所在的地区是否有公司的业务网点、下单方法提示等

方便客户的内容都是客户所急于知道的。相应的服务人员必须心中有数

□ 能够通过不同的途径把客户需要的信息传递给客户，使客户明白与其业务相关的各种问题。客户急于知道的与邮递快件相关的内容都是公司应该在网站上清楚标注的，特别是公司所能提供的服务产品、增值服务等，应该清楚标明

任务实施

知识准备

一、快递客户须知的含义

快递客户须知是指快递公司通过不同的方式或途径明白告知客户所应该了解的指导性规定或操作要领。例如，正规的快件公司都在本公司网站上设置了客户发件程序，主要包括：建货件、查找站点、了解运费、预订单证、选择包装、服务产品、服务网点、服务区域等内容。客户只要点击，即可享受这些指南性服务。

二、客户须知包括的内容

1. 创建货件。了解哪种运输方式最适合客户的需要，以快捷、安全、节省为原则。

2. 查找站点。选择离自己所在地最近的服务站点（营业中心）。

3. 了解运费。

（1）最初的运费报价，是基于客户提供的快件信息而估算的参考价格。

（2）VIP 客户、协议客户、大宗业务可享受较多优惠（协议价格）。

（3）运费不包括关税、税款或其他非常规的报关费用。

（4）最终支出的运输费用可能会因货件特点及服务需求，而与预算有所不同。

（5）计费重量采用的测算公式和运费的计算方法。

4. 预订单证。

（1）通过电话向快件公司客服中心预订运单、标签、邮袋以及其他运送凭证。

（2）常年客户（协议客户）可在运单上打印上发件人和收件人的名址。

5. 选择包装。

（1）信封和文件。

信封：为紧急信函和文件而设计，通常尺寸为 240 毫米 ×335 毫米。

文件：通常定义为无商业价值的手写或打印的通讯内容。

信封和文件无需报关单证。

（2）资料袋，为重量和数量较大的文件而设计。通常尺寸：小号为 323 毫米 ×403 毫米 ×55 毫米；大号为 420 毫米 ×540 毫米 ×45 毫米。

运费基于重量和送达地区。资料袋文件需要报关单证。

（3）包装箱或包装筒，为不同形状的货件而设计，适用物品广泛。

- 包装箱，一般可分为 10 千克箱和 25 千克箱，包括计算机外设产品和电子零部件等。

运费基于货重和区域。包装箱货件需要报关单证。

• 三角筒，用于保护那些需要卷起来而不能折叠的巨幅文件，包括设计图、图表、地图、图画和海报。运费基于货重和送达区域。三角筒货件需要报关单证。

（4）国内件包装物料。

• 木箱。一级木箱为9厘板，用于贵重仪器。二级木箱为五合板，用于50千克以下货物或轻泡货物，仅限2立方米以下货物（体积＝长（厘米）×宽（厘米）×高（厘米）×件数）。内体积是指实际货物的体积。外体积是指木箱本身的体积，约为货物体积的140%。

• 纸箱：

A箱 （25千克）55厘米×42厘米×33厘米

B箱 （10千克）40.5厘米×33厘米×26厘米

C箱 （7千克）35.5厘米×29厘米×23厘米

D箱 （4.5千克）29厘米×22厘米×27厘米

一级纸箱为五层纸，适用于仪器和瓷器等。二级纸箱为三层纸，适用于资料、文件等。包装辅料用于填充和封箱，主要包括防震板、编织袋、气垫膜、打包带等。

6. 产品及服务：（1）新产品介绍；（2）产品介绍；（3）增值服务。

相关链接

进口到付

进口到付项目是许多国际快递公司对客户的货物进口所推出的一项简单、快捷的服务。它使客户能够将货物从海外供应商手中直接运送到世界各地。客户只需向海外供应商提供进口到付账户号码，并向当地快件公司预约取件，快件公司就会上门取件，并将客户的货物派送到世界各地。

7. 服务范围及时限。

（1）主要目的地。

（2）陆运全国网络。

（3）送达参考时间。

• 直辖市、省会城市、大中型城市，24小时送达。当日上午收件，次日中午12点前送达；当日下午收件，次日下午18点前送达。

• 其他地区，1 500公里以内，1～2天送达；2 500公里以内，3～4天送达；2 500公里以上，4～6天送达。

8. 承运规定。

（1）禁运品，是指在任何情况下都无条件地不受理不承运的物品。根据国际通行惯例，包括动物、尸体、骨灰、军火、金条、银条、流通货币、色情物品、危险品、可议付的物品、法律所禁运的药品和麻醉剂、任何地方法律或当地政府所禁运的物品等。

（2）限运品，是指在特定情况下有条件地受理和承运的物品。根据世界各国海关的有关规定，包括酒精制品、动物或植物制品、棉花、种子、茶叶、烟草、古董或艺术品、不可代替品、受保护动物制品（毛皮/象牙等）、工业金刚石、医学样品（血样/人体组织等）、可兑现票据、鲜活品及保温物品、特别金属和石头（珠宝等）、手表、贵重首饰等。

课堂体验

下面是某快递公司网站上客户须知的内容。

文件类快件的进出境报关操作

一、业务概述

进出境空运快件是指运营人在特定时间内，以门到门的快速运输方式承运的进出境快递物品、货物。

进境快件应在航空器申报入境后24小时内、出境快件应在航空器离境前4小时前办理报关手续。进境快件自运输工具申报进境之日起14日内，出境快件在运输工具离境3小时之前，应当向海关申报。

海关按照集中管理、分类报关的原则对进出境快件实施监管。文件类快件是指海关现行法规规定予以免税的无价值的文件、资料、单证、票据。

通常情况下，运营人（快件公司）可为收寄件人代理大部分通关手续。

二、办事依据

《中华人民共和国海关对进出境快件的监管办法》。

三、办事程序

1. 进境。

第一步：快件运抵快件监管中心前，运营人通过EDI方式向海关申报电子报文，应申报该批快件以下数据项：(1) 总运单号；(2) 进口日期；(3) 航班号；(4) 申报公司；(5) 快递公司；(6) 收件人；(7) 品名；(8) 数量；(9) 重量；(10) 价值；(11) 性质。

第二步：快件实际运抵快件监管中心且经海关审核电子报文无误、符合有关规定的，海关通过EDI系统向运营人发送放行指令。

2. 出境。

第一步：运营人填制KJ1报关单，持总运单、每份快件的分运单及其他海关所需单证向海关申报。

第二步：经海关审核无误且符合有关规定的，海关在总运单上加盖放行章。

四、办事对象义务

1. 应具备一定的资格、条件：应经对外经济贸易主管部门批准并经海关登记备案。

2. EDI申报电子数据项应符合规定格式并包括以下内容：

(1) 总运单号；(2) 进口日期；(3) 航班号；(4) 申报公司；(5) 快递公司；(6) 收件人；(7) 品名；(8) 数量；(9) 重量；(10) 价值；(11) 性质。

3. 非EDI申报应及时呈交相关单证、资料。

4. 快件应存放在专门海关监管仓库内。未经海关许可，不得对监管时限内的快件装卸、开拆、重换包装、提取派送、发运等。

5. 应对快件进行分类并协助海关检查。发现快件中含有违禁品的，应立即通知并协助海关处理。

五、办事机构义务

进境快件经审核符合有关规定的，海关向运营人发送放行指令。出境快件经审核符合有关规定的，海关在总运单上加盖放行章。

六、办事时限

海关自收到 EDI 电子数据申报后，情况正常的，在半小时内办结放行手续。

《中华人民共和国海关法》规定："办理进出口货物的海关申报手续，应当采用纸质报关单和电子数据报关单的形式。"（这一规定确定了电子报关的法律地位，使电子数据报关单和纸质报关单具有同等的法律效力。）

在一般情况下，进出口货物收、发货人或其代理人应当采用纸质报关单形式和电子数据报关单形式向海关申报，即进出口货物收、发货人或其代理人先向海关计算机系统发送电子数据报关单，接收到海关计算机系统发送的"接受申报"电子报文后，凭以打印纸质报关单，并随附有关单证，向海关提交。

【思考】

1. 结合所学知识，你认为上述流程介绍能使客户清楚文件类快件的进出境报关操作全过程吗？

2. 从客户须知的角度分析，为使客户详细了解文件类快件进、出境报关操作过程，还有没有需要补充的细节？

实训练习

一、实训内容

1. 熟悉快递业务知识。
2. 确定客户须知的内容，体验其发布途径。
3. 了解有关快递公司客户须知的内容。

二、实训目的与要求

1. 知道快递公司客户须知的主要内容。
2. 能够根据情况变化不断增减客户须知的内容，并能够以喜闻乐见的形式告知客户。

三、实训步骤

1. 将学生分组，每 5 ~ 8 人分为一组，活动以组为单位进行。
2. 每人上网登录至少 5 个不同快递公司的网站，了解其客户须知的内容，分析与其业务是否相符，并根据调查实际填写表 2 - 9。
3. 每个小组把本组成员调查结果进行汇总。
4. 对比不同快递公司的客户须知内容，分析其优缺点。
5. 小组分类汇总结合列表显示，写出分析报告。

表 2－9　汇总各网站客户须知主要内容

项目 公司	运费	营业站点列示	增值服务说明	禁限寄物品列示情况
中外运敦豪				
联邦快递				
顺丰快递				
申通快递				

四、成果展示

各小组长将本组的分类汇总结果和分析报告进行展示，供同学查验、评判。

五、任务评价

（一）小组活动评价标准

组长负责分配不同的组员去完成任务，按照每个成员登录至少 5 个快递公司网站进行资料搜集的任务进行配置。完成任务得 30 分，如果有漏错或与网上实际情况不符等情况，分别扣减相应的分值。

小组成员评价标准如表 2－10 所示。

表 2－10　小组成员评价表

小组名称：＿＿＿＿＿　　组长：＿＿＿＿＿

小组成员	态度 10 分	互助与合作 10 分	倾听 5 分	展示与效果 5 分

（二）教师评价标准

教师负责评价每组的任务完成情况，量化评价标准。总分值最高为 70 分。教师对小组进行评价的标准如表 2－11 所示。

表 2－11　小组学习评价指标

序号	评价指标	分值
1	• 能在规定时间内小组合作完成工作任务，全员进展顺利，资料真实，成功展示 • 观点新颖，表述逻辑性强	60～70
2	• 能在规定时间内完成工作任务，组内及时纠正偏差，能做展示 • 有自己的观点，表述清楚	50～59
3	• 获得老师或其他组的帮助能完成工作任务，有展示	40～49

3. 教师点评

教师进行点评时，汇总小组内评价，然后进行总结点评。每个学生最后得分为所在小组分值加上成员评价分值。

【拓展提升】

家住北京的邹女士通过某快递公司寄送一份合同到河北省涞源县某镇，发件前打电话给某快递公司负责本片区的快递员，该快递员上门取件时告知她快件可以送达并收取了6元快递费。没想到几天以后快件又返回到了她的手上，且不退还快递费。快递公司工作人员声称退回快件是因为收件人所在县城位置超出快件的派送范围，且收件人拒绝到指定地点取快件，快递公司正常投递产生费用，故不退还快递费。

邹女士向该公司投诉。客服人员表示，公司在一年前将派送范围做了部分更改，快递员不清楚才取了件，邹女士所要寄送的目的地不在派送范围之内。

邹女士认为，寄件单是双方之间达成的快运合同，快递公司应根据合约将快件送达收件人手中才算完成应尽的责任。若快递员接收快件时没有明确告知消费者应注意事项，快件发出后以收件人所处位置不在派送范围之内为由拒绝送件，则为快递方单方违约，应由快递方承担责任。若因快递方的单方违约造成消费者损失，消费者可提出赔偿要求。

资料来源：百度文库，有修改。

【思考】

1. 你同意邹女士的看法吗？
2. 该问题的出现与快递公司的客户须知宣传不到位有关系吗？

思考与练习

一、单项选择题

1. 快件保价是指客户向快递企业申明快件价值，快递企业与客户之间协商约定由（　　）承担基础资费之外的保价费用，快递企业以快件声明价值为限承担快件在收派、处理和运输过程中发生的遗失、损坏、短少等赔偿责任。

A. 收件人　　B. 寄件人

C. 快递企业　　D. 客户

2. 以下有关快件保价和快件保险之间区别的说法不正确的是（　　）。

A. 快件保价涉及的当事人为客户和快递企业，而快件保险除了这两者之外，还涉及保险公司、第三方评估机构

B. 从风险范围来看，快件保险的是快递企业责任、第三人侵权行为、不可抗力等，而快件保价为快递企业责任，非快递企业过失，如不可抗力、第三人侵权导致的快件损失免责

C. 从索赔程序看，快件保险要求提供单证较少，理赔程序较为简便，而快件保价要求

提供相关单证，程序相对繁琐

D. 从所保范围来看，快件保险承保的损失必须是可确定和可计量的，而快件保价对于不易确定和计量实际价值的快件允许办理保价运输，但一般设置最高限额

3. 某客户寄一航空快件，使用 40 厘米×60 厘米×40 厘米规格的纸箱包装，快件实重 12 千克，快递企业的资费标准为首重 1 千克 20 元，1 千克以上 10 元/千克，则该客户需要支付运费（　　）元。

A. 170　　B. 130

C. 150　　D. 160

4. 客户运单填写，下面做法错误的是（　　）。

A. 当客户对资费有异议时，业务员耐心讲解

B. 业务员在运单上填写工号和姓名

C. 业务员要求客户在运单上填写全名

D. 客户在多次指导下仍填写错误，业务员主动帮助客户完成运单填写并代客户签字

5. 航空快递服务是（　　）的快速便捷服务。

A. 门到门，桌到桌　　B. 门到门，户到户

C. 桌到桌，人到人　　D. 人到人，户到户

二、多项选择题

1. 航空快递收费计算正确的有（　　）。

A. 规则物品　长（厘米）×宽（厘米）×高（厘米）÷6 000 = 重量（千克）

B. 不规则物品　最长（厘米）×最宽（厘米）×最高（厘米）÷6 000 重量（千克）

C. 规则物品　长（厘米）×宽（厘米）×高（厘米）÷12 000 = 重量（千克）

D. 不规则物品　最长（厘米）×最宽（厘米）×最高（厘米）÷12 000 重量（千克）

2. 体积重量，下面说法不正确的有（　　）。

A. 电子计重秤可以计算出体积重量

B. 体积重量是指物品净重

C. 体积重量是指物品毛重

D. 体积重量是按照实际体积的一定比例折算而来的

3. 航空快递的适用产品有（　　）。

A. 全球文件　　B. 全球包裹

C. 进出口商品　　C. 国家机关公文

4. 与普通航空货运及国际邮政进行简单的比较，航空快递所具有的特点有（　　）。

A. 收件范围不同　　B. 经营者不同

C. 使用单据不同　　D. 服务质量更高

5. 投保的适用产品包括（　　）。

A. 全球文件/包裹　　B. 国内包裹/重货

C. 定时派送　　D. 进口/出口到付

6. 下列对于快件保价描述正确的有（　　）。

A. 客户向快递企业申明快件价值

B. 快递企业与客户之间协商约定由寄件人承担基础资费之外的保价费用
C. 快递企业以快件声名价值为限承担快件在收派、处理和运输过程中发生的遗失、损坏、短少等赔偿责任
D. 风险从个人和快递企业转移到保险公司的一种方法

三、判断题

1. 快件保险是指客户在寄递物品之后直接对物品向保险公司购买保险，快件在从始发地至目的地的整个运输、装卸和储存的过程中发生遗失、损坏或短少时，保险公司按照承保规定给予客户赔偿。（　　）

2. 从风险承担者来看，承担快件保险的是快递企业，承担快件保价的是保险公司。（　　）

3. 保价快件最高金额不超过客户投保的声明价值。（　　）

4. 航空快件规格中，每件快件的长、宽、高之和不得小于 50 厘米，若低于以上标准，快递企业需要对快件进行加大包装处理。（　　）

5. 快件运输过程中计算资费重量时，快件体积小、重量大时，按实际重量计算，计费重量 = 实际重量；快件体积大、重量小时，按体积重量计算，计费重量 = 体积重量。（　　）

6. 当需寄递物品体积较大而实重较轻时，因运输工具承载能力及能装载物品体积所限，需采取量取物品体积折算成重量的办法作为计算资费的重量。（　　）

四、分析题

张先生发国际快件，选择快递公司的决策过程资料如下：

张先生在上海，现需要给新西兰的买家发送物品，买家希望能够以较低廉的运费在 3 周内收到货物。东西不大，是一个小八音盒，物品价值不高。用何种方式、何种具体方法才能在最短时间内，以相对便宜的价位安全地寄出？大概花多少钱？多少时间？如何查询是否到达？

张先生首先打电话至中国邮政 11185 查询相关邮寄方式，小礼品重量约在 300 ~ 500 克，邮政工作人员建议张先生选择国际航空小包（到达时间为 7 ~ 15 天）或 EMS 国际快递服务（到达时间为 4 ~ 7 天），价格相对便宜的水陆路包裹（到达时间为 1 ~ 2 个月）和 SAL 包裹（到达时间为 15 ~ 30 天）由于运送时间太长不予以考虑。邮政工作人员告诉张先生需要知道包裹确切的重量才能计算运费。

除了邮政提供的 EMS 国际快递，还有几家大的快递公司也提供同样的服务，有 UPS、FedEx、DHL、TNT。

张先生称量包裹的重量为 304 克，再次打电话询问包裹的运费。详细计算如表 2 - 12 所示。

表 2 - 12

中 国 邮 政
航空小包：7 ~ 15 天，新西兰属于邮政运送国家的第二组
16（首重 100 克）+12 × 3（100 克以上每续重 100 克及其零数）+8（海关验关费）=60 元

续表

可选服务	
挂号	8元挂号费、2元详情单费、0.2元粘贴纸费
保价	按申报金额的1%收取费用，并加收8元手续费，并且一定要选择挂号服务
EMS快递：4~7天，新西兰属于邮政运送国家的四区	
210元（具体请以中国邮政为准）	
其他快递	
UPS	300.5元（由第三方保险公司提供保价服务）
FedEx	203.0元（由第三方保险公司提供保价服务）
DHL	292.5元（由第三方保险公司提供保价服务）
TNT	289.9元（由第三方保险公司提供保价服务）
张先生最终选择航空小包并为其作了报价	

首重100克	续重100克	海关验关费	保价费	保价手续费	挂号费	详情单费	粘贴纸	总计
16	12×3	8	10	8	8	2	0.2	88.2

说明：以上所有数据仅供参考，具体请以服务提供方为准。

【思考】

1. 结合所学的知识，你认为张先生计算运费的方法是否正确、内容是否全面？

2. 上网搜索表中有关公司的网站，取得资料，重新计算完全相同的一票快件在各个公司的运费和表中的结果是否一致。

项目三

学会快递管理

【学习导航】

任何业务操作都离不开管理。快递管理是指对整个快递作业进行全方位的控制、协调、督导和跟进的全过程。快递管理是一个经营层面的概念，它对快递作业具有统领性的主导功能。所谓经营，就是应对市场、调整策略、追求指标、谋取效益。所谓管理，就是完善规章、提高工效、改善环境、提升服务。提升服务（客户满意度）的关键是加强目标和绩效管理。管理层要做：具体抓、抓落实，善于沟通、协调、授权、督导和跟进；广大员工要做：岗位职责不推诿，服务对象不错位，操作流程不走样，工作标准不打折。

本项目旨在引导学生对快递业务进行初步尝试，为在后面的项目中更好地完成快递操作任务打一个基础，所以本项目的任务设计主要限于有关快递管理的标准、基本要求和基本规范。

知识目标

- □ 了解快递管理的基本内容
- □ 知道快递各主要环节的操作标准和操作规范
- □ 了解快递管理的基本知识

技能目标

- □ 能够完成仓库管理的基本任务，包括能够按照规范标准完成快件的入库、存放和出库工作；会办理相关手续，填制相关单据
- □ 掌握快递处理中心现场管理方法，主要包括5S管理和可视化管理方法的实施
- □ 能完成简单的车辆管理、客户管理、销售管理、财务管理、信息管理等工作

情感目标

- □ 培养耐心认真细致、干一行爱一行的工作作风

任务一　学会作业管理

任务情境

王力从今天开始了仓管员岗位的实习，经过短暂的培训和观摩实习指导师傅的操作后，走上了工作岗位。王力在仓库管理员岗位的日常管理工作是：(1) 收件入库；(2) 派件出库；(3) 中转出库；(4) 运单管理；(5) 物料管理；(6) 其他事项。

由于业务量较大，加之王力不熟悉业务，导致工作效率低下，工作很辛苦。因此，他开始思考如何提高自己的业务能力。

任务要点

理论要点：

☐ 能描述快递企业仓储管理岗位的工作内容

☐ 熟悉全国的区域代码和常见违禁品

☐ 熟悉快递企业仓储岗位的工作流程

实践要点：

☐ 能合理进行快件在仓库或分拣中心的入库—保管—出库管理

☐ 能正确快速完成快递一般物品和特殊物品的包装、保管业务

任务实施

知识准备

一、仓库管理

（一）仓库工作内容

1. 收件入库。

(1) 协助卸车。收件入库有两种情况：一是接收本地网点收件员送来的客户发往外地的快件；二是收到中转部班车运来的快件。无论哪种情况均需协助卸车，办理交接手续。

(2) 核对运单与快件。包括重量、票数、件数、快件品名、目的地代码、收件人信息等内容。

(3) 其他检查事项。包括是否属于禁运品；是否超出服务范围；转运文件是否齐备；有无损坏件或破损件；包装是否符合运输条件；有无不属于本地区的快件；易碎品是否已加贴“易碎件”标签等。

(4) 分类汇总登记特殊快件。登记汇总后，转为“无法派送”（UNDEL）的快件有退

回件、拒收件、损坏件、错分件，以及有单无货、有货无单的快件。

（5）分拣。按目的地（区域）分拣，分别放在规定的位置或装入筐内，填好快件清单。

（6）巡视仓库每个角落，检查有无遗漏物品。

2. 派件出库。

（1）督促收派员。督促收派员优先派送贴有标签的急件、滞留件、返回的错分件。

（2）制作派件清单。制作派件清单，与收派员办理交接手续。

（3）巡视仓库。巡视仓库的每个角落，检查有无遗漏物品。

3. 中转出库。

（1）协助装车，办理交接手续。

（2）仔细巡视仓库每个角落，检查有无遗漏物品。

4. 运单管理。

（1）发放运单，做好登记。

（2）根据交件情况，定期核销收派员领取的运单。

（3）填错或不可用的运单随时回收，定期核销。

（4）协助客户服务部做好接单、查询工作。

5. 物料管理。

（1）作业物料主要有运单、文件袋、纸箱、大头笔、封箱胶带等。

（2）根据各路区业务量合理制订物料发放计划表。

（3）保证库存物料充足，及时提出申购计划。

（4）物料发放后做好分类统计，每月进行核销。

6. 其他事项。

（1）装车时分清类别，避免国内件与国际件混装。

（2）杜绝野蛮装卸，包装不牢固的及时采取加固措施。

（3）定期对收派员的秤进行校核，确保称重误差在允许范围内。

（4）做好滞留件、退回件和其他问题件的登记，及时反馈有关部门。

（5）对派送失败的快件（无人接收等）要及时联络协调，安排二次派送。

（二）仓库作业操作要点

1. 到件与派件。

（1）接收。各批次/各线路作业班车到达仓库后，检验车门封条是否完好，记录到达时间。

（2）开封。解包时，核对包牌，检验封条是否完好，做到一袋一清；从包袋内倒出货件时，动作要轻；倒出货件后，要将空袋“里翻外”，以免袋内有遗留件。

（3）检验。检查有无破损件、超范围件等；发现问题件按照相关规定处理。

（4）卸车/分拣。将货物直接卸到皮带传输机上进行分拣，先粗分入筐，再上细分台，分拣到相关派件段（指定位置）；分拣时，做到货件不落地；贴有易碎标签的货件要轻拿轻放。

（5）扫描/传输。扫描并上传数据，打印派送路单，派送员在路单上签字，路单随同快件派送。

（6）派送/派件。送件时，先请收件人在路单上签字，再将快件交给收件人；派送员返回公司后，将路单交作业部存档，将运单（快件公司存联）交财务部存档；对无法派送的快件，在路单的备注栏内注明具体原因，交仓管员签收，做滞留件处理。

2. 收件与发件。

（1）接收。收件员交件时，将运单第一联和收件单与仓管员交接；仓管员将货件与运单逐一扫描核对，检查货件相关信息，包括封装规格、重量、品名、易碎标签、航空标签、地区代码、电话、地址、收寄范围等。

（2）分拣。按区内件、中转件、航空件等分入指定位置，避免与地面接触。

（3）发件。按分拣类别，建包、封口；贴上条形码后，做发件扫描（系统将自动提示错分件的正确路由），上传数据并核对；检查分拣口和地面有无遗留货件。

（4）装运。按沿途发件地先远后近的原则装车，对贴有易碎标签的货件严禁野蛮作业。

（5）施封。装完货件后，用封条封闭车门，填写派送路单，外勤仓管员押车，参与中转件作业。

相关链接

京东无人仓库在哪？揭秘京东无人仓里的“黑科技”！

随着人力成本的提高，在无形中加重了企业的仓储成本，为了提高仓储效率，降低仓储成本，不少企业在无人智能化方面下足了功夫。其中最具代表性的就是京东的无人仓库。

京东的首个无人仓库也是全球首个全流程无人货仓坐落在上海市嘉定区的仓储楼群，属于“上海亚洲一号整体规划”中的第三期项目，总面积达到4万平方米。这个物流中心包括四个作业系统，分别是：收货、存储、订单拣选、包装，存储系统有8组穿梭车立库系统组成，可同时存储商品6万箱。从现场看，整个无人仓分为三个主要区域：入库+分拣+打包，仓储区域和出库区域。

1. 智能控制系统

无人仓中，操控全局的智能控制系统，为京东自主研发的“智慧”大脑，仓库管理、控制、分拣和配送信息系统等均由京东开发并拥有自主知识产权，整个系统均由京东总集成。无人仓的智能大脑在0.2秒内，可以为计算出300多个机器人运行的680亿条可行路径，并做出最佳选择。智能控制系统反应速度0.017秒，许多心理学专家对人的生理反应时间做过实验，结果都测得大于0.1秒，也就是说，无人仓智能大脑的反应速度是人的6倍。

2. 无人分拣机器人——小红人

在出库区域，大大小小类似扫地机器人的AGV（物流行业的自动分拣运输机）则各司其职：最小型的300多个“小红人”AGV负责将每个订单小包裹按照订单地址投放入不同的转运包裹中，中型AGV完成第二轮分配和打包，大型AGV则直接把最后要送往京东终端配送站点的大包裹送上传送带。而传送带可以直接从库房内延伸至库房外的运输车上。再接下来，就是运输车与终端配送人员的合作，把包裹一个个送到消费者手上了。

在这个过程中，最亮眼的莫过于300多个“小红人”的密切配合：它们在广阔的分拣区域内背着商品往来穿梭，运行速度为每秒3米，这是全世界最快的分拣速度。

同时，“小红人”所有的路线都由计算机控制自行选择，“小红人”会互相避让；如果发现电量低了，它们会自动挪到墙上的充电桩上充电——10 分钟充电，可以工作 4 小时。此外，“小红人”还会根据分拣量大小，自行计算是“靠墙休息”还是驶上分拣场进行工作。

3. 机械手

在货物入库、打包等环节，京东无人仓配备了 3 种不同型号的六轴机械臂，应用在入库装箱、拣货、混合码垛、分拣机器人供包 4 个场景下。

4. 全自动打包系统

京东物流在无人仓的规划中，融入了大数据和云计算技术，利用大数据精确推荐包材，可以实现全自动体积适应性包装，不浪费 1 厘米材料，以缓解人工打包中出现的“小商品大包装”或者“大商品小包装”造成包装过度或者纸箱破损的情况。在测量环节便利用到了物联网中的传感器技术，传感器测出大小、体积后，计算机“大脑”才能判断出选用多大的包装去盛放。

5. 订单挑选作业系统

在分拣场内，京东引进了 3 种不同型号的智能搬运机器人执行任务；在 5 个场景内，京东分别使用了 2D 视觉识别、3D 视觉识别，以及由视觉技术与红外测距组成的 2.5D 视觉技术，为这些智能机器人安装了“眼睛”，实现了机器与环境的主动交互。

以上就是京东无人仓库的“黑科技”的部分内容。相信随着智慧物流科技的发展，未来还有更多的新型技术应用到我们的仓储作业中。

资料来源：百度文库，有修改。

二、快递处理中心现场的 5S 管理与可视化管理

（一）现场管理内容与原则

1. 现场管理的内容。现场管理也叫“作业场地管理”，包括定置管理、设备管理、物品管理等。定置管理，是指对仓库作业区域内的设备和物品的定位管理。

设备管理，是指固定设备和移动设备要有各自的存放位置。

物品管理，是指操作台、台车、磅秤、包装物料等要有固定的存放位置。

2. 现场管理的基本原则。管理的基本原则是：科学、合理、方便使用；管理的基本要求是：按照设备和物品的用途，划分作业区、货件堆位等。具体说就是：

（1）设备和物品要按指定位置摆放；

（2）投入使用后不可随意挪动位置；

（3）工作终了用品用具要各归其位；

（4）各类设备和用具要明确责任人。

（二）5S 管理

1. 5S 管理的内容。日本人发明的 5S 管理是国际上公认的有效的管理模式。5S 是 SEIRI（整理）、SEITON（整顿）、SEISO（清扫）、SEIKETSU（清洁）、SHITSUKE（修养）五个日文单词的罗马拼音的字头缩写。

（1）整理。现场不放置非必需品，长期不用或很少使用的物品放在仓库的角落。

（2）整顿。能在 30 秒内找到要找的东西，处于时间节约状态。

（3）清扫。作业场地和作业工具无垃圾无灰尘，谁使用谁负责清扫。

（4）清洁。整理、整顿、清扫制度化、公开化、透明化。

（5）修养。制度大家共同遵守，发扬团队协作精神。

提示：

5S 管理口诀

整理：要与不要，一留一弃；
整顿：科学布局，取用快捷；
清扫：清除垃圾，美化环境；
清洁：洁净环境，贯彻到底；
修养：形成制度，养成习惯。

2. 5S 管理的目标。

（1）工作变换时，寻找工具，物品马上找到，寻找时间为零。

（2）整洁的现场，不良品为零。

（3）努力降低成本，减少消耗，浪费为零。

（4）工作顺畅进行，及时完成任务，延期为零。

（5）无泄漏，无危害，安全，整齐，事故为零。

（6）团结，友爱，处处为别人着想，积极干好本职工作，不良行为为零。

（三）可视化管理

1. 可视化管理的含义。可视化管理是利用各种形象直观、色彩适宜的视觉感知和信息来组织现场作业，达到提高作业效率目的的一种管理方式。它以视觉信号为基本手段，以公开化为基本原则，尽可能地显现管理者的要求和意图，借以推动自主管理、自我控制。它以视觉显示为特征，通过图表、看板、颜色、放置区域划分线等目视管理工具，使工作现场发生的问题、异常、浪费等情况一目了然，以迅速采取对策，防止错误发生。

2. 可视化管理的应用。

（1）规章制度与作业标准公开化。凡是与现场作业人员密切相关的规章制度、作业标准等都公布于众；与作业人员直接相关的，分别展示在岗位上，如岗位责任制、作业流程图、操作规范等，并应始终保持完整、正确和洁净。

（2）操作任务与完成情况图表化。现场是协作劳动的场所，因此，凡是需要大家共同完成的任务都应公布于众。计划指标落实到具体的班组和个人，并列表张贴在墙上，实际完成情况也要用进度表定期公布。

（3）与定置管理相结合，实现视觉显示信息标准化。定置管理是对物的特定的管理，是其他各项专业管理在生产现场的综合运用和补充。利用定置管理有效消除快件的混放和误置，必须有完善而准确的信息显示，如用标志线、标志牌和标志色配合实现。信息显示符号应清晰，标准化。各种区域、通道和各种辅助工具（如工具箱、工位器具、生活柜等）均应运用标准颜色，不得任意涂抹。

（4）现场作业控制手段的形象直观化与使用方便化。为了有效控制现场作业，使每个操作环节都严格按照作业标准进行，要采用与现场工作相适应的、简便实用的信息传导信号。“看板”就是一种能起到这种作用的信息传导手段。

可视化管理采用可以发出视觉信号的标识牌、图表等，形象直观、简单方便，容易认读和识别。在有条件的岗位，应充分利用视觉信号显示手段迅速而准确地传递信息，无需管理人员现场指挥即可有效地组织生产。

（5）质量和成本控制目视管理。在各质量管理控制点，需要采用质量控制图，可以清楚地显示质量波动情况，以便及时发现异常并处理。作业使用板报形式，将“异常统计日报”公布于众，由有关人员进行分析，确定改进措施，防止异常再度发生。

（6）快件码放和运送标准化。快件码放和运送实行标准化，可以充分发挥可视管理的长处。各类工位器具，包括箱、盒、盘、小车等，均应按规定的标准数量盛装，使操作、搬运和检验人员点数时既方便又准确。

在现场管理中采用可视化管理方法，可以取得多方面的效果，如提高员工的问题意识和成本意识、提高管理者的能力，使管理更加透明。

相关链接

5S 与可视化管理配合应用

5S 可以教育、启发员工并使其养成良好的工作习惯，它是创建和保持组织化，使工作场地整洁和工作高效的有效方法。可视化管理则可在瞬间识别正常和异常状态，也能快速、正确地传递迅息。

5S 和可视化管理是企业推行精益生产的基础，也是降低管理成本、提高管理效率、改善现场的最直接、最有效的方法。

三、作业质量指标

作业质量的高低可以从搬运装卸、分拣、查验等方面的检查和考核来进行评价。评价的目的是找出存在的问题，改进作业系统设计与管理，提高作业效率。

（一）操作量指标

操作量是反映各环节工作量的总和、作业强度、作业能力以及作业中心作业能力的主要指标，可以按不同作业环节分别进行统计。操作量指标的计算公式如表 3－1 所示。

表 3－1　操作量指标计算公式

操作量指标	公式（统计的单位分别有票数、件数、重量）
作业中心日均处理量	日均处理量＝统计期内处理的快件总量÷统计天数
人均操作量	人均操作量＝统计期内操作总量÷操作人数
人均装卸量	人均装卸量＝统计期内装卸总量÷装卸人数
人均分拣量	人均分拣量＝统计期内分拣总量÷分拣人数

（二）操作效率指标

操作效率指标反映作业中心整体作业能力和作业各环节的操作能力。一般以单位时间内完成的操作量来表示。主要的操作效率指标如表 3－2 所示。

表 3－2 操作效率指标

操作效率指标	公式（统计单位一般为：票/小时、吨/小时、件/小时）
装卸效率	单位时间装卸量＝装卸总量（吨、件）÷装卸时间（小时）
分拣效率	单位时间分拣量＝分拣总量（票、件）÷分拣时间（小时）
查验效率	单位时间查验量＝查验总量（票、件）÷查验时间（小时）
作业中心作业效率（进站作业和出站分别统计）	进站处理能力＝进站快件总量（票、件、吨）÷完成作业用时（小时）
	出站处理能力＝出站快件总量（票、件、吨）÷完成作业用时（小时）
	分拣设备成本产出率＝分拣量（票或件）÷分拣设备成本

（三）操作成本指标

操作成本指标反映操作费用、装卸成本和分拣成本的平均水平，公式如表 3－3 所示。

表 3－3 操作成本指标

操作成本指标	公式（统计单位为：元/票、元/件、元/千克）
操作费用水平	操作费用水平＝作业中心总费用÷操作总量
装卸成本水平	装卸成本水平＝装卸总费用÷装卸总量
分拣成本水平	分拣成本水平＝分拣总费用÷分拣总量

相关链接

质量月报

快件操作质量是快递管理的重中之重，票数、货重、准时率、准确率、延误率、缺失率等都是该项管理中的硬指标。这些指标反映了快件的操作情况，指标结果集中体现在“质量月报”中，是发现问题、寻找原因、提出改进的客观依据。质量月报的编制可根据质量周报（SQI），结合月度考核机制，将有关数据和情报进行汇总。其主要项目包括：

件量：总计×票，同比增长×%，或下降×%；日均×票，同比增长×%，或下降×%。

重量：总计×千克，同比增长×%，或下降×%；日均×千克，同比增长×%，或下降×%。

成绩：收取准时率（%）、派送准确率（%）、作业标准遵守率（%）等。

问题：取送错误率（%）、转运延误率（%）、货件缺失率（%）等。

原因：航班舱位、转运能力、资源配置、人员调度、违规操作、录入失误等问题。

改进：标准化操作的跟进措施、第一时间完成派送的关键点、合理调配内部资源的建议等。

实训练习

一、实训内容

1. 快件入库作业管理。

2. 快件保管作业管理。
3. 快件出库作业管理。

二、实训目的与要求

1. 验证和巩固所学理论知识，加深对相关内容的理解，接触课堂以外的实践知识。
2. 熟悉快件物品保管知识。
3. 了解快递企业仓库管理流程及相关工作情况，把所学专业理论知识与实践紧密结合，达到学以致用的目的。

三、实训场地、设备、仪器、工具、手段

1. 运用互联网软件模拟实习和实际快递企业见习，观看视频，请校外专家讲座等手段。
2. 校内快递和物流实训基地。

四、实训步骤

1. 将同学分组，每 5 ~8 人分为一组，活动以组为单位进行。
2. 第一阶段模拟训练，在实训室或机房利用快递公司业务管理系统模拟仓库管理的各项业务活动（若没有现成的软件，可动手下载并安装）。
3. 第二阶段，到快递公司现场参观。
4. 每人写出不少于 1 000 字的仓库管理实习总结。
5. 每个小组把本组成员的总结集体汇总。

（五）成果展示

各小组长汇总本组的实训结果，在全班面前展示，供同学查验，要求有实习场景的介绍、发现的问题，以及改进措施及其理由。

五、任务评价

（一）小组活动评价标准

组长负责分配不同的组员去完成任务，每个成员按规定完成仓库管理各个环节的体验，每个环节都要体验到，然后进行总结，要有具体的情景描述。完成任务得 30 分，如果有漏错等情况，分别扣减相应的分值。

小组成员评价标准如表 3 –4 所示。

表 3 –4　小组成员评价表

小组名称：__________　　　　组长：________

小组成员	态度 5 分	互助与合作 10 分	倾听 5 分	展示与效果 10 分

（二）教师评价标准

教师负责评价每组的任务完成情况，量化评价标准。总分值最高为 70 分。教师对小组

进行评价的标准如表 3－5 所示。

表 3－5　　小组学习评价指标

序号	评价指标	分值
1	• 能在规定时间内小组合作完成各项工作任务，操作规范，流程无误，顺利展示 • 观点新颖，表述逻辑性强，建议中肯	60～70
2	• 能在规定时间内完成工作任务，操作规范，能自我纠偏 • 能做展示 • 有自己的观点，表述清楚	50～59
3	• 获得老师或其他组的帮助能完成工作任务，有展示	40～49

（三）教师点评

教师进行点评，汇总小组内评价，然后进行总结点评。每个学生最后得分为所在小组分值加上成员评价分值。

【拓展提升】

顺达快递公司货物分拣操作过程

顺达郸城分拨中心项目占地 26 亩，总建筑面积 8 850 平方米，最近建成投入运营。

该分拨中心是专门从事分拨活动的经济组织，又是集加工、理货、送货等多种职能于一体的物流据点，在配送活动中起着存储、分拣、集散、衔接、加工等作用。

分拣作业是快件操作的核心环节，是根据快件的发运线路或目的地，尽可能迅速、准确地将快件进行分类拣取，并摆放在指定位置的作业过程。分拣作业在快件作业环节中不仅工作量大、难度高，而且要求作业时间短、准确度高。因此，加强对分拣作业的管理非常重要。

顺达公司遵循“快递属于零库存的物流”的一般模式，所有货物需要在分拣大厅内进行分拣。由于快递件也包括商业文件和样品，因此对时效的掌握非常严格。在这方面，顺达快递公司通过运用移动数据通讯结合计算机信息技术辅助送、收件操作，为数据传输、货物追踪、车辆调度等方面提供了强有力的支持。

目前，顺达快递分拣作业采用人工分拣的方法，即分拣员工在分拣场以人工判断的方式进行分拣，根据包裹运单上的客户地址或电话号码的地区号把属于自己负责的区的快件从皮带机上分拣出来。

顺达快递公司的货物分拣操作流程由五个子过程组成：

1. 从各分部、点部取回外寄包裹的几十辆货柜车进入分拨场排队等候。

2. 十几条可移动伸缩式皮带机直接伸入货柜车厢，货物上了皮带以后，汇流至主流水线，进入分拣大厅。

3. 分拣员工根据包裹运单上的客户地址或电话号码的地区号分拣属于自己负责的区的快件。

4. 操作人员根据运单上的详细地址，把属于同一区部的快件分成堆，在做完收件的靶枪扫描操作后装车。

5. 另一同城件部分单独分拣。

资料来源：中国物流网，有修改。

【思考】

1. 快递仓库与普通物流仓库的区别。

2. 为提高分拨效率，公司应该采取哪些措施？

任务二　学会快件与车辆的安全管理

任务情境

王力经过一周的努力，结束了快递仓库管理与处理中心场地管理的体验活动。按照公司的安排，王力开始了快件安全管理和车辆安全管理的实习。这几天，王力除了学习快件安全管理外，就是跟随老司机一起负责各个营业点和分拨中心之间的快件运输任务。

任务要点

理论要点：

□ 了解快件的安全管理知识和管理要求。

□ 认识出车前、行车中、收车后认真做好各项检查，对确保运行安全、减少机械故障、防范交通事故具有积极作用和重要意义。

□ 了解不同车辆的特性和维护保养要点。

实践要点：

□ 懂得快件在不同环节的安全管理重点，掌握快件安全管理方法。

□ 知道不同车辆的安全操作规程，掌握不同车辆维护保养操作方法。

任务实施

知识准备

一、快件安全管理

快件安全管理分为五个方面，如图 3－1 所示。

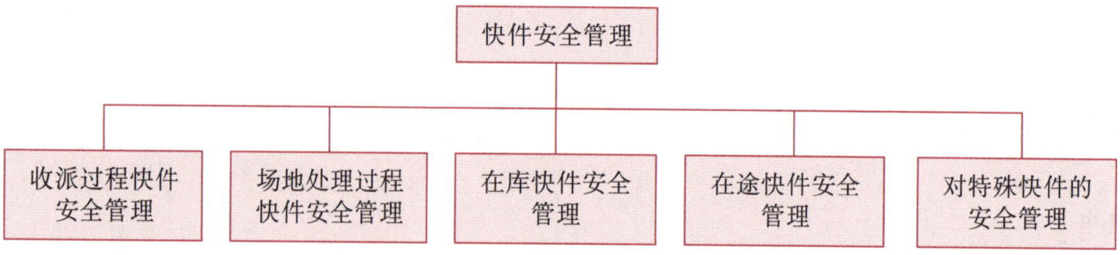

图 3－1

（一）收派过程快件安全管理

收派过程快件安全管理是指对快递业务员上门收取的快件、客户送来的快件及上门派送的快件的安全进行管理。具体包括：

1. 严把验收关。

（1）查看快件是否属于禁限寄物品。如果属于禁限寄物品，应在说明情况后礼貌地予以拒收；特殊情况下应扣下快件，并向有关部门报告。如果不属于禁限寄物品，就要查看物品与快递单上的品名、数量是否相符，包装及物品是否有损坏；如果存在异常情况，按相关规定处理。

（2）收派的快件要捆扎牢固，装好，做好防雨与防盗措施。

2. 建立并落实收派员快件安全责任制。

（1）收派过程中快件安全发生问题，除不可抗力因素外，由收派员负责。

（2）收派员收取的快件要与场地处理人员进行交接，办好交接手续。

（3）派送的快件，收派员要凭客户签收单证明快件已派送成功。

（二）场地处理过程快件安全管理

1. 快件处理现场应与外界隔开，安装全方位监控系统，人员应到指定位置查货。查货过程必须进行监控系统录像，查货完毕应签字盖章，确认快件安全。

2. 快件传递过程轻拿轻放，管理人员应每天调取录像，发现未按规定搬运、装卸的，应严肃处理。

3. 处理完的小件快件建立总包，由两人核对快件与总包清单，检查完快件安全后，施好封条。

（三）在库快件安全管理

在库快件安全管理主要是严把“收”“存”“发”关，即：

（1）办理入库手续要清晰，应经严格检验后签字确认。

（2）保存快件时要细心，保证提供快件物品所要求的保存条件，仓库要安装 24 小时不间断监控，需要打开包装时，要求两人在监控摄像头下进行，并在相关单据上签字。

（3）快件出库时应和下一道工序的作业人员办理交接，检查快件安全。如果快件安全出现问题，由在库管理快件的相关人员负责。

（四）在途快件安全管理

在途快件安全管理要做到车辆防水，将快件总包按装车规则装车、施封，驾驶员安全驾驶，车辆安装 GPS 定位系统，车厢内安装监控系统，保证在途快件安全。

（五）特殊快件安全管理

特殊快件主要是指性质特殊或价格昂贵的快件。对于特殊快件，要纳入重点操作对象，格外关注。全部操作过程须在监控摄像头下进行，实行分区分类存放。一般快递企业都设置有特殊快件作业区，此区域和外界用铁栅栏严格隔开，贵重物品有专门的保险柜或保管箱。外包装须加封志，环环交接，哪个环节出问题，由哪个环节负责。建立特殊快件安全管理责任制，严格按照要求进行作业，一旦出现问题，能迅速查明原因，明确责任。

快件安全管理的关键在于建立快件安全管理责任制、明确交接程序及责任划分、接触物品的作业场地必须安装监控设施、特殊物品必须双人作业等。此外，还应加强对员工的安全教育，每月召开快件安全分析会，查找问题，不断改进，把快件安全管理工作做好。

二、车辆安全管理

作业车辆是快件运输的主要工具。车辆安全管理旨在“确保安全、避免损失、降低成本，提高效益”。忽视车辆管理的后果是一旦发生事故（人员伤亡、车辆损毁、货件丢失等），将给公司和客户造成重大经济损失。因此，对车辆安全管理不可掉以轻心。

出车前、行车中、收车后，要认真做好各项检查，对确保运行安全、减少机械故障、防范交通事故具有积极作用和重要意义。

（一）出车前的车辆安全管理

出车前，驾驶员要认真做好车辆设备检查，确保车况良好；进行行车证件检查，并监督装车方安全合理装载，以确保行驶过程安全顺畅。

1. 车况检查。

（1）车厢门锁，应开闭有效。

（2）刹车系统，制动性能良好；转向系统，转向能力有效。

（3）随车工具齐全，摆放位置正确。

（4）全车灯光，齐全有效，安装牢固。

（5）前后牌照，安装牢固，字体清晰。

（6）驾驶座椅高度、角度合适，电气喇叭音量清晰。

（7）车厢内外和驾驶室卫生良好，可视部位无污垢。

（8）蓄电池及电缆连接可靠，电瓶卡子清洁，无氧化腐蚀现象。

（9）后视镜及前下视镜，镜面完好，镜架固定，位置正确。

（10）安全设施（灭火器、警告标志牌、应急锤、安全带），齐全有效。

（11）轮胎和备胎状况正常（气压及螺母），轮毂润滑油无泄漏，轮辋无裂纹。

（12）发动机无异常声响，传动皮带及皮带轮无异常磨损、开裂及缺损、松动等现象。

（13）油液位置，达到规定刻度；不足及时添加，泄露立即报修；未解除前，不得出车。

（14）检查各种油表、气表、水表、电源、导航系统等是否充足或正常，不符合要求应立即修理，严禁驾驶安全设备不全、待维修检测或机件失灵的车辆。

（15）厢式车辆还要查验车厢是否有缝隙，以避免快件被淋湿。

2. 证件检查。行车证件是否齐全，应与车辆线路相符合，包括驾驶员、车辆、快件的证件单据。如驾驶员的“驾驶证”“上岗证”，车辆的“行驶证”“道路运输经营许可证”“养路费及保险卡”，进出口的快件还须携带“报检报关单据”。如果是危险品，还须悬挂或粘贴危险运输标志，持有“危险货物作业证”等，以备运输途中随时查验。

3. 安全装载。车辆的装载必须符合以下规定：

（1）车辆的额定载质量应符合制造厂规定。

（2）经过改装、改造的车辆，或因其他原因需要重新标定载质量时，应经车辆所在地主管部门核定。

（3）车辆换装与制造厂规定最大负荷不相同的轮胎，其最大负荷大于原轮胎的，应保持原车原定载质量；最大负荷小于原轮胎的，必须相应地降低载质量。

（4）车辆增载必须符合交通部发布的《汽车旅客运输规则》和《汽车货物运输规则》的有关规定。

（5）所有车辆的载质量，一经核定，严禁超载。

（6）车辆总重力超过桥梁承载重力或运输超长、超宽、超高货物时，应报请当地交通、公安主管部门，采取安全有效措施，经批准后方可通行。

（7）车辆运载易散落、飞扬、泄漏或污秽物品时，应封盖严密，以免污染环境。

（二）在途行驶车辆安全管理

1. 在途运输中的安全操作规程。车辆在安全行驶过程中，驾驶员须爱护车辆，严格遵守驾驶操作规程。

（1）行车前做到预热启动，低速升温，低挡起步。

（2）行驶中注意保持温度，及时换挡，行驶平稳，安全滑行，合理节油。

（3）随带挂车时，加强主、挂车之间连接机构的检查。

（4）行车中车辆发生故障，应立即停止使用，汇报车队领导后就近进行修理。

2. 在途运输中的驾驶员管理制度。

（1）驾驶员驾车一定要遵守交通规则。

（2）严禁疲劳、酒后驾车。雨天、雾天、夜间应打开车灯，降低行车速度，确保安全。

（3）短途行车可一车一驾驶员，中长途行车要确保一车两驾驶员，以便换休。

（4）驾驶员不得将自己保管的车辆随便交给他人驾驶或练习驾驶，不得公车私用。

（5）因故意违章或证件不全被罚款的，费用不予报销，违章造成的后果由当事人负责。

3. 运输途中的安全监控。智能化道路运输 GPS 监控系统可对所有营运车辆的运行动态实施 24 小时监控，及时掌握车辆的运行状态，有效遏制超速违章行为，对预防因超速违章而导致交通事故起到极其重要的作用。

4. 行车中检查。

（1）在确保安全行车的同时，应关注仪表的指示情况。

（2）检查发动机运转情况，油水气有无泄漏现象，灯光的有效性。

（3）雨雪天气，还应适当清除挡泥板上的积挂冰雪，检查制动系统的有效性。

（4）利用停车间隙，查看轮胎气压是否正常，螺母的紧固程度，轮毂及制动鼓有无过热现象。

（三）停放车辆安全管理与收车后检查

1. 停放车辆安全管理。出车在外或出车归来停放车辆，一定要注意选取停放地点和位置，不能在不准停车的路段或危险地段停车。当车辆进入停车场、停放和驶离时，应遵循以下管理方法：

（1）车辆进入停车场应一停二慢，必须服从管理员的指挥和安排，征得管理员同意后方可进入。

(2）驾驶员须向管理人员交验该车的有效证件，由管理人员发给停车证，登记停车牌号、车辆牌号、进入时间，并注意外表配件是否齐全，以备停车场查阅之需。

(3）车辆停放时必须服从管理人员指挥，注意前后左右车辆的安全，在规定位置上停放，并与周围车辆保持适当距离，不得对其他车辆的进出和其他车位的使用造成阻碍。

(4）驾驶员必须锁好车门，调整防盗系统到警备状态，车内物品及停车证必须随身带走。

(5）车辆驶离停车场前，应先观察车辆有无异常状况，如有，应及时询问停车场管理员，也可调看监控录像。

(6）驶离时应注意周围车辆的安全，缓慢行驶，并在出口处向管理员交回停车证。管理员核对牌号后，收回停车证，车辆方可驶离。

2. 收车后检查。

(1）检查排放储气筒内的积水。

(2）检查皮带及皮带轮，有无异常磨损。

(3）油液部位及制动管路，是否无泄漏、无障碍。

(4）脚踏板、安全带、车灯、夜读灯，是否有效可靠。

(5）车内设施附件（按键、旋钮、手柄等）脱落，应及时维修。

(6）油水分离器（燃油预滤器)，排放沉淀杯中的积水，拧紧排水阀。

(7）制动、转向、传动和悬挂等部位外露螺栓，若有松动，立即按规定力矩紧固。

(8）行车证、车钥匙等，上缴管理人员。

（四）车辆的日常维护和定期保养

1. 车辆维护与检查。车辆维护分为日常维护、一级维护和二级维护。各级车辆维护作业的主要内容和维护周期有专门的规定，必须根据车辆的结构性能、使用条件、故障规律、配件质量及经济效果情况综合考虑。另外，新车运行时，要根据车辆制造厂的有关规定进行磨合维护。

2. 坚持“三检”“四清”，防止“四漏”。车辆的日常维护是驾驶员必须完成的日常性工作。车辆维护作业的主要内容是：坚持“三检”，即出车前、行车中、收车后检视车辆的安全机构及各部机件连接的紧固情况；坚持“四清”，即保持机油、空气、燃油滤清器和蓄电池的清洁；防止“四漏”，即防止漏水、漏油、漏气、漏电。

3. 建立车辆维修制度。企业车辆的维修工作是通过车辆维修制度来实施的。车辆修理必须根据国家和交通部门发布的有关规定和修理技术标准来进行，贯彻“保养为主，视情维修”的原则，确保修理质量。车辆修理按作业范围不同可分为车辆大修、总成大修、车辆小修和零件修理。

三、收派作业质量分析

收派质量指标是进行收派工作管理、评价、考核以及决策的重要依据，包括时效指标、快件质量指标和收派费用指标。对收派质量指标的统计与分析是收派质量管理工作的一项重要内容。

（一）时效指标

1. 收件及时率。收件及时率是指在一个周期内按规定时间或客户要求时间到达客户指定地址并完成快件收取的票数与下达收件指令的总票数之比。收件及时率反映了调度工作的合理性、收派系统的反应速度以及收派人员个人的收派能力，是最重要的收派质量指标之一。收件及时率的计算公式为：

收件及时率＝按时收寄的票数÷下达收件指令的总票数×100%

2. 派送及时率。派送及时率是指收派的片区或收派人员接收到快件后，在规定的时间或客户要求的时间内完成派送的票数与接收到的快件总票数之比。派送及时率反映了该片区或收派人员的收派组织能力以及派送线路设计的合理性，也是反映收派工作质量的重要指标之一。派送及时率的计算公式为：

派送及时率＝按时派送的票数÷接收到的快件总票数×100%

3. 快件信息录入及时率。快件信息录入及时率是指在规定时间内将已收寄的快件信息完整、准确地录入信息系统的票数与收寄总票数之间的比率。快件信息是快件营运重要的基础数据，信息及时、准确地录入对下一环节的操作、配载等工作都非常重要，是影响营运质量的重要因素。信息录入及时率是为加强信息管理而设计的。信息录入及时率的计算公式为：

信息录入及时率＝按时规范录入的票数÷快件总票数×100%

4. 异常及时反馈率。异常及时反馈率是指在规定时间内将异常情况反映到相关责任人的票数与异常快件总票数的比率。如没有反映到正确的责任人及相关部门，也视为不及时反馈。异常反馈及时是妥善处理异常的前提，因此对异常及时反馈率的监控是非常必要的。异常及时反馈率的计算公式为：

异常及时反馈率＝及时正确反馈的异常票数÷异常总票数×100%

5. 异常处理及时率。异常处理及时率是指在规定时间内妥善处理完毕的异常快件票数与异常总票数之比。异常处理及时率是反映异常管理工作质量的重要指标。异常处理及时率的计算公式为：

异常处理及时率＝按时处理完毕的异常票数÷异常总票数×100%

在实际操作过程中，快递企业应根据统计指标数据与本企业历史同期或本行业竞争对手进行比较，找到差距，分析原因，不断改进。

（二）快件质量指标

1. 快件品质合格率。快件品质合格率是指收寄的快件中不含违禁品、危险品等不符合快件承运标准的物品的票数与收寄的总票数之比。快件品质合格率反映了业务受理人员和收派人员的责任心与业务熟悉度，是安全防控管理的重要考核指标之一。快件品质合格率的计算公式为：

快件品质合格率＝收寄合格的票数÷收寄总票数×100%

2. 运单填写规范率。运单填写规范率是指运单填写规范、准确、完整的快件票数与收寄总票数的比例。运单填写是否规范关系到快件承运责任，是快件能否准确、快速地中转和派送的关键。运单填写规范率也反映了收派人员的业务熟练程度及责任心，是对收派人员考核的主要指标之一。

运单填写规范率＝规范填写运单的快件票数÷收寄总票数×100%

3. 快件外包装合格率。快件外包装合格率是指收寄快件的外包装或收寄时对快件进行再包装后达到快件承运标准的快件票数与收寄总票数的比例。运用快件外包装合格率实施考核是有效防止快件破损的重要措施。快件外包装合格率的计算公式为：

快件外包装合格率 = 外包装合格的票数 ÷ 收寄总票数 ×100%

4. 快件破损率。快件破损率是指收派过程中因某原因导致快件破损的件数与收派总件的比例。快件破损率是对收派环节安全操作进行考核的重要指标。快件破损率的计算公式为：

快件破损率 = 收派环节破损的快件件数 ÷ 收派总件数 ×100%

（三）收派费用指标

1. 收派费用水平。收派费用水平是指收派件总费用与收派件总收入的比例。收派费用水平是反映收派经营活动成本的重要指标。统计时，应分别按收派系统总的费用水平、某区域的收派费用水平、某一线的费用水平、某一收派人员的费用水平进行统计，反映出该区域、线路、个人的收派成本。收派费用水平的计算公式为：

收派费用水平 = 收派件总费用 ÷ 收派件总收入 ×100%

2. 收派费用效益。收派费用效益是指收派总费用与收派盈利额之比。收派费用效益的计算公式为：

收派费用效益 = 收派盈利额 ÷ 收派总费用 ×100%

实训练习

一、实训内容

1. 出车前的车辆安全管理。
2. 在途行驶车辆安全管理。
3. 收车后检查与停放车辆安全管理。

二、实训目的与要求

1. 验证和巩固所学理论知识，加深对车辆管理的理解，接触课堂以外的实践知识。
2. 熟悉车辆保养知识。
3. 了解快递企业车辆管理流程及相关工作情况，并在这基础上把所学专业理论知识与实践紧密结合起来，达到学以致用的目的。

三、实训场地、设备、仪器、工具、手段

1. 使用互联网软件模拟实习、观看视频、请校外专家讲座等方法。
2. 到当地快递企业运输部见习。
3. 校内快递和物流实训基地。

四、实训步骤

1. 将同学分组，每 5 ~ 8 人分为一组，活动以组为单位进行。

2. 每人写出不少于 1 000 字的车辆安全管理实习总结。
3. 每个小组把本组成员的总结汇总。

五、成果展示

各小组长将本组的汇总结果在全班面前展示，供同学查验，要求有实习场景的介绍，分别就车辆出发前、行驶中和收车后的安全管理中发现的问题进行总结，提出改进措施并说明其理由。

六、任务评价

（一）小组活动评价标准

组长负责分配不同的组员去完成任务，每个成员完成车辆安全管理各个环节的体验，每个环节都体验到，写出具体的情景描述。完成任务得 30 分，如果有漏错等情况，分别扣减相应的分值。

小组成员评价标准如表 3 - 6 所示。

表 3 - 6　　小组成员评价表

小组名称：________　　　　组长：________

小组成员	态度 10 分	互助与合作 10 分	倾听 5 分	展示与效果 5 分

（二）教师评价标准

教师负责评价每组的任务完成情况，量化评价标准。总分值最高为 70 分。教师对小组进行评价的标准如表 3 - 7 所示。

表 3 - 7　　小组学习评价指标

序号	评价指标	分值
1	• 能在规定时间内小组合作完成工作任务，操作规范，流程无误 • 顺利展示，报告观点新颖，表述逻辑性强	60 ~ 70
2	• 能在规定时间内完成工作任务，操作规范，自我纠偏 • 能做展示，有自己的观点，表述清楚	50 ~ 59
3	• 获得老师或其他组的帮助能完成工作任务，有展示	40 ~ 49

（三）教师点评

教师进行点评时，汇总小组内评价，然后进行总结点评。每个学生最后得分为所在小组分值加上成员评价分值。

【拓展提升】

某快递公司王总最近一直很头疼，为什么呢？在竞争如此激烈的情况下公司的运营成本居高不下，主要体现在哪些方面呢？

1. 车辆在中山路收走了A客户的一件货，于是就驱车返回公司，快到公司仓库的时候，调度员小丽给司机打来电话说同在中山路的B客户也有一件货要送，问司机在什么地方，司机说快到公司仓库了，于是小丽只得安排另一辆车继续到中山路收货。同一地方不多的两件货，居然在很短的时间安排了两辆车去收货，王总知道后很心疼。这两件货的运费能赚多少钱，而为了这两件货居然安排了两辆车。

2. 王总最近一直没有批复司机的报销款，邮费这么高，是不是有猫腻？但是他没有证据证明司机作假，但这个费用的确太高了，长此以往，企业怎么生存？

3. 最近王总接到了很多老客户的来电，客户抱怨王总公司的服务质量太差，反应速度太慢，客户警告，如果再这样下去，业务不给王总做了。王总问调度中心，调度中心说每次都是打电话调度司机，但最近交警查得比较严，司机在行车过程中不敢接电话，因此反应速度是慢了点。

以上现象是快递物流行业基本的共性。目前物流行业处于业务快速扩大中，车辆日益增多，而且型号多。很多企业还是采用手工方式进行车辆管理，工作量大，对车辆运营数据统计分析比较困难，而且统计结果相当滞后，不利于公司的决策管理；而且在车辆行驶过程中没有进行全程监控，对司乘人员的违法违规行为无法进行及时预警，也无法对司乘人员的求助及时进行反应。

资料来源：百度文库，有修改。

【思考】

1. 如何改善快递物流管理方式较为落后的现状，达到货主“高服务质量、严格的准时率、极小的货损率、较低的物流成本”的要求？

2. 如何解决快递物流行业运行信息反馈滞后、运营高成本、货运车辆高空驶率、司机作弊给货物和车辆安全带来的极大隐患？如何快速、高效地为用户提供可靠的物流服务？如何最大程度地利用运力资源提高整体业务运营效率？

任务三 学会客户管理

任务情境

王力完成车辆管理实习后，开始在客服部实习。经理给了王力一年来与本公司东城营业点发生业务关系的企业客户以及营业额资料（见表3-8）。经理要求王力依据表上资料进行客户分类管理，把客户分类为A、B.C、D四类，并分析说明应分别采取什么管理策略，并与现行政策比较对照，分析现行政策有无不当之处。王力围绕这一任务进行了全面的客户管理学习。

表 3-8　企业客户在本公司东城营业点的快递业务营业额资料　单位：元

客户名称	一年来在本公司东城营业点发生的营业额	占总营业额的比例（%）
洪大贸易	27 000	27.00
远红国际	22 000	22.00
邯富酒业	19 000	19.00
韩云证券	8 200	8.20
宏鑫工作室	8 000	8.00
利德会计师事务所	7 600	7.60
财达铸造	2 100	2.10
云霞鞋业	2 000	2.00
韩式汽贸	2 000	2.00
红莱家居	450	0.45
万兴建材	400	0.40
缘鑫地板	400	0.40
时兴门业	300	0.30
复兴培训基地	300	0.30
蔡氏食品	250	0.25
合　计	100 000	100.00

任务要点

理论要点：

☐ 掌握快递企业客户管理概念、客户分类基本知识

实践要点：

☐ 能够开发客户市场、进行客户管理

☐ 能够对快递企业日常运营进行基础管理

任务实施

知识准备

一、客户管理的概念

客户管理即客户关系管理（CRM），是指企业为了提高核心竞争力，达到竞争制胜、快速成长的目的，树立以客户为中心的发展战略，并在此基础上开展包括分析、判断、选择、争取、发展和保持客户所需要实施的全部商业活动过程。它是企业以客户关系为重点，通过开展系统化的客户研究，优化企业组织体系和业务流程，提高客户满意度和忠诚度，提高企

业效率和利润水平的工作实践。

客户关系管理的内容包含大量的信息，只有借助现代网络计算机信息系统才能实现。通过计算机系统建立精确描述客户关系的数据库，实现客户信息集成并进一步分析处理，如客户概况分析、客户忠诚度分析、客户利润分析、客户性能分析、客户未来分析、客户产品分析、客户促销分析等。

通过客户关系管理，向快递企业的作业、销售、市场和服务等部门和人员提供全面的个性化信息，强化跟踪服务和信息分析能力，建立与客户的协同互动关系，为客户提供高质量、及时的服务。通过客户关系管理，能够建立与客户共享的信息平台，为客户提供良好的沟通工具。

二、星级客户营销策略

按照与客户间的关系及业务量，可将客户分为不同的星级，对不同星级的客户采取不同的营销服务策略。

客户星级分类管理旨在提高客户的忠诚度，对客户划级归类、建立档案，有针对性地巩固老客户、发展新客户，确保业务量稳定增长。客户星级分类标准一般如下：

（一）一、二星级客户

一、二星级客户与本公司关系一般，大部分业务光顾公司的竞争对手，偶尔也会使用公司的服务，在公司所占份额在 10% ~20% 左右。应多与这类客户接触，想方设法让客户了解你公司的优势所在。

（二）三星级客户

该星级客户与公司业务合作量较大，客户关系比较稳定，在公司所占份额在 45% 左右，但客户的信赖度时高时低。应不断改善服务，不要让这类客户流失。

（三）四星级客户

该星级客户对公司非常信赖，了解并乐意使用公司的服务，但同时与公司竞争对手有割不断的联系，在公司所占份额为 60% ~70% 左右。应全力维持与这类客户的关系，利用公司的优势扩展市场份额。

（四）五星级客户

该星级客户对公司绝对信赖，已成为朋友，即使竞争对手以低价促销，五星级客户也不为之所动，仍会一如既往使用公司服务。争取五星级客户是公司的最高目标。

阅读案例

王力根据表 3 -8 的资料，进行客户 ABC 管理操作，计算得到汇总分析表，如表 3 -9 所示。

表 3 -9　　客户业务量分类汇总分析表

客户名称	ABC 类别	快递费用（元）	占总营业额的比例（%）	同类客户占的比例（%）	服务策略
洪大贸易	A	27 000	27.00	68	专业顾问、战略伙伴
远红国际		22 000	22.00		
邯富酒业		19 000	19.00		

续表

客户名称	ABC类别	快递费用（元）	占总营业额的比例（%）	同类客户占的比例（%）	服务策略
韩云证券	B	8 200	8.20	23.8	专人负责、超常服务
宏鑫工作室		8 000	8.00		
利德会计事务所		7 600	7.60		
财达铸造	C	2 100	2.10	6.1	有问必答、保持沟通
云霞鞋业		2 000	2.00		
韩式汽贸		2 000	2.00		
红莱家居	D	450	0.45	2.1	有问必答
万兴建材		400	0.40		
缘鑫地板		400	0.40		
时兴门业		300	0.30		
复兴培训基地		300	0.30		
蔡氏食品		250	0.25		
合计		100 000	100.00		

三、月结客户管理办法

按照结算时间分类，可以将客户分为月结客户和逐笔零星客户。逐笔零星客户要转为月结客户需要一定的条件。

（一）月结协议的签订

客户要求月结时，符合月结条件的，可与之签订月结协议。比如，5号（日）前签订的，当月生效；5号（日）后签订的，次月生效。协议签订后，要注意月结客户的情况变动，如地址、电话、联系人等。

（二）月结客户的条件

作为月结客户，必须同时符合以下三个条件：

（1）业务关系已连续3个月以上；

（2）平均月营业额达到500元以上；

（3）结算信用良好，配合本公司财务制度。

（三）月结账款的收回

1. 收回办法。月结款在隔月5日前收齐，如3月份的月结款，在5月5日前收回。月结款也可分期收回，例如，本月15日前收齐上月的30%；本月25日前收齐上月的60%；本月30日前收齐上月的90%；次月5日前将未结款全部收回。

2. 注意事项：

（1）公司存留的运单底联要提供给税务局。为此，只能向客户提供财务对账单，请客户留好运单的“收件方存根联”，以便对账。

（2）无论分期或全部，月结款收回后应及时上交财务部，不得隐瞒不交或扣押一段时间再交，否则将按“侵吞公司财产或挪用公款”行为论处。

（四）月结协议的中止

如有以下情形之一的，本公司有权中止月结协议：

（1）经多次催促，无理由拒付或搪塞拖延的；

（2）以月结款相要挟，提出无理要求的；

（3）月结客户有违法行为或濒临倒闭的；

（4）其他可能导致月结款无法收回的情况。

实训练习

一、实训内容

1. 客户分类管理。
2. 月结客户管理作业。

二、实训目的与要求

1. 验证和巩固所学理论知识，加深对相关内容的理解，接触课堂以外的实践知识。
2. 熟悉快递客户分类管理方法。
3. 了解快递企业客户管理流程及相关工作情况，培养客服岗位的实际工作能力与分析能力，达到学以致用的目的。

三、实训场地、设备、仪器、工具、手段

1. 运用互联网软件模拟实习、实际快递企业见习、观看视频、请校外专家讲座等手法。
2. 校内快递和物流实训基地。

四、实训步骤

1. 将同学分组，每 5～8 人分为一组，活动以组为单位进行。
2. 进行客户调查与资料分析。
3. 每人写出不少于 1 000 字的客户管理实习总结。
4. 每个小组把本组成员的总结集体汇总。

五、成果展示

各小组长将本组的汇总结果在全班面前展示，供同学查验，要求有实习中实际情景的介绍、发现的问题，以及改进措施并说明理由。

六、任务评价

（一）小组活动评价标准

组长负责分配不同的组员去完成任务，每个成员完成客户管理各个环节的体验，每个环节都体验到，个人总结做出具体的情景描述。完成任务得 30 分，如果有漏错等情况，分别

扣减相应的分值。

小组成员评价标准如表 3－10 所示。

表 3－10　　小组成员评价表

小组名称：__________　　　　组长：________

小组成员	态度 10 分	互助与合作 5 分	倾听 5 分	展示与效果 10 分

（二）教师评价标准

教师负责评价每组的任务完成情况，量化评价标准。总分值最高为 70 分。教师对小组进行评价的标准如表 3－11 所示。

表 3－11　　小组学习评价指标

序号	评价指标	分值
1	• 能在规定时间内小组合作完成工作任务，分析正确，顺利展示 • 观点新颖，表述逻辑性强	60～70
2	• 能在规定时间内完成工作任务，分析正确，能做展示 • 有自己的观点，表述清楚	50～59
3	• 获得老师或其他组的帮助能完成工作任务，有展示	40～49

（三）教师点评

教师进行点评时，汇总小组内评价，然后进行总结点评。每个学生最后得分为所在小组分值加上成员评价分值。

【拓展提升】

联邦快递的客户管理

联邦快递公司是美国物流行业的领先企业。它的业务迅速发展与其一贯秉持的客户为重的战略，同客户建立良好的互动关系是分不开的。在联邦快递看来，虽然公司的一个客户一个月只带来 1 500 美元的收入，但是如果着眼于将来的话，假如客户的生命周期是 10 年，那么这个客户可以为公司带来 1 500×12×10＝180 000 美元的收入。如果再考虑到口碑效应，一个满意的、愿意和公司建立长期稳定关系的客户给公司带来的收益还要更多。因此，联邦快递特别强调针对顾客的特定需求提供以客户为中心的高附加值的服务。

联邦快递实施客户关系管理的最突出特点是：强调全体员工树立客户至上的理念，认识到员工在客户关系中扮演的重要角色，认识到了良好的客户关系不是单靠技术就能实现的，从而突出地强调员工的主观能动性。联邦快递主要通过以下三个方面的措施鼓励和管理员工努力提高客户的满意度。

首先，建立呼叫中心，听取来自客户的意见和需求。联邦快递台湾分公司700名员工中有80人在呼叫中心工作。其主要任务除了接听来自客户的询问电话外，还包括主动打电话与客户联系、收集客户信息等。联邦快递为保证与客户接触的一线员工的素质和他们能给客户留下良好的印象，对员工进行了严格培训。呼叫中心的员工要先经过一个月的课堂培训，再接受两个月的操作训练，学习与顾客打交道的技巧，并经考核合格后，才能正式参加工作，接听和回应客户的来电。

其次，着力提高一线员工的素质。对新进员工的入门培训中进行深刻的企业文化灌输，先接受两周的课堂培训，接下来是服务站的训练，然后让正式的运务员带半个月，才能独立作业。

最后，联邦快递采取有效的激励和奖励机制鼓励员工与客户建立良好的关系。联邦快递认为，只有善待员工，才能让员工热爱工作，不仅做好自己的工作，而且主动为客户提供服务。所有这些措施都保证了在客户面前，联邦快递的所有员工，从话务员、运务员到经理都体现出较高的整体素质和以客户为中心的企业理念。

资料来源：百度文库，有修改。

【思考】

1. 请运用所学过的相关知识，并结合案例阐述客户对于企业而言具有哪些价值？联邦快递具体采取了哪些措施来实现客户价值，使客户满意并保持客户忠诚的？

2. 联邦快递是怎样通过对人力资源管理的变革来提升它的客户关系管理能力的？

任务四　学会销售管理

任务情境

顺达公司各地分公司与许多电商有业务关系。一天，公司市场部得知某速递公司推出了一款新产品——“四日达”。市场部经理感觉这款产品突出体现了快递为电商和消费者提供服务的差异化和专业化特性，解决了电商和消费者之间以往的难题。

“四日达”有明显的三个特点，且各有现实针对性：

1. 陆运。为被纳入航空禁运品的化妆品、光碟、奶粉、液体、粉末状商品、电子类、酒类等物品提供了便利，这是以往电商快递的专业服务软肋。

2. 费用较低。从新产品特性结合市场调查来分析，新产品有需求潜力。客户既要求寄送安全，却又不肯负担较高的邮费，所有的成本都压在店家身上。

3. 时间略长。网购中航空无法寄递的品类对时间不敏感，但对寄送安全和价格相当敏感。所以采用陆路运输的方式适当牺牲一点时效性，降低了费用，也解决了航空不能运输的问题。

受此启发，公司也想推出类似的产品，通过适当牺牲一点时效来降低快递费用，以减少客户的网购成本。

王力刚刚从客服部转到开发部实习，经理让他参与该项新产品的可行性调查论证、推广工作。

王力接受任务后，在经理的带领下，围绕快递产品营销活动开始了一系列调查论证活动。

任务要点

理论要点：

- ☐ 了解快递产品营销的概念
- ☐ 了解快递营销策略、快递营销流程等基本知识

实践要点：

- ☐ 能够根据公司战略制定快递新产品开发方案，并能够调查论证
- ☐ 能够制订详细的新产品推广计划

任务实施

知识准备

一、快递销售的概念

快递销售就是介绍快递服务提供的利益，以满足客户特定需求的过程。快递销售是无形的服务，能够满足客户特定的欲望和客户特定的需求。能够满足客户这种特定需求的，唯有靠快递服务提供的特别利益。

快递销售主要过程包括：

1. 机会辨识，包括市场调查、市场分析、产品决策、市场定位等。
2. 新产品开发，包括新产品的研发、新产品的生产等。
3. 吸引客户，包括营销策划、品牌推广、市场宣传、产品展示、洽谈签约等。
4. 订单执行，包括服务供应、费用结算等。
5. 保留客户，培养忠诚，包括售后服务、定期回访等。

二、快递销售管理常用指标

为了正确评估经营成果，以下五个方面应作为快件销售的普遍性指标：

1. 营业额达成率。营业额达成率是指实际营业额与目标营业额的比率，反映目标营业额的实现程度。其计算公式为：

营业额达成率 = 实际营业额 ÷ 目标营业额 ×100%

一般来说，营业额达成率要在 100% ~110% 才符合标准，若高于 110% 或低于 100%，都要查明原因。

2. 每千克平均营业额。每千克平均营业额是指一定时期内快递营业额与全部快件重量

的比率。其计算公式为：

每千克平均营业额＝一定时期内快递营业额÷全部快件重量（千克）

该指标反映的是凝聚在快件中的服务工作量大小，主要体现揽件业务的质量，例如，同样一票快件，一票是同城件，一票是国际件，重量相同，后者需要更多环节的服务，自然对快递营业额贡献也较大。

3. 每票平均重量（或每件平均重量）。每票平均重量是指一定时期内快件总重量与快件总票数（件数）的比。其计算公式为：

每票平均重量（或每件平均重量）＝一定时期内快件总重量÷快件总票数（件数）

该指标值越大，说明在快件收寄限度内较重的快件越多，反映销售部门的揽货质量越高。

课堂讨论

EMS 国际快递并非一定要收首重，在有的城市，只要你一件货超过了 10 千克，就不需要收首重了。甚至你一件货没有超过 10 千克，只要你总的货物超过了 10 千克，有时也能享受这种待遇。EMS 国际快递为什么会有这样的政策？

4. 价格政策与折扣原则遵守率。它是指一定时期内遵守了价格政策与折扣原则的快件票数与完成的快件总票数的比值。其计算公式为：

$$\text{价格政策与折扣原则遵守率}=\frac{\text{一定时期内遵守了价格政策}}{\text{与折扣原则的快件票数}}\div\text{完成的快件总票数}\times 100\%$$

该指标反映销售营业部门在销售过程中执行价格政策与折扣原则的状况。价格政策与折扣原则体现为引导性、激励性销售措施，目的是促进销售。为完成销售目标，销售人员应该积极主动地执行公司的价格政策与折扣原则。

5. 应收账款回款率（达成率）。应收账款回款率是指在规定天数内回款达到的百分比。其计算公式为：

应收账款回款率＝本期收回的应收账款÷已到期应收款×100%

该比值越大，说明销售部门对应收账款管理越好，该指标比应收账款周转率更加直接。

三、常用的市场营销策略

市场营销策略是企业以客户需要为出发点，根据经验和市场调查获得客户需求量及购买力信息、商业界期望值，有计划地组织各项经营活动，通过相互协调一致的产品策略、价格策略、渠道策略和促销策略（现代市场营销策略还要加上政治权力、公共关系策略），为客户提供满意的商品和服务，从而实现企业目标的过程。

一般的市场营销策略同样适用于快递市场。快递市场营销策略包括价格策略（Price）、产品策略（Product）、渠道策略（Place）和促销策略（Promotion）等。

- 价格策略，主要是指产品的定价，主要考虑成本、市场、竞争等。企业根据这些情况来给产品进行定价。
- 产品策略，主要是指产品的包装、设计、颜色、款式、商标等，给产品赋予特色，让其在消费者心目中留下深刻的印象。
- 渠道策略，是指企业选用何种渠道使产品流通到顾客手中。它有很多种，比如直销、间接渠道（分销、经销、代理等），企业可以根据不同的情况选用不同的渠道。

● 促销策略，主要是指企业采用一定的促销手段来达到销售产品、增加销售额的目的，手段有折扣、返现、抽奖、免费体验等多种方式。

随着市场营销理论的研究发展，先后出现了多种营销策略的组合，不同组合各有其优势，如表 3－12 所示。

表 3－12　　不同营销策略组合对比表

策略组合	基本内容
4Ps 营销策略	• 产品策略：包括产品组合、产品寿命周期、产品包装、品牌等内容 • 价格策略：包括决定定价导向、做出调整价格的反应、设计价格的风险评价 • 分销渠道策略：包括渠道模式和中间商的选择、调整协调管理、实体分配 • 促销策略：包括推销、广告、营业推广等
4Cs 营销策略	• 顾客策略：忘掉产品、记住顾客的需求和期望，以顾客为中心 • 成本策略：忘掉价格、记住成本与顾客的费用，让顾客在成本上相对满意 • 方便策略：忘掉地点、记住方便顾客，为其提供方便的消费通道 • 沟通策略：忘掉促销、记住与顾客沟通，培养其忠诚度
4Rs 营销策略	• 关联策略：与顾客建立关联，提高其满意度和忠诚度，减少顾客流失 • 反应策略：提高市场反应速度，倾听和满足顾客的需求与渴望 • 关系策略：与顾客保持合作关系，建立长期而稳固的关系 • 回报策略：注重利润回报与价值回报
4Vs 营销策略	• 差异化策略：以不同特色的产品、周到的服务树立良好形象 • 功能化策略：提供不同功能系列产品，满足不同顾客的消费习惯 • 附加价值策略：提高附加价值的产品和服务以满足顾客的需求 • 共鸣策略：使顾客获得最大程度的满足、企业效益最大化

四、快递促销管理

（一）快递促销的含义与特点

1. 快递促销的含义。快递促销就是快递营销者向消费者传递有关本企业及产品的各种信息，说服或吸引消费者购买其产品，以达到扩大销售量的目的。促销实质上就是以附带赠送的优惠激发起消费者的兴趣，促其产生购买行为，扩大销售。

2. 快递促销的特征：（1）即期效应明显；（2）形式多样；（3）持续时间较短。

（二）快递促销活动工作要点与组织过程

有奖促销作为权宜之计，可以取得立竿见影的短期效果，是参与市场竞争、拓展业务的有效手段。但不可过分依赖，不可本末倒置，提高市场份额的最佳销售方式还应通过“改进服务质量、满足客户需求”来实现。

1. 工作要点：明确新项目背景、产品特征、产品目标、客户利益、客户指南、产品价格、损益分析、处理程序、宣传公关、礼品赠送、促销记分牌、奖励方案等。

2. 组织过程：选择时机、制订计划和预算、物色合作对象、设计广告传单、散发宣传单、兑现奖品。

（三）快递促销活动注意事项与目标

1. 注意事项：（1）根据商品竞争法，奖品价值总额不得超过营业总收入的10%。（2）促销活动不可过多过滥，一年中以一两次为宜。否则，客户将对公司的价格产生怀疑。（3）促销活动的关键在创意，方式应多样化，给客户以新鲜感。如有竞争对手效仿，就要不断变化，办出自己的特色。

2. 目标。快递促销目标是指快递企业促销活动所要达到的目的。不同的快递企业在不同时期的快递促销目标可能不同，但不外乎如下几种：（1）扩大市场份额；（2）提高利润率；（3）增加客户数；（4）提高认知度。

五、新项目推广与直销流程

（一）新项目推广

从市场营销的角度看，凡是企业向市场提供的过去没有提供过的产品项目都叫“新项目”。凡给消费者带来新的利益、新的满足的项目，都可以认为是一种新项目。

新项目推广有别于普通产品推广的最明显之处是：新项目推广更注重实效性。目前通常采用网络推广和线下推广两种渠道。但无论哪种渠道，其推广时的宣传要点是一样的，要求尽可能快速的将自己的新项目传播到消费者心中。

1. 新项目推广时，考虑分析要素如下：项目概述、服务口号、经营策略和目标、市场占有率、竞争现状、客户情况、服务价格、奖励方案、其他信息。

2. 新项目推广时，需要提供如下文字材料：（1）客户手册：背景介绍、竞争优势、使用说明、服务流程、价格比较表等。（2）市场推广计划：直销和电话推广，通过销售引导，增加客户数量，引导客户使用公司新产品。

（二）直销流程

直销是指直销企业招募直销员，由直销员在固定营业场所之外直接向最终消费者推销产品的经销方式。一般直销方式有：（1）把直销宣传单，分发给销售员；（2）拜访客户时，向有潜力的客户发送宣传单；（3）客户收到宣传单后感兴趣或有需求；（4）通过免费电话或传真登记；（5）登记资料汇总到公司市场销售部；（6）将客户信息反馈给销售员；（7）客户得到小礼品（印有快件公司标志）。

六、促销效果评估

（一）广告宣传费用比值法

广告宣传费用比值法是对广告宣传销售效果进行测试的最基本、最直接的方法。其计算公式主要有两个：

广告宣传效果＝销售增加额 ÷广告宣传费用增加额×100%

广告宣传效果 ＝（本期销售额 － 基期销售额）÷本期广告宣传费用额×100%

第一个公式表现了增加广告宣传费用与销售额增加的比例关系；第二个公式表现了首次广告宣传费用额与销售额变化的比例关系，多适用于首次广告宣传费用投入时的效果评估。按广告宣传费用比值法计算出的比值越大，广告宣传效果越好。

（二）销售额比值法

销售额比值法是指广告宣传费用额与销售额的比值。它反映了每百元销售额所承担广告宣传费用的多少，计算的数值越小，则广告宣传效果越好。其计算公式如下：

广告宣传效果＝广告宣传费用额÷销售额×100%

（三）速度比较法

速度比较法又称“比率法”。广告宣传活动往往在一个较长的时间内发生作用，这就要求从一个时期的动态数列中分析广告宣传效益。我们可以预算出销售额和广告宣传效益的年平均增长率，比较两者的关系，若销售额增长率大于广告宣传费用增长率，则其比率大于1，说明广告销售效果好；反之，比率小于1，则广告销售效果不好；若比率等于1，广告宣传费用的增长与销售额的增长同步。广告效果比率计算公式如下：

广告效果比率＝销售增长率÷广告费用增长率×100%

实训练习

一、实训内容

1. 调查本地快递公司的经营战略、新产品推销手段。
2. 为实习公司设计一款新产品并进行可行性分析，提出推广计划。

二、实训目的与要求

1. 验证和巩固所学快递销售理论知识，加深对相关内容的理解，接触课堂以外的实践知识。
2. 熟悉快递产品营销知识和技能。
3. 了解快递企业销售管理流程及相关工作情况，并在此基础上把所学专业理论知识与实践结合，达到学以致用的目的。

三、实训场地、设备、仪器、工具、手段

1. 使用互联网软件模拟实习、实际快递企业见习、观看视频、请校外专家讲座等方法。
2. 校内快递和物流实训基地。

四、实训步骤

1. 将同学分组，每5~8人分为一组，活动以组为单位进行。
2. 进行一项促销活动。
3. 每人写出不少于1 000字的某快递公司产品销售策略的总结，以及新产品开发建议一项。
4. 每个小组把本组成员的总结集体汇总。

五、成果展示

各小组长将本组汇总结果在全班面前展示，供同学查验，要求有实际资料的分析介绍、发现的问题及改进措施，说明其理由。

六、任务评价

（一）小组活动评价标准

组长负责分配不同的组员去完成任务，体验快递销售过程。每个成员完成总结和建议，要有具体的数据介绍、分析论证和情景描述。完成任务得 30 分，如果有漏错等情况分别扣减相应的分值。

小组成员评价标准如表 3－13 所示。

表 3－13　　小组成员评价表

小组名称：________　　组长：________

小组成员	态度 10 分	互助与合作 5 分	倾听 5 分	展示与效果 10 分

（二）教师评价标准

教师负责评价每组的任务完成情况，量化评价标准。总分值最高为 70 分。教师对小组进行评价的标准如表 3－14 所示。

表 3－14　　小组学习评价指标

序号	评价指标	分值
1	• 能在规定时间内小组合作完成工作任务，操作规范无误，注重仪表 • 顺利展示，观点新颖，表述逻辑性强	60～70
2	• 能在规定时间内完成工作任务，操作规范无误，注重仪表 • 能做展示，有自己的观点，表述清楚	50～59
3	• 获得老师或其他组的帮助能完成工作任务，有展示	40～49

（三）教师点评

教师进行点评时，汇总小组内评价，然后进行总结点评。每个学生最后得分为所在小组分值加上成员评价分值。

【拓展提升】

联邦快递在中国的营销策略

联邦快递多年来在华的营销实践是在先进的营销理念指导下，站在顾客的角度，以市场需求研究为出发点，制定营销策略，取得了竞争优势。

一、满足消费者的需求和欲望

1. 不断满足客户的个性化服务需求，为每位客户度身订制一套切实有效的物流解决方案。同时，联邦快递紧跟市场的需求，变通服务。比如，联邦快递刚开始推快递时，周末没有快递服务，后来发现国内周末也在上班，因此很快推出周末快递服务。在金融危机中，他们发现很多企业对货运的时间要求发生变化，只要安全可靠送达、成本低廉，送货时间可以晚一两天，而不必隔夜送达，因此他们很快就推出经济型快递服务。

2. 不断推出创新服务。联邦快递注重分析客户需求的变化，不断进行服务创新。经过调查分析，他们发现中国市场90%的现有客户表示需要可靠的国内限时服务。于是2007年6月联邦快递宣布在中国市场启动国内限时服务。国内限时服务包括“次早达”“次日达”和“隔日达”。

二、降低顾客的购买成本

1. 通过降低快递费用，使客户获得实惠。2008年6月初，联邦快递开始大幅度下调快递费用。联邦快递下调后的价格甚至低于国内其他快递企业。

2. 通过缩短运送时间，减少库存，降低客户成本。早在1998年联邦快递就开通了电子商务服务，其目的就是要帮助客户缩短产品投入市场的循环时间，不仅为客户运送货物，还要向他们传送信息，帮助客户进行原材料的购买、产品的分销并尽量减少库存，从而降低成本。

三、为顾客购买提供便利

1. 与合作伙伴合作，增加营业网点和延长营业时间。联邦快递为增加消费者方便获得物流服务，除了自己增加业务网点外，还借助合作伙伴扩大业务网点，并利用合作伙伴增加营业时间。

2. 开发信息系统，便于全程跟踪。联邦快递不断启用掌上电脑、GPRS、蓝牙、区域无线网等先进的无线移动技术来提高无线通讯设备水平，借此提高货物追踪系统的性能，以方便客户时时查询货物的相关信息。

四、实施有效的营销沟通

在物流行业中，客户希望与物流企业展开实时的良性互动，物流企业也需要对客户的需求表现出快速有效的反应。

资料来源：百度文库，有修改。

【思考】

1. 联邦快递采用了哪些营销策略？
2. 该案例对我国快递企业寻找和发现客户个性化需求的启示是什么？

任务五　懂得财务管理

任务情境

完成开发部领导布置的任务，王力遵照公司安排到财务部实习。一天，王力参加了一个财务分析会。会上，财务总监突然问财务部王经理："如果快递员从北京取件，把北京大学校本部的一个快件寄到厦门大学校本部，这个单子的真实成本是多少？"

王经理有些诧异，还是第一次有人问这样的问题。一时不知如何回答。

"我们公司共有多少家分公司？"财务总监又问。

"90 多家。"王经理回答说。

"各分公司的盈利情况如何？"

"我们目前的成本核算方法都是以分公司为单位，按分公司归集成本费用，然后得到公司的总成本。至于分公司盈利，因为一直以来我们都关注公司的整体业绩，没有做这方面的工作。"无法让领导满意，王经理有些沮丧。

"成本核算需要按照不同的对象归集费用，如以某种快递作业为对象、以某一快递服务为对象等计算快递成本。如果我们不能算出每个单子的真实成本，也不能很好地计算各分公司的成本，公司的赢利能力分析、产品定价决策、路由优化分析等将受到限制。"

"这个，这个……"王经理有些不知所措。

会后，王经理开始组织进行详细的成本核算工作，王力有幸参与其中，向前辈学到了很多财务管理知识。

任务要点

理论要点：

□ 理解快递财务管理的目标，熟悉快递业财务管理制度，熟悉快递财务结算管理的核心内容

□ 了解快递成本以及快递成本管理的含义与目的，熟悉成本管理的对象，掌握成本管理的方法

□ 认识网络结算管理的含义，了解内部结算管理和外部结算管理

实践要点：

□ 能够计算快递物流成本

□ 能根据公司政策、制度在各个环节进行利润的分摊

□ 能够进行网络结算管理的基本操作

任务实施

知识准备

一、快递成本管理概要

快递营运成本管理是快递业务财务结算管理的重要组成部分，要进行成本管理，首先要进行成本核算。

（一）快递营运成本核算的含义与成本构成

1. 快递营运成本核算的含义。快递营运成本核算是把一定时期内快递企业经营过程中

所发生的费用，按其性质和发生地点分类归集、汇总、核算，计算出该时期内经营费用发生总额和分别计算出每种产品的实际成本和单位成本的管理活动。

2. 快递公司营运成本的构成。就支付形态而言，它包括人工工资、材料消耗、运输设施和仓库折旧、合理损耗、资金占用利息、管理费用、委托外包等。就功能形式而言，它包括取件、包装、搬运、保管、分拨、派送、装卸、流通加工、信息交换、快递管理等发生的费用。

（二）快递营运成本核算对象

快递营运成本核算对象是指计算快递服务产品成本的过程中，确定归集与分配各项费用的承担客体。为了正确计算快递产品成本，首先要确定成本计算对象，以便按照每一个成本计算对象分别设置产品成本明细账（或成本计算单），来归集各个对象所应承担的各项费用，计算出各对象的总成本和单位成本。

快递营运成本核算的对象一般涉及七个方面的内容，如表 3－15 所示。

表 3－15　　快递营运成本核算对象

成本核算的对象	说　明
以某种快递作业为对象	如以收派、运输、分拣、封发等快递作业流程为对象进行核算。这对于加强每个快递作业环节的成本管理，提高每个环节作业水平，具有重要的意义
以某一快递营运部门为对象	如以分拨中心、收派部门、运输部门、客户服务部门等作为快递营运成本的核算对象。这种核算方式有利于促进快递营运部门重视和加强成本管理，便于部门成本控制
以某一大客户为对象	对有较多固定快递业务需求的大公司等为核算对象。这对于加强大客户管理、制订个性化且有竞争力的大客户资费价格很有必要。特别对于为大客户提供快递服务的企业，应核算出为其提供个性化服务时所发生的成本
以某一快递服务为对象	以某种快递服务，如文件、包裹类或其他快递服务产品为核算对象。核算出该服务的平均成本，据此可进一步掌握各快递服务的盈亏水平
以某一片区为对象	以某个城市、区域或路段为核算对象。计算在该片区组织收派、操作所花费的快递营运成本。利用这种核算方式可掌握各个片区的快递营运成本开支情况，以便进行重点管理
以某一快递设备或工具为对象	如以某一运输车辆为核算对象。这种方式有利于改进设备管理
以全部快递业务为对象	如以某公司空间范围的全部快递业务活动为核算对象。核算并确定企业为组织快递业务活动所花费的全部快递营运成本

二、掌握快递营运成本管理方法

快递营运成本管理方法主要包括核算方法、控制方法以及成本补偿的方法。

（一）核算方法

快递企业的成本核算主要有运输成本核算、物料成本核算、人工成本核算、其他成本核算等。

1. 运输成本核算。快递企业的运输成本主要有航空运输成本、公路运输成本和铁路运输成本。其中，航空运输成本和铁路运输成本一般以航空运单和铁路托运单上显示的费用为准。公路运输中，外包车辆的运输成本以包车支出费用为准。自营车辆运输成本按下述方法核算：

（1）直接人工工资的归集与分配。快递企业直接人工成本中的工资，每月根据工资结算表进行汇总与分配。对于有固定车辆的驾驶员和助手的工资，直接计入各自成本计算对象的成本；对于没有固定车辆的驾驶员和助手的工资以及后备驾驶员和助手的工资，则需按一定标准（一般为车辆的车日）分配计入各成本计算对象的成本。其计算方法如下：

每一车日的工资分配额 = 应分配的驾驶员及助手工资总额/各车辆总车日

营运车辆应分配的工资额 = 每一车日的工资分配额 × 营运车辆总车日

相关链接

总 车 日

总车日是指公路运输企业（包括快递业）在报告期内每天实际在用的营运车辆的累计数。其计算单位为“车日”。

车日的计算方法是：一辆营运车辆，不管其技术状况是完好还是在修理或待修，是工作还是停驶，只要企业在用一天，即计为一个车日。在车辆发生增减变动时，新增车辆，自交通监理部门检验合格并发给牌照及行驶执照之日起计算；报废车辆，自主管机关批准之日起不再计算；调入、调出车辆，以双方交接车辆之日为期，调入单位开始计算，调出单位不再计算。

（2）直接材料的归集与分配。

● 燃料。对于燃料消耗，企业应根据燃料领用凭证进行汇总与分配。必须注意的是：在燃料采用满油箱制的情况下，车辆当月加油数就是当月耗用数；在燃料采用盘存制的情况下，当月燃料耗用数的计算公式为：

当月耗用数 = 月初车辆存油数 + 本月领用数 − 月末车辆存油数

● 轮胎。营运车辆领用轮胎内胎、垫带以及轮胎零星修补费等，一般根据轮胎领用汇总表及有关凭证，按实际数直接计入各成本计算对象的成本。至于领用外胎，要视具体情况来处理。如果是按计划成本核算的，其成本差异也直接计入各成本计算对象的成本，而其计划成本如何计入各成本计算对象的成本，则又有不同的处理方法。

相关链接

当采用外胎价值一次摊销计入成本的办法时，应根据“轮胎发出汇总表”进行归集与分配；发生外胎翻新费时，根据付款凭证直接（或通过待摊费用）计入各成本计算对象的成本。当采用按行驶轮胎公里预提轮胎费用摊入成本的办法时，其成本（包括废胎里程超、亏的费用调整）应根据“轮胎摊提费计算表”进行归集与分配；轮胎翻新费包括在摊提率之内计算的，发生翻新费时，实际翻新费用与计划翻新费用的差额，根据记账凭证所附原始凭证进行调整，计入各成本计算对象的成本；轮胎翻新费用不包括在摊提率之内计算的，发生的轮胎翻新费直接计入相应成本计算对象的成本。

（3）其他直接费用的归集与分配。

● 保养维修费。快递企业车辆的各级保养和维修作业分别由车队保修班和企业所属保养场（保修厂）进行。由车队保修班进行的各级保修和小修理的费用，包括车队保修工人的工资及职工福利费、行车耗用的机油费以及保修车辆耗用的燃料、润料和备品配件等费用，一般可以根据各项凭证汇总，全部直接计入各成本计算对象的成本。对于保修发生的共同性费用，可按营运车日比例分配计入各车队运输成本。由保养场（保修厂）进行的保修费用主要是大修理所发生的费用，视同辅助生产费用，通过“辅助营运费用”二级账户进行归集与分配。

提示：

必须注意的是：由于营运车辆大修理产生的费用一般数额较大，修理的间隔期也较长，为均衡损益，一般采用预提的办法；即根据大修理费计提额预提时，借记“主营业务成本——运输支出”账户，贷记“预提费用”账户。发生差异时，同样要进行调整，前者大于后者为超支，应调增大修理费计提额和运输成本；反之，则为节约，应予调减。

● 折旧费。快递企业计提固定资产折旧，可以采用平均年限法、工作量法、双倍余额递减法、年数总和法，但车辆的固定资产折旧一般采用工作量法计提。采用工作量法时，由于外胎费用核算有两种不同的方法，所以车辆折旧的计算也有两种方法。如采用外胎价值一次摊销计入成本的方法计提折旧时，外胎价值不必从车辆原值中扣减；如采用按行驶轮胎公里预提外胎费用摊入成本的方法，则计算折旧时，外胎价值就应从车辆原值中扣减，否则会出现重复摊提的现象。

● 养路费。运输企业按规定向公路管理部门缴纳的营运车辆养路费，一般按货车吨位数计算缴纳。因此，企业缴纳的车辆养路费可以根据缴款凭证直接计入各成本计算对象的成本及有关费用。

● 其他费用。营运车辆发生的直接费用，除保养修理费、折旧费、养路费外，还包括其他几项有关费用，内容比较复杂，但费用发生时同样可以根据费用凭证直接计入各成本计算对象的成本。

营运车辆的公路运输管理费一般按运输收入的规定比例计算缴纳。因此，企业缴纳的车管费可以根据交款凭证直接计入各类运输成本。

营运车辆在营运过程中因种种行车事故所发生的修理费、救援和善后费用，以及支付外单位人员的医药费、丧葬费、抚恤费、生活费等支出，在扣除向保险公司收回的赔偿收入及事故对方或过失人的赔偿款后，净损失也可根据付款、收款凭证直接计入各类运输成本。如果行车事故较为严重复杂，处理时间较长，可在发生各项支出时通过“其他应收款——暂付事故赔款”账户核算，然后逐月将已发生事故净损失转入各该类运输成本。对于当年不能结案的事故，年终时可按估计净损失数预提转入运输成本；在结案的年底，再将预提损失数与实际损失数的差额调整至当年的有关运输成本。

车辆牌照和检验费、车船使用税、洗车费、过桥费、轮渡费、驾驶员途中宿费、行车杂费等费用发生时都可以根据付款凭证直接计入各类运输成本。此外，领用随车工具及其他低值易耗品也可以根据领用凭证，一次或分摊计入各类运输成本。

（4）营运间接费用的归集与分配。运输企业所属基层营运单位（如车队、车站、车场）在组织与管理营运过程中所发生的不能直接计入成本计算对象的各种间接费用，应通过

“制造费用——营运间接费用”账户进行核算。

企业如实行公司和站、队两级核算体制，“营运间接费用”账户应按基层营运单位设置明细账，并按费用项目进行明细核算；如实行公司集中核算体制，可不分单位设置明细账，而直接按费用项目进行明细核算。

2. 物料成本核算。物料成本核算，首先应列出快递服务耗用的物料清单，包括品名、规格、数量等信息，然后按照先进先出法进行核算。先进先出法是以先购入的物料先发出的假设为前提，对发出物料进行计价核算的一种方法。

3. 人工成本核算。人工成本核算的内容由快递企业工资汇总表（公路运输的驾驶员、后备驾驶员及其助手除外，因为已在运输成本中核算）中的工资应发总额，企业缴纳的社会保险、工伤保险等费用及14%的福利费用构成。

4. 其他成本核算。其他成本包括差旅费、招待费、固定资产折旧费（车辆除外）等。差旅费按凭证累计核算；招待费需先设定限额，然后累计总额，以实际支出和计划限额比较来进行控制。固定资产折旧费按企业固定的方法计提，一经确定，不能改变。

快递业务成本核算的出发点和归宿点是为快递业务成本管理服务。因此，它不完全拘泥于现行财务成本核算规章制度的约束，也有着自己的特殊性。所以，快递业务成本核算的方式为：以会计核算为主、统计核算为辅。其基本特征是：以货币计量为主，适当辅以快件计量、工时计量及其他指标。在具体核算时，可根据实际情况灵活处理。

（二）控制方法

快递业务成本包括运输成本、物料成本、人工成本和其他成本。成本控制方法分别如下：

1. 运输成本控制。运输成本是快递业务成本中占比最大的一部分，一般占全部快递业务成本50%以上。因此，对运输成本进行合理控制是快递成本控制的重点。运输成本控制的目标是在完成相同快递业务的前提下，使运输总成本最低，且保证运输的及时性、安全性。由于不同组织运输方式的运输成本构成各不相同，因此需根据不同的情况分别进行控制。

（1）自营运输方式运输成本控制。自营运输方式运输成本的内容主要包括车辆折旧费、燃油费、路桥费、运输杂费等。影响自营方式运输成本的因素主要有快件业务量、运输距离、运输工具等。根据自营运输的特点，主要可采用以下几种方法进行控制：

- 合理选择运输工具，是指根据快件业务量、运输距离和时效要求进行选择，即能采用陆路运输的，不采用航空运输；能用小车运输的，不用大车运输，以实现运输工具的最大利用率。

案例阅读

UPS的承运方式原则是：能用卡车运送的，绝不用飞机来运输。UPS在全世界很多地区拥有完善的地面网络，卡车运输系统相当发达，在保证时间的前提下，能够利用卡车运输就不用飞机运输，可以有效节省航油成本。同时，UPS还通过征收燃油附加费来转嫁部分航油成本。据了解，UPS每个月都会根据上个月的国际原油价格来制定相应的燃油附加费征收标准，从而将航油上涨的部分成本转由客户分担。UPS在混合动力车与其他替代能源方面做了大量投资，希望以此减少油价高涨带来的成本上升风险。

- 合理设计运输路线，可实现运输距离最短化，从而降低车辆油耗，节约运输费用。

- 提高车辆满载率，是充分利用运力、实现运输成果最大产出率的最佳办法。
- 降低车辆空驶里程，即合理计划、组织运输，最大限度减少车辆空驶里程。

（2）第三方承运的运输费用控制。第三方承运的运输费用主要是承运价格和运杂费，承运价格又可分为变动价格和不变动价格。根据第三方承运的特点，主要可以采用以下几种方法进行控制：

- 优选承运商，即在选用承运商时，选择同样时效而价格最低的承运商。
- 合理选择运输方式，即当快件量达到一定程度时选择包租方式；快件量少时则尽量选择托运方式。
- 提高包租舱位的利用率，包括两个方面：一方面是提高舱位空间的装载量，要求合理填装、码放快件，充分利用空间；另一方面是在快件量少时，通过各种方法调配快件填舱，减少舱位的浪费。

2. 人工成本控制。快递企业属于劳动密集型企业，人工成本也是快递业务的主要成本。对人工费用的控制方法如下：

（1）优化作业方法及搬运装卸线路，提高劳动生产率。作业方法的优劣决定了劳动生产率的高低，因此应对劳动生产率低的环节进行优化改进，提高劳动生产率。搬运装卸是快递作业中劳动力消耗最多的一项工作，对搬运装卸线路进行合理设计和优化，缩短搬运距离，是节省劳动力、提高劳动生产率的有效措施。

（2）合理排班，减少劳动力浪费。排班时必须根据快件量合理调配人员，减少快件量大时人员大量加班的情况，同时也要避免快件量少时大量人员待岗的情况。

（3）提高作业的自动化、机械化程度，可以提高劳动生产率，减少固定业务量人工费用支出。

3. 物料成本控制。物料是指快递作业中必须用到的封签、运单、标签、包装袋、包装材料等。物料是与快件量直接相关的易消耗品，日常消耗量大，应严格加强对其费用的管理和控制。其主要的控制措施如下：（1）建立物料库存管理制度，制定物料的领用规范，严格控制使用数量；（2）各使用部门应按需要时间提出使用数量计划，交主管部门购置；（3）加强包装用品规格、质量的验收和管理，注意包装用品的回收利用；（4）在保证快件于运输、装卸等过程中质量不受损失的前提下，适当采用一些包装借用品，选择质好价廉的包装材料，节约费用开支；（5）加速包装物料周转，延长使用年限和使用次数，克服浪费现象。

4. 其他成本控制。其他成本控制采用定额控制法。如差旅费和招待费用先设定限额，以实际支出和计划限额比较来进行控制。

（三）成本补偿

1. 成本补偿的含义。在生产或服务过程中，成本补偿是指为了确保简单再生产的连续进行从销售产品或提供劳务所获取的货币收入中对所耗费的物化劳动和活劳动价值的一种补充和偿还。如果产品的成本耗费不能得到补偿，简单再生产就无法进行下去。成本是生产耗费与补偿价值的统一。它既是耗费的价值计量，又是补偿的基本界限。成本补偿的适度、足额是确保企业经营或再生产的根本要求。

由于快递企业各个分公司取得收入与费用支付往往分离的特点，成本补偿需要总公司根据成本、费用的实际情况或目标成本来制定成本补偿价格，并通过统一的内部结算来完成。

2. 快递企业成本补偿的原则：（1）对于到付件，成本补偿给取件地；（2）对于第三方付费，取件和派件都得到成本补偿；（3）成本补偿价格应作为目标成本，考核派送站的工作业绩；（4）成本补偿价格（弥补亏损），依据“派送收入低于取件收入”的情况来制定；（5）口岸及分拣作业成本，应按各服务站点的操作货量，全额分摊到收入所在地。

相关链接

××快递核算制度（试行）

一、核算目的

为适应企业快递业务发展的需要，正确核算企业快递业务经营成果，并对经营成果进行分析，特制定本制度。

二、核算要求

1. 集团将承包的快递取件、派送等业务转包给集团下属各直属及所属公司的形式，确定本核算制度。

2. 各分包公司以向客户收取的运费作为营业收入。

3. 集团根据各分包公司的预收运费收入与成本费用的比例确定分成比例。

4. 取件、派送、清关、税金补偿、奖励等收入由集团核算。

三、核算范围

本制度适用范围为集团的××快递业务。

四、核算原则

本制度核算原则采用权责发生制及配比原则。

（四）快递企业常用平均成本指标

快递企业常用平均成本指标如表 3－16 所示。

表 3－16

指　标	公　式
单人单车，平均每天货量（千克）	= 一定时期内单人单车的货运总量 ÷（单人单车数 × 该时期总天数）
单人单车，平均每件货物（千克）	= 一定时期内单人单车的货运总量 ÷ 该时期单人单车货运总件数
单人单车，平均每天成本（元）	= 一定时期内单人单车的货运总成本 ÷（单人单车数 × 该时期总天数）
单人单车，平均每天成本（元）	= 一定时期内单人单车的货运总成本 ÷（单人单车货运总量）
每次派送，路上平均消耗（分钟）	= 一定时期内派送路上消耗总时间（分钟） ÷ 该时期总的派送次数
每票操作的时间平均消耗（分钟）	= 时间消耗总量/总票数

（五）成本分析测算要点

1. 人员及车辆费用（每人每车的每日成本）+40%的管理费用＝日平均总费用。

2. 不同票件的重量级不同，其成本也有所不同，重量级越小的单票货物，成本越高。

3. 单票重量过大的货件，本公司操作成本不应高于“外包成本”，否则就应让外部承包。

相关链接

注重快递服务与成本之间的平衡

快递服务与快递成本之间存在交替损益关系，快递管理的任务是在服务与成本之间寻找平衡点。

根据快递服务与成本间的关系，在快递管理中既不能片面地强调服务水平而不计成本，不考虑经济效益，也不能单纯地追求降低成本而忽视生产和销售的需求。在管理中，我们谋求的某一项目标可以达到，而另一项目标却不能够同时达到时，就应权衡利弊，进行决策，用综合的方法求得两者之间的平衡，以取得最佳的综合经济效益。

三、网络结算管理

案例阅读

S快递公司使用特定快递行业软件实现网络自动结算

一项快递业务是靠不同地区各个分公司以及多个部门联合完成的，财务部必须通过信息系统记录的信息区分各分公司和部门共同完成一项快递业务各自付出的成本费用和应取得的收入，以便将费用、收入配比分摊到不同部门，否则部门的费用和利润表就不准确，从而给绩效考核带来困难。

S快递公司的业务量非常大，涉及部门多，客户也多，手工分摊根本不可能，因此公司研发了一套特定快递行业软件——一个特制的信息系统。各个分公司具体业务部门通过编制特定的业务编号，录入某一业务费用成本、收入的基础数据并须经财务复核，就能快速高效地将费用、收入配比分摊到不同部门的头上，保证了各分公司及总公司各部门费用利润表的正确性和及时性。

资料来源：中国物流网。

快递企业一般都设立财务结算中心，负责网络结算工作。自营网络型快递企业财务结算中心主要完成总公司与分公司之间、各分公司之间、分公司对客户、分公司对代理和分公司对承运人的财务结算工作。加盟网络型快递企业财务结算中心主要完成总公司与加盟商之间、各加盟商之间、加盟商对客户和加盟商对承运人的财务结算工作。网络结算管理是快递企业财务管理的重点和难点，按照快递企业结算对象分类不同，可分为内部结算管理和外部结算管理。

（一）内部结算管理

思考

快递业务的完成需要多个城市的作业点协同完成，邮件基本上都要经过发件站、集散和收件站才能到达收件人手里。每个作业点既会替其他作业点中转或派送，也会让对方为其提供同样的服务。这种交叉性的服务造成了各作业点收入与成本的不对称——收入由一个站点实现而成本由不同的站点承担。为了考核作业点的盈利，需要进行内部结算。

问题：

取件分公司收取邮费的情况下，送件分公司的盈利和成本应该怎样确定才合理？

内部结算主要面向企业内部，总公司与分公司之间、各分公司之间、分公司对客户的财务结算都称为“内部结算”。内部结算管理的重点是统一收支管理，保证资金链安全；加强分公司结算管理，确保资费结算安全、快捷，保证能及时准确地考核分公司的经营业绩，为快递企业对分公司的管理提供依据。

1. 统一收支管理。由财务结算中心对各项收支实行统一管理。依法多渠道筹措资金，并按预算管理的要求合理使用，努力增收节支，提高资金使用效率。

分公司收入全部上缴财务结算中心；支出由分公司报告给网络管理中心，网络管理中心给出初步处理意见，一定额度以内由网络管理中心批准即可，超过一定额度必须上报总经理办公会，特大额度须报公司董事会批准，由财务结算中心统一拨付。财务结算中心负责向各分公司派驻财务人员，负责资金结算事宜，分公司应为财务人员工作提供方便，但不能干预其工作。

2. 分公司结算管理。分公司结算管理的重点是确保网点快递资费安全。现金、转账支票、银行汇票等，应及时上缴财务入账。

月结客户资信资料先报公司业务部门审批备案，然后再由财务结算中心办理开户，存入费用保证金，设定系统账号，即可开展业务。

分公司结算原则上不能产生应收账款，如果发生应收账款，应做好催收工作，确保及时入账。分公司物料申领和使用情况统一报网络管理中心和财务结算中心办理。分公司支出，如人员工资、水电费、招待费、差旅费、会务费等，统一由财务结算中心根据相关文件和批件办理。如人员工资由企业核定工资总额，水电费、招待费、差旅费、会务费等核定使用限额，超额冲减工资费用。节约则有节约额相应比例的奖励，奖励费用由分公司负责人支配。各分公司之间的资费清算统一由财务结算中心根据系统资料进行电子结算。

分公司对外支付款项前，必须事先向财务结算中心提出资金使用计划和预算，财务结算中心依据资金支付计划和预算向分公司的账户拨入款项，分公司再对外支付款项。分公司与客户发生交易后，通常由分公司直接向客户提出收款请求，客户把款项打入分公司收入账户；分公司也可以向财务结算中心提出收款要求，由财务结算中心统一办理向客户托收、催款、收款等业务。其基本业务流程如下：

（1）根据应用架构，集团公司设立外部账号，分公司在指定的协议银行设立分账号——收入专户和支出专户。

（2）分公司在预算内安排资金支出，但各项支出须经预置审批流程审批，当日收入存入收入专户，由协议银行定时上划至财务结算中心外部账户，根据上划的单据在财务结算中心生成内部往来记账通知单，同期增加结算中心外部存款和分公司在财务结算中心账户的存款。

（3）分公司独立处理对外收付，定期从银行获得对账单，与收入专户及支出专户对账；定期从财务结算中心获得对账单，与内部账户对账。

（二）外部结算管理

外部结算主要面向企业外部，如服务商、代理商和加盟商。外部结算管理的重点是与服务商、代理商结算时要做到安全、准确、及时。

相关链接

民航快递财务结算管理制度摘要

第一章　概述

为加强民航快递—××网络的稳定和正常运行，确保民航快递—××网络的可持续发展，保护各加盟网点的经济利益，特制定该管理规定。

第二章　守则

第一条　公司实行预付款制度；各加盟网点与总部的费用结算均通过总公司结算中心，实行网上结算。

第二条　加盟网点下属网点（包括承包区）的所有费用结算，除有特殊约定外，必须通过该加盟网点与总公司进行对账、结算。

注：所有承包区的费用结算，全部通过加盟网点的账户进行扣除。

第三章　江、浙、沪区域内中转费的结算制度

第一条　计费方式：1+0.3的费用收取，即首重1元/千克，续重0.3元/千克。

第二条　结算方式：以系统扫描为准，扫描同时系统自动设置扣款。如果加盟商系统余额不足，总公司有权停止对其所发快件的中转，由此造成的一切后果由加盟商自行承担。

1. 服务商结算管理。与服务商结算主要包括运费结算、物料费用结算、快递资费结算，费用结算以支出结算为主。结算时，要充分利用结算协议，结算协议必须经网络管理中心审批转财务结算中心备案，由财务结算中心按照结算协议付款。付款时务必采用有利于己方的结算方式，如采用转账支票或银行汇票等。

2. 代理商结算管理。与代理商结算主要包括开设代理账号、费用预存、按月对账结算、费用不足时随时催款并限制收件进入快递网络。前期的代理协议由业务部门处理，签订代理协议后，协议副本转财务结算中心备案，代理价格、折扣等相关信息在结算系统中正确设置。

代理商结算管理的要点是严格按照代理协议将代理价格、折扣等相关信息在结算系统中正确设置。同时，监督代理商是否按照协议预存足够的费用，随时监控其剩余费用情况。当剩余费用达到规定限度时，应及时通知代理商将其补足并在系统中进行设定，限制其收件进入快递网络。

3. 加盟商结算管理。与加盟商结算主要包括快递企业与加盟商之间的物料费结算、中

转费结算、派送费结算。

其中，物料费结算为收入结算，有些快递企业物料费收入较高；中转费结算和派送费结算则既有收入结算，也有支出结算。利用加盟商中转或派送快件，要支出中转费或派送费；快递企业为加盟商中转或派送快件，要收取中转费或派送费。

加盟商结算管理的重点是执行先收物料费再发物料，在加盟商交付加盟费并预存费用后，按月对账结算中转费和派送费。如果收支相抵为正，则扣取一定费用，并通知加盟商补足预存费用。如果收支相抵为负且数额较大，则将收支相抵费用转账付给加盟商；若数额较小，征得加盟商同意可补充预存费用，节省财务结算成本。

相关案例

2019 年 6 月，某快递公司为其 A 加盟公司提供中转和派送服务应收费用 11 万元，接受 A 加盟公司所提供中转和派送服务应支付 8 万元。请问 6 月底结算结果是怎样的？

分析：应收加盟商费用 11 万元记为正值，应付加盟商费用 8 万元记为负值，二者相抵为正 3 万元，应该由 A 加盟商支付，所以需要向 A 加盟商扣取 3 万元费用。

网络结算管理是快递企业财务管理的特色，也是财务管理的关键，应根据快递企业财务结算实际情况，优化和完善网络结算管理制度，做好结算管理工作，节省财务结算成本，不断提升快递服务水平和企业经营效益。

实训练习

一、实训内容

1. 以全部快递业务为对象计算快递成本作业。
2. 以某一快递服务为对象计算快递成本作业。
3. 网络结算作业。

二、实训目的与要求

1. 验证和巩固充实所学理论知识，加深对快递财务管理内容的理解，接触课堂以外的实践知识。
2. 初步掌握快递财务管理以及网络结算的技能。
3. 了解快递企业财务管理成本核算流程及相关工作情况，将所学专业理论知识与实践紧密结合，达到学以致用的目的。

三、实训场地、设备、仪器、工具、手段

1. 运用互联网软件模拟实习、实际快递企业见习、观看视频、请校外专家讲座等方法。
2. 校内快递和物流实训基地。

四、实训步骤

1. 将同学分组，每 5 ~ 8 人分为一组，活动以组为单位进行。

2. 全面搜集快递公司一个时期快递业务发生的各项费用资料。
3. 确定成本计算对象和成本项目。
4. 进行要素费用的分配。
5. 进行综合费用的分配。
6. 费用汇总。
7. 尝试网络结算管理的方法和手段，进行软件操作。
8. 每人写出不少于 1 000 字的财务管理实习总结。
9. 每个小组把本组成员的总结集体汇总。

五、成果展示

各小组长将本组的汇总结果在全班面前展示，供同学查验，要求有实习场景的介绍及计算的成本资料、发现的问题、改进措施，并说明其理由。

六、任务评价

（一）小组活动评价标准

组长负责分配不同的组员去完成任务，每个成员完成财务管理、快递成本核算、网络结算各个环节的体验，每个环节都体验到。总结要有具体的情景描述、成本计算过程和结果。完成任务得 30 分，如果有漏错等情况分别扣减相应的分值。小组成员评价意见，如表3－17所示。

表 3－17　　小组成员评价表

小组名称：__________　　组长：________

小组成员	态度 10 分	互助与合作 10 分	倾听 5 分	展示与效果 5 分

（二）教师评价标准

教师负责评价每组的任务完成情况，量化评价标准。总分值最高为 70 分。教师对小组进行评价的标准如表 3－18 所示。

表 3－18　　小组学习评价指标

序号	评价指标	分值
1	• 能在规定时间内小组合作完成工作任务，流程规范，计算正确 • 顺利展示，报告观点新颖，表述逻辑性强	60～70
2	• 能在规定时间内完成工作任务，操作规范正确 • 能做展示，有自己的观点，表述清楚	50～59
3	• 获得老师或其他组的帮助能完成工作任务，有展示	40～49

（三）教师点评

教师进行点评时，汇总小组内评价，然后进行总结点评。每个学生最后得分为所在小组分值加上成员评价分值。

【拓展提升】

“总公司分拨中心、发件公司拿走大部分邮费，投递利润低，送快递的人赚不到什么钱！如果接业务往外寄件那提成就比较多啦。”据××快递南昌前湖校区的快递员刘某介绍，他每送一个快件，公司固定支付他1元钱，所占比例相当于整个邮资的10%左右。“如果我从南昌接到送往上海的快递业务，那就赚得比较多。”刘某说，往外地寄送一个快件，能得到邮资20%～30%甚至50%的提成。

资料来源：百度文库，有修改。

【思考】

1. 案例中的分配方式合理吗？
2. 依据什么在各个环节分配一票快件的利润才科学合理？

任务六 懂得快递信息管理

任务情境

结束在财务部的实习，王力到公司信息管理中心进行快递信息管理实习。

信息管理中心经理首先给王力讲了公司信息管理的要求和技术状况，随后要求王力从网上下载一款快递信息管理系统试用版软件，安装后把公司的基本资料等输入其数据库中，并对实际的业务进行了信息化管理模拟操作。经过一段模拟操作练习后，王力在指导师傅的帮助下逐步开始公司信息管理的实际操作。

王力下载使用的快递信息管理软件设置了如下功能主菜单：

1. 基本设置（员工信息、公司信息、单号分配、网点信息）；
2. 快件录入【揽件录入（揽件录入），外部来件（待审）】；
3. 快件出仓（待出、待审、按目的地批量出仓）；
4. 快件派送【派送出仓（待出、派送中、派送中查询），退单管理（退单），问题件管理（问题件）】；
5. 仓库管理（各网点当前库存查询、各网点退单查询、各网点问题件查询）；
6. 本地仓库管理（当前库存查询、退单查询、问题件查询）；
7. 快件查询（根据单号查询，根据目的地查询，根据发件人查询，根据收件人查询）；
8. 收入统计（期间各网点快件数目收入统计、期间公司全部快件数目统计）。

王力利用该系统，围绕着快件状态，实现快件的入仓、审核、发往目的地、目的地审核、目的地出仓、收件人审核等一系列快递流程所涉及的信息管理。使用的系统主界面如图 3－2 所示。

图 3－2　快递信息系统主界面

任务要点

理论要点：

☐ 了解快递信息的含义

☐ 快递信息管理系统基本知识

实践要点：

☐ 能够操作一些快递信息系统管理软件

☐ 能够使用扫描枪等设备，扫描、上传数据

任务实施

知识准备

一、信息与快递信息

1. 信息的定义。信息是对客观事物特征和变化的反映，是经过加工的有用的资料。

2. 快递信息的定义。快递活动进行中必要的信息称为“快递信息”，是反映快递各种活动内容的资料的总称。

快递活动涉及作业环节多、作业量大，因此快递作业必须是有计划的作业，整个复杂的作业流程必须通过精确的信息来控制。一套先进适用的信息管理系统不但可以极大地提高快递作业效率，还有助于减少作业环节和提升快递作业速度，实现高质量、低成本的快递服务目标。

3. 快递信息特点。

（1）分布广。快递全球化贯穿于快递活动从收件到派件的整个过程，使得快递信息具有分布广的特点。

（2）时效性强。快递物品的信息随时随地都在变化，因此快递信息具有很强的时效性。

（3）复杂多变。快递业务的作业环节和所涉及的行业众多，因此给快递信息的采集及集成带来较大困难。

4. 快递信息的作用。

（1）有助于加强快递业务各环节之间的相互衔接；（2）有助于快递业务活动各环节之间的协调与控制；（3）有助于快递管理和决策水平的提高。

二、快递信息系统

（一）快递信息系统的概念

快递信息系统是根据快递业务管理运作的需要，在管理信息系统的基础上形成的快递信息资源管理、协调系统，是一种通过多方式收集、输入快递相关业务资料，根据管理工作的需要，采用特定的计算机技术，对原始数据处理后输出对管理工作有用的信息的系统。它具有实时化、网络化、系统化、规模化、专业化、集成智能化等特点。

（二）快递信息系统的作用

1. 信息收集。信息收集是用某种方式记录快递系统内外有关部门的资料，将其集中起来并转化为快递信息系统能够接受的形式并输入到系统中。

2. 信息传输。信息传输是指从信息源出发，经过一定的媒介和信息通道传输给接受者的过程。

3. 信息处理。信息处理是指对已经收集到的快递信息进行某些加工处理，使快递信息更加符合快递信息系统的目标，或者更加适于管理人员使用。

4. 信息存储。信息存储是指保证已有快递信息不丢失、不失真、不外泄，整理得当，随时可用。

5. 信息检索输出。快递信息系统的服务对象是快递业务管理者。因此，它必须具备向快递管理者提供信息的功能，否则就不能实现其自身价值。经过解释的快递信息，根据不同的需要以不同形式输出，有的可以直接使用，有的还需提供给计算机进一步处理。

（三）快递信息系统软件的功能

1. 系统管理。

（1）用来完成系统相关信息的维护和设置，包括系统初始化相关工作、常见信息维护、数据库备份和恢复。

（2）用来完成系统通用参数的设置，包括员工档案管理、员工权限管理、公司组织管理、客户档案管理、供应商管理等。

2. 订单管理。

（1）订单录入：对客户订单信息进行维护，包括订单编号、货品编号、接收人、订单类型、订货数量、付款信息、付款人、配送方式、付款方式、发票或支票号的信息录入。

（2）订单查询：为操作员或客户查询某一票件的具体信息而设置，包括快件当前状态、进口日期、代收金额、操作员、派送员、派送日期等。

（3）文件接收：为用户提供的原始已有数据接口，从用户原来已有的数据文件中，把订单信息直接存储在数据库中，无须使用者多做其他操作。

3. 网上服务。它是采用 B/S 结构，以 Web 的方式对外发布的系统接口。其功能有：

（1）客户可通过互联网进行业务操作，有效增强了对客户的服务能力。

（2）为客户提供了远程下单查单服务，快件公司内部也可通过网络对业务进行查询和统计。

4. 车辆管理。

（1）应用 GIS/GPS 技术，对车辆在途时进行有效监控，有效克服车辆在途时的运输盲点。

（2）按需求检索，查看现有车辆忙闲状态，合理调配资源。

（3）从车辆编号，查询当前车辆位置及当前运输货物。

（4）从邮件编号，查询所承运车辆以及随车物资。

5. 路线优化。

（1）应用 GIS 技术，对运输线路进行总体优化管理，实现对货运成本有效控制。

（2）在已知需要运输的几个点，以车辆行驶的最小距离或费用来运输所有货物。

（3）在矢量地图的基础上，采用数学计算方法，计算多点之间的最短距离。

6. 生产管理。

（1）用来完成货件的生产调度，包括分拣中心管理模块、分点管理模块。

（2）用来完成库存统计和维护信息，包括产品档案、入库、出库、库存统计。

7. 作业管理。用来对揽货、取件、派送信息进行统计和监控，包括分拣结果、人车调度、派送结果、收款信息、客户回执等信息管理。

8. 业务量统计。针对每个服务站点和每个业务员，对揽收、取件、派送工作量分别做出统计汇总。此外还有表单设置，按日按月或任意时间段。

9. 财务管理。开发设计出“应收及实收账款对照表”，为利润核算、员工考核、效益统计提供参考数据。

10. 客户关系管理。提供交易前作业流程的介绍资料，提供电话或面对面的咨询等服务，提供交易中准确的收取、派送时间，接受客户的抱怨、投诉和退件等。这些服务处理通过客户关系管理中的市场营销管理、销售管理、服务与技术支持管理、现场服务管理等子系统来完成。

三、作业信息技术

（一）快件控制信息库

快件控制信息库（SCL）是在转运中心和进出口口岸用于处理进出口快件运作的一套应用系统。SCL 利用扫描器获得数据，把手工数据输入减少到最少。它能提高数据预报的及时性和准确性，为每一个目的点提供快件详情，并能为其他系统提供快件运输相关信息。

（二）数据检查点输入系统

数据检查点输入系统（CDE）用于快件进口作业。它用来记录快件在运转过程中每一阶段的状态，并在进口快件的目的地打印派送清单。

（三）派送员扫描仪

派送员扫描仪（Courier－scanners）通过扫描运单上的条形码来获取每一快件的运单号，由派送员输入派送结果、签名等信息，回公司再将这些信息传输到数据库和网络上，使收件地和发件地能及时准确地获取快件动态信息。

（四）便捷发件系统

便捷发件系统（Easy－ship）是一种快件处理系统，包括个人电脑、条形码读码器、打印机和数字式电子秤。它适用于发件量大、发件种类多的大宗客户。快件公司将专用电脑安装在客户公司，供客户随时查询快件信息，加快了客户的发件进程，为客户减轻了行政管理负担。它的主要功能包括：与快件公司主机相连，实现预约发件和查询；运单号打印和扫描；还可打印标签和发票声明书等。

（五）货物移动管理系统

货物移动管理系统（SMMS）是指快件在移动过程中，每个环节都有对应的检查点，网络内使用统一的标准的代码及注解来解释快件的动态，以提高快件的可视性及透明度，这是全程网络跟踪查询的需要。

相关链接

为什么顺丰要在科技上做如此大的投入？

第一，整个物流行业的竞争已经从原来简单粗暴的用户之争、价格之争转到了“科技力量”层面的角逐。

经过数十年的发展，我国作为第一物流大国，正努力从劳动密集型向技术密集型转变，由传统模式向现代化、智能化升级。所以，顺丰必须要做前瞻性的科技投入，从而能保证未来依旧领先。这恐怕也是从所谓的防御的层面来考量。

第二，从进攻层面来看，国内整个物流行业已经进入新一轮竞争的“战略期”，大家都在谋局。如今，顺丰已经成为超级物流平台，在顺丰成长为超级物流平台的过程中，科技自然要成为主要助力。

具体而言，可以通过科技落地，能将科技转化为生产力，降本增效。顺丰也不愿意始终只是赚辛苦钱，他们一直想着突破顺丰的原有天花板。要实现这个宏愿，只能在科技上发力。

本质上，整体物流行业可以通过技术赋能改造、重塑产业链条不同场景掀起新的革命。而在重塑中将呈现出三大主要趋势，即平民化、纵深化、生态化。而且顺丰的生态均与用户的“信息”、物件有关，是慎之又慎的高强度挑战，自然能不断倒逼技术不断进化。

第三，科技能大大提升服务的含金量，改善从业人员的尊严感，并让公众切实感知到顺丰技术的一面。

以往一说起物流、快递，感觉就是个低层次的行业。通过让公司身上散发出科技的味道，提升整体的格调。可以和传统印象里粗糙不堪的样子说再见了！

目前，顺丰的身上已经科技感十足。2018 年，顺丰控股继续加大了在大数据、人工智能、精准地图服务平台、无人化及自动化操作、智能硬件等方面的研发投入资源。这些科技投入逐步落地，发挥出威力。

比如，大数据整体生态，成为顺丰天网、地网、信息网的“黏合剂”。顺丰地图已深入到客户下单、智能调度、中转分拣、规划运输、末端配送与经营管理等物流全环节，构建了智慧物流地图服务平台。所有的物流企业中，顺丰的具体配送步骤是及时、详细的。

在物流无人机的实际业务应用上，顺丰也开展新的商业和运输模式探索，如农场生鲜配送、特色经济产品配送等。目前，其已在江西省赣州市南康区开展无人机物流配送试点运营的相关工作。公司期望通过无人机实现航空物流网络干支线对接，完成对三线及以下城市的空网覆盖，大幅度提升物流效率。

参观了顺丰华南航空枢纽和顺丰香港基地，从无人机、全自动分拣设备到智慧云仓等连接物流的下单、收发、包装、运输、仓储、装卸/搬运、分拣、配送等各个环节，领略到了顺丰科技的力量。

其实，除了顺丰，无论是仓储、物流还是说配送环节，各个厂商都在用技术手段把物流环节做到最佳。

科技的本质是以产业既有知识储备和数据为基础，以不断发展的前沿科技为动力。对于整个消费市场而言，物流都是如同血管一般的支撑。

科技背后是物流玩家顺丰的野心，是想象力，执着和无畏。从科技谋局这个层面来看，我们不应该仅仅从短期来看顺丰的收益，而是它在未来 5～10 年的长期潜力。

资料来源：百度文库，有修改。

实训练习

一、实训内容

1. 快递信息管理系统应用。
2. 快递扫描设备应用与数据上传。

二、实训目的与要求

1. 加深对快递信息概念的了解。
2. 了解快递企业在经营活动中涉及的快递信息种类及其管理；理解快递信息管理系统的结构及其分析。
3. 了解快递企业信息管理流程及相关工作情况，把所学专业理论知识与实践紧密结合，达到学以致用的目的。

三、实训场地、设备、仪器、工具、手段

1. 运用互联网软件模拟实习、实际快递企业见习、观看视频、请校外专家讲座等方法。
2. 校内快递和物流实训基地。

四、实训步骤

1. 将同学分组，每 5 ~8 人分为一组，活动以组为单位进行。
2. 在机房中上机，每人下载快递信息系统管理软件试用版并安装，进行系统初始化后应用。
3. 快递企业信息部门实习快递信息系统的应用。
4. 在快递企业或快递实训室中练习快件扫描仪等设备的试用，上传数据。
5. 每人写出不少于 1 000 字的快递信息管理实习总结。
6. 每个小组把本组成员的总结集体汇总。

五、成果展示

各小组长将本组的汇总结果在全班面前展示，供同学查验，要求有实习场景的介绍、发现的问题、改进措施，并说明其理由。

六、任务评价

（一）小组活动评价标准

组长负责分配不同的组员去完成任务，每个成员完成快递信息管理各个环节的体验情况，每个环节都体验到，总结要有具体的情景描述。完成任务得 30 分，如果有漏错等情况分别扣减相应的分值。

小组成员评价标准如表 3 –19 所示。

表 3 –19　　小组成员评价表

小组名称：__________　　　　组长：________

小组成员	态度 10 分	互助与合作 8 分	倾听 4 分	展示与效果 8 分

（二）教师评价标准

教师负责评价每组的任务完成情况，量化评价标准。总分值最高为 70 分。教师对小组进行评价的标准如表 3 –20 所示。

表 3 –20　　小组学习评价指标

序号	评 价 指 标	分值
1	• 能在规定时间内小组合作完成工作任务，体验环节齐全 • 流程正确、规范，计算准确 • 顺利展示，观点新颖，表述逻辑性强	60 ~ 70
2	• 能在规定时间内完成工作任务，流程正确、规范，计算准确 • 能自我及时纠偏 • 能做展示，有自己的观点，表述清楚	50 ~ 59
3	• 获得老师或其他组的帮助能完成工作任务，有展示	40 ~ 49

（三）教师点评

教师进行点评时，汇总小组内评价，然后进行总结点评。每个学生最后得分为所在小组分值加上成员评价分值。

【拓展提升】

顺丰以物流营运全部环节为主体逐步推进信息化路径，截至目前，顺丰共有信息系统160多套，实现物流全部环节与配套环节的信息化管理。“十一五”期间，顺丰在信息化方面投入约15亿元，“十二五”期间，顺丰投入超过50亿元。“十三五”期间，顺丰在科技信息方面的投入每年超过20亿元，仅2018年就投入了27.23亿元。数字最具有说服力，顺丰对于科技信息的投入堪称大手笔，在物流行业内处于最高的，无人企及，而且是一种前瞻性的投入。顺丰对技术需求也是最强烈的，布局也走在前列。

顺丰明确提出，要打造成为科技驱动的行业解决方案服务公司。这意味着，前方，科技信息化将成为顺丰发展路上的新关键词。

顺丰在其投资近亿元自主研发的“时效管理系统”中，快件全生命周期持续下降，快件安全性持续升高。顺丰目前仍然是快递行业中唯一采用“快件全生命周期”对物流中各个环节进行监控的企业。

物流全过程业务信息系统包括对客户下单、上门收件、运输调度、储存保管、转运分拨、快件集散、流通加工、信息服务等诸多物流功能要素的数据收集与监管，且和项目实施方所处行业的运作体制、标准化、电子化及自动化等基础环境高度匹配。其中业务核心系统、客户核心系统、财务等信息系统均实现底层数据无缝对接，客户服务实现对客户管理系统的动态资源管理；收派服务环节应用GPRS通用无线分组业务；运输调度通过后台指挥中心实现对车辆全程车载监控、GPS定位功能；转运分拨实现全自动分拣和半自动分拣方式，并在实体到达之前对运单信息分析，提前知晓快件流向；派件采用电子签收、MSG服务。

快递作为物流细分行业之一，为客户提供“门到门”的服务，其从收取到派送的生产过程覆盖物流所有功能环节，其生产活动的特点决定了需要全部实现物流的运输、储存、装卸、搬运、包装、流通加工、配送、信息处理八项功能才能完成整个生产过程。各种信息的流动和挖掘是其核心业务的关键需求，直接影响到服务能力、服务质量和业务发展。

资料来源：中国物流网，有修改。

【思考】

1. 顺丰快递在哪些环节采用了信息系统管理？
2. 顺丰快递公司应用信息系统管理的好处是什么？

任务七　懂得岗位管理

任务情境

王力来到行政处人力资源管理部实习。为响应公司的规范化管理，经理正在编写本公司的岗位说明书，并策划近来的岗位培训方案，王力有幸参与了岗位说明书的编写工作，学到了很多岗位管理的知识。

任务要点

理论要点：

- □ 了解岗位管理的基本知识
- □ 熟悉岗位描述的要求
- □ 了解岗位说明书的作用与编写要求
- □ 熟悉不同快递岗位的职责要求

实践要点：

- □ 能够根据快递企业的实际情况进行快递各主要岗位职责的描述
- □ 能够根据快递企业的职责要求编写快递岗位说明书

任务实施

知识准备

一、岗位管理的含义

岗位管理是指通过岗位分析设计、描述、培训、规划、考评、激励与约束等过程控制，实现因岗择人，在人与岗的互动中实现人与岗、人与人之间的最佳配合，以发挥人力资源的作用，谋求提高劳动效率。

岗位管理的目的是使员工明确工作职责，实现和企业同步成长；岗位管理为绩效考评以及薪酬管理方案的设计提供科学的依据。

二、岗位管理流程

岗位管理的流程包括岗位设计、岗位分析和岗位评价三个环节。

（一）岗位设计

确定新企业的机构、岗位及流程。对于老企业而言，则应根据企业发展状况，对现有岗位和流程进行优化。

1. 岗位设置。岗位设置是设置岗位并赋予各个岗位特定功能的过程。

岗位设置的原则：因事设岗。这是岗位设置的基本原则，具体体现在以下几个方面：（1）最低数量原则；（2）目标—任务原则；（3）责权相等原则；（4）有效配合原则。

2. 岗位填充。设置岗位只是搭起了一个框架，还需要规范性地填充人员到相应的岗位去，能使岗位发挥应有的作用，实现其内在功能。

填充人员到岗时必须遵守双向选择和公平公正原则，选择那些有能力又有兴趣到本岗位任职的合适的人员，力争做到人尽其才、用其所长和职得其人，达到组织整体效益最优化。

3. 岗位优化。经过考核，将会发现岗位设置是否科学、是否协调的问题或岗位人员称职与否的问题。对于不能发挥作用或作用发挥不到位的岗位，必须进行调整和优化，如对于性质相同的重复岗位要进行合并，对于遗漏的岗位要重新增设，对于含糊不清的岗位要重新界定和确定其职责、权力。

（二）岗位分析

岗位分析就是确定企业关键岗位并进行岗位描述的活动。企业进行岗位分析的核心是建立关键岗位的岗位说明书，关键岗位的确定标准是：在业务流程中起到关键作用或重要的辅助作用，对企业的绩效产生较直接、重大的影响，岗位相对固定，难以被其他岗位替代，或是专业性较强、责任重大、技能要求高、难以招募到合适人才的岗位。

1. 岗位说明书内容，包括岗位基本情况、岗位设置目的、岗位职责、任职资格条件和素质要求等各项内容。其中，岗位职责是岗位说明书的重点。

2. 岗位说明书的作用主要有：（1）作为定岗的依据；（2）作为招聘的依据；（3）作为岗位定薪的依据；（4）作为员工培训的依据；（5）作为绩效考评的依据。

通过岗位分析，结合公司的发展战略，很容易得找到关键绩效指标。任何绩效指标的设定都可以遵循 SMART 原则，再通过科学的分析，结合现在岗位员工的现状，参照组织的绩效考评体系，做出一套比较符合科学标准的指标体系来，应该不是很难了。

相关链接

SMART 原则

SMART 原则是制定团队的工作目标或员工的绩效目标所必须遵循的五个原则，缺一不可。制定目标的过程也是自身能力不断增长的过程，经理必须和员工一起在不断制定高绩效目标的过程中共同提高绩效能力。

1. 绩效指标必须是具体的（Specific）
2. 绩效指标必须是可以衡量的（Measurable）
3. 绩效指标必须是可以达到的（Attainable）
4. 绩效指标是要与其他目标具有一定的相关性（Relevant）
5. 绩效指标必须具有明确的截止期限（Time - bound）

（三）岗位评价

在企业的薪酬结构中，职位薪酬是基础薪酬，合理的职位薪酬应体现不同职位的价值，即不同职位对企业的贡献度。岗位评价正是通过一种比较科学的方法评估出企业中各个岗位的相对价值，再根据人力资源市场薪资水平和公司收入的实际情况，来确定该岗位的薪酬等级和薪酬水平。

三、快递主要岗位介绍

（一）仓管员岗位

1. 素质要求。

（1）对公司忠诚，不损害公司利益。

（2）遵纪守法，有责任心，条理性强。

（3）服从管理，团结同事，有团队协作精神。

2. 工作职责。

（1）保持仓库整洁，保证快件无损。

（2）遵守仓库管理规定，不得公物私用。

（3）抄写单据字迹工整、内容清晰完整。

（4）防火安全措施到位，无闲杂人员出入。

（5）爱护快件，轻拿轻放，绝不野蛮装卸。

（6）保障入库快件安全，无损坏及遗失现象。

（7）熟悉所管辖区域的快件，做到无错分快件。

（8）货物交接手续完备，做到每一快件有据可查。

（9）对异常快件要调查跟进，及时向经理汇报。

（10）物料堆放整齐、不短缺，仓库物品无丢失现象。

（11）能协调各方面关系，完成上级交办的临时工作。

（二）驾驶员岗位

1. 任职条件。

（1）男性，持有合法的 B 类驾照（大货），实际驾龄两年以上。

（2）具有本市户口（异地户口须有本市户口的担保人）。

（3）身高不低于 1.65 米，无影响行车安全的身体疾患。

（4）裸视不低于标准视力表 0.8，或对数视力表 5.0。

（5）无赤绿色盲，两耳分别距音叉 50 厘米能辨别声源方向。

（6）熟悉车辆构造和维修常识，熟悉本地交通路况，熟知并遵守交通法规。

2. 素质要求。

（1）遵纪守法，无严重违章驾驶行为和不良记录。

（2）对公司忠诚，不损害公司利益。

（3）吃苦耐劳，团结同事，有团队协作精神。

（4）服从管理，具备良好的心理素质和应变能力。

3. 工作职责。

（1）爱护每一票快件，为客户提供安全和放心的服务。

（2）树立安全意识，确保车辆、货物及人身安全。

（3）养成良好的职业公德，文明驾驶，礼貌行车。

（4）养成良好的驾驶习惯，预热起动、低速升温、低档起步、中速行驶、安全滑行、合理节油、观察仪表、注意标志、认真检查、合理乘载。

（5）爱护公司车辆装备和财物，严格执行车辆维护规定，经常保持车容车貌的整洁。

（6）严格按照车辆技术性能使用和维护车辆；努力节油、节胎、节约维修费。

（7）保持四清：机油、空气、燃油滤清器和蓄电池的清洁。

（8）防止四漏：漏水、漏油、漏气、漏电。

（9）认真完成车辆的各项登记统计工作。

（三）收派员岗位

1. 收件员工作职责。

（1）按规定时限取件送件，信守服务承诺。

（2）指导客户按要求填写运单。

（3）对客户的快件进行完美包装。

（4）开发新客户，维系老客户。

（5）向客户讲解快件知识，回答客户业务咨询。

（6）爱护每一票快件，为客户提供安全和放心的服务。

（7）树立安全意识，确保车辆、货物及人身安全。

（8）面对客户投诉，无权擅自处理，及时向主管汇报，寻求解决办法。

2. 派送员工作职责。

（1）服从公司调遣，协助其他岗位。

（2）在所负责的路区内，从事客户开发与维护。

（3）及时收回应收业务款，在规定时间内如数上缴。

（4）按公司价格规定正确报价，及时收回到付运费。

（5）满足客户的合理要求，同时坚决维护公司利益。

（6）努力完成业务培训及考核，不断实现自我增值。

（7）遵守客户单位的规章制度，不得随意动用客户的物品。

（8）确保快件安全、准时送达到客户手中，办好签收手续。

（9）始终保持手机电量充足，确保与公司保持良好联络状态。

（10）遇到特殊情况或突发事件，及时准确地向上级汇报并解决。

（四）客户服务代表岗位

1. 任职条件。

（1）英语大专或相关学历，良好的英语听说读写能力，流利的普通话。

（2）熟悉 Windows 软件操作，两年以上客户服务经验。

（3）良好的沟通、谈判和交际能力。

（4）良好的解决争端和应对突发事件的能力。

（5）良好的心理素质和面对压力的承受能力。

（6）在开展销售引导时，具有超凡的执著和热忱。

（7）强烈的责任感和团队意识，能够并愿意在公休日加班或值班。

2. 工作关系。

（1）直接上级：客服部主管、作业部主管（根据公司体制）。

（2）间接上级：客服部经理、作业部经理。

（3）内部关系：客户联络中心、公司内相关部门、各营业中心。

（4）外部关系：客户及代理商。

3. 工作目标。成为客户与公司间的纽带和联络人，通过履行岗位职责，兑现“一站式”解决问题的服务承诺。

4. 工作职责。

（1）在合理范围内，以灵活方式满足客户需求。

（2）主动抓住商机，善于将客户咨询转化为预约取件。

（3）恰当处理客户提出的异议，成功促使客户产生购买行为。

（4）探询增值服务的需求，挖掘增值服务的潜能，为公司创造新收益。

（5）处理快件查询，记录客户要求及建议，协调“无法派送件”的二次派送。

（6）在不违背服务条款的前提下，采取一切可行方法使问题得以解决，让客户满意。

（7）以专业举止和自信态度，正确答复客户咨询，包括限制规定、转运时间、报关单证、清关延误、价格异议等。

（五）客户服务部经理岗位

1. 任职条件。

（1）大学本科毕业，良好的英语“听说读写”能力，熟练使用 MS Office 及 Netscape。

（2）三年以上服务业的管理经验，熟悉快递产品、服务与流程，了解高科技通信系统。

（3）在调研、协调、培训、激励等方面具备优秀的组织才干。

（4）具备良好的人际沟通技巧，能做到书面与口头的清晰表达。

（5）因工作需要，能够并愿意经常出差。

2. 工作关系。

（1）直接上级：向公司董事总经理、副总经理汇报工作。

（2）直接下属：重要客户主管、客户关心主管、客服培训主管。

（3）间接下属：客户协调员、客服代表、查询员、接单员、前台接待员等。

（4）内部关系：本公司各部门、各营业中心经理、国际网络机构的客户服务部门。

（5）外部关系：客户、通信设备供应商、广告商、律师事务所等。

3. 工作目标。

（1）利用现有的人、财、物资源，有计划、有组织地为公司内部及外部客户提供满意的标准化服务。

（2）有效地控制、监管和引导整个服务过程，以保证服务标准的贯彻执行。

（3）保持和维系良好的客户关系，确保公司的预期市场份额，推动公司利润同比增长。

4. 工作职责。

（1）督导、培训和激励全体客服人员，不断提升工作质量和服务水平。

（2）参与公司客户服务及市场开发相关策略的制定、修订与执行。

（3）组织新项目的推广与实施，把超前和超值服务目标落到实处。

（4）与相关部门和人员及时沟通最新服务信息，确保服务工作的主动。

（5）及时了解不断变化的市场需求，与作业部门通力合作，为重要客户提供最好的服务。

（6）制定本部门年度预算，包括人员配置、薪酬建议、项目经费等计划。

（7）在确保服务标准的前提下，积极寻找降低费用的办法。

案例阅读

仓库管理员岗位说明书

职位名称	仓库管理员	职位代码		所属部门	物流中心
职　　系		职等职级		直属上级	仓储主管
薪金标准		填写日期		核 准 人	

职位概要：

完成与货物的进出库、存储相关的日常事务等工作，以达到库存管理目标。

工作内容：

管理进出库货物，如质量检验与核对、商品码放等；

核对货物的入库凭证，清点入库货物，与送货员办理交接手续；

安排货物的存放地点，登记保管账和货位编号；

按照销售情况调整、控制库存数量，及时配货；

填制、报送各种商品单据，定期盘点商品，上报盘点报告；

实施仓库的安全管理；

完成上级交办的其他工作。

任职资格：

教育背景：

- 储运专业大专以上学历。

培训经历：

- 受过仓储管理、财会知识、产品知识等方面的培训。

经验：

- 1 年以上仓储工作经验。

技能技巧：

- 熟悉物流管理业务流程；
- 熟练操作办公机具。

态度：

- 积极进取，责任心强；
- 很强的自我约束力，独立工作和承受压力的能力；
- 高度的工作热情，良好的团队合作精神。

工作条件：

工作场所：办公室。

环境状况：舒适。

危 险 性：基本无危险，无职业病危险（如属于易燃易爆有毒物品仓库，有一定的危险性）。

直接下属＿＿＿＿＿＿＿＿＿＿　间接下属＿＿＿＿＿＿＿＿＿＿

晋升方向＿＿＿＿＿＿＿＿＿＿　轮转岗位＿＿＿＿＿＿＿＿＿＿

要求：阅读资料，然后根据所学知识对这个岗位说明书进行评价。

实训练习

一、实训内容

1. 快递企业岗位描述。
2. 不同快递企业相同岗位描述的比较。

二、实训目的与要求

1. 验证和巩固所学理论知识，加深对快递岗位管理的理解，接触课堂以外的实践知识。
2. 熟悉快递岗位管理知识。
3. 了解快递岗位管理流程及相关工作情况，把所学专业理论知识与实践紧密结合，达到学以致用的目的。

三、实训场地、设备、仪器、工具、手段

1. 运用互联网软件模拟实习、实际快递企业见习、观看视频、请校外专家讲座等方法。
2. 校内快递和物流实训基地。

四、实训步骤

1. 将同学分组，每 5 ~ 8 人分为一组，活动以组为单位进行。
2. 小组内成员分头搜集各大快递公司岗位职责说明，分析各快递公司岗位管理的特点。
3. 总结整理所实习快递公司的岗位职责说明书，分析有无需要完善的地方，分析其在快递岗位管理中的作用。
4. 每人写出不少于 1 000 字的快递岗位管理实习总结。
5. 每个小组把本组成员的总结集体汇总。

五、成果展示

各小组长将本组的汇总结果在全班面前展示，供同学查验，要求有实习场景介绍、发现的问题、改进措施，并说明其理由。

六、任务评价

（一）小组活动评价标准

组长负责分配不同的组员去完成任务，每个成员完成岗位管理各个环节的体验，每个环节都体验到，有具体的情景描述以及岗位说明书的总结。完成任务得 30 分，如果有漏错等情况分别扣减相应的分值。

小组成员评价标准如表 3 - 21 所示。

表 3－21　小组成员评价表

小组名称：________　　组长：________

小组成员	态度 5 分	互助与合作 10 分	倾听 5 分	展示与效果 10 分

（二）教师评价标准

教师负责评价每组的任务完成情况，量化评价标准。总分值最高为 70 分。教师对小组进行评价的标准如表 3－22 所示。

表 3－22　小组学习评价指标

序号	评价指标	分值
1	• 能在规定时间内小组合作完成工作任务，顺利展示 • 观点新颖，表述逻辑性强	60～70
2	• 能在规定时间内完成工作任务，能做展示 • 有自己的观点，表述清楚	50～59
3	• 获得老师或其他组的帮助能完成工作任务，有展示	40～49

（三）教师点评

教师进行点评时，汇总小组内评价，然后进行总结点评。每个学生最后得分为所在小组分值加上成员评价分值。

【拓展提升】

学历要求要和岗位技能相适应

某快递公司需要一个前台，主要工作内容是：前台接待；接听所有来电并转接；公司样品和小件货物的快递；员工进出登记；月末考勤统计；帮助他们部门输入一些资料。这几乎是他全部的工作。内部发展情况：行政助理，但公司大约一年内不会出现该职位需求；市场助理，公司新招的市场助理才工作一个月；也即这个前台在公司内一年内都不会有晋升的机会。

开始招聘要求的学历为大专以上学历，专业为物流专业，其他条件没有什么特殊的要求。结果不少符合条件的应聘者了解情况后就没有了到公司就业的想法。经公司人事部调查认为，这个岗位没有太高的技能要求，只需要一个对组织有归属感，愿意长期在企业工作的人员即可；再者本岗位暂时晋升机会不大。于是人事部门决定其他条件不变，只把大专以上学历要求改为高中/中专学历，结果很快招聘到一个中专毕业生，小伙子很快适应了工作。

资料来源：百度文库，有修改。

【思考】

1. 结合所学的岗位管理知识，说明公司为什么调整招聘条件？

2. 要想更好地做好前台工作，还需要具备哪些知识和精神品质？

思考与练习

一、单项选择题

1. 快递企业资费结算一般采用（　　）。

A. 网络结算中心统一结算　　B. 内部结算

C. 银行统一结算　　D. 以上都错

2. 快递业务财务结算管理的核心内容不包括（　　）。

A. 资金运用管理　　B. 资金结算管理

C. 成本管理　　D. 资金筹集管理

3. 快递营运成本管理的主要方法不包括（　　）。

A. 成本核算方法　　B. 成本控制方法

C. 成本长期规划方法　　D. 成本补偿的方法

4. 快递企业成本补偿的原则不包括（　　）。

A. 派件收入高于取件收入

B. 派件收入低于取件收入

C. 对于第三方付费，取件和派件都得到成本补偿

D. 口岸及分拣作业成本应按各服务站点的操作货量，全额分摊到收入所在地

5. 快递企业财务结算中心的工作不包括（　　）。

A. 集中管理各单位或分、子公司的现金收入，统一现金收入

B. 统一拨付（贷款）给各成员单位或公司各部门因业务需要所需要的货币资金，监控货币资金的使用方向

C. 对快递质量进行控制

D. 办理各分公司之间的往来结算

二、多项选择题

1. 下列物品中（　　）是违规禁寄物品。

A. 国家货币、外币　　B. 珍贵文物

C. 药品、名贵药材　　D. 仿真武器

2. 快递仓库管理作业中的物料主要有（　　）。

A. 运单　　B. 文件袋

C. 纸箱、大头笔、封箱胶带等　　D. 小型手推车

3. 5S 管理包括（　　）。

A. 整理和整顿　　B. 清扫和清洁

C. 修养　　D. 维护和保持

4. 快递费用结算采用月结时，有（　　）情形中的一个，快递公司有权中止月结协议。

A. 经多次催促，无理拒付或搪塞拖延的
B. 以月结款相要挟，提出无理要求的
C. 月结客户有违法行为或濒临倒闭的
D. 其他可能导致月结款无法收回的情况

三、判断题

1. 简单地说，快递企业财务管理是组织快递企业财务活动、处理财务关系的一项经济管理工作。 （ ）
2. 一般企业财务管理总目标有多种具有代表性的模式，同样适用于快递企业。 （ ）
3. 利润最大化是指企业通过对财务活动和经营活动的管理，不断增加企业利润。 （ ）
4. 快递企业财务管理的具体目标是财务管理总目标的分解和细化，具有更强的可操作性。 （ ）
5. 快递企业融资不能采用银行贷款和证券投资等方式。 （ ）

四、简答题

1. 简述快递企业内部结算管理的含义及其内容。
2. 简述快递营运成本的核算方法。

五、分析题

［**案例资料**］ ××快递公司上海中转站曾经实施推行了一项关于扫描票数绩效考核的措施，即通过对中转站的扫描工作进行票数统计，再对扫描员进行相应的扫描票数计算绩效工资，目的是提高操作效率，提高员工的工作积极性。但是，实际情况却恰恰与之相反，由于大厅操作的分工，很多人都没有安排到扫描工作。即使是安排了扫描工作，也因大小货物分开扫描、收入和发出扫描工作的不同难度和工作繁简度不同，再加上不同组别的货物总量不同等等，使得扫描绩效考核制度的实施存在着极大的不公平性，最终使得其半路夭折。

对于标准化管理的实施，基层管理者只是有了概念上的泛化理解，不能明白其含义再加上标准化的定性特征，很难让基层管理者有很明确的量的概念。再加上员工和基层管理者的管理能力和职业素质偏低，使得推行管理标准化和绩效考核的落实更加困难。

［**要求**］ 请从成本补偿角度分析该案例中管理失败的原因。

六、案例题

［**案例资料**］

快递企业跨界试水便利店

近年来，一直走在国内民营快递前列的顺丰速运自己开起了便利店，这些便利店仍然基于快递服务。顺丰速运品牌管理总监曾表示，该公司仅是在终端收件点增加了销售功能，“收件点只是为了方便来取件、寄件的客户，所有业务还是以快递为中心。这些便利店也并不局限于商业区或居住区”。

在什么地方开便利店要考虑区域内的客流量、人流量和经济收入水平。快递公司掌握了各区域的配送数据，所以很容易统计出该区域的消费人群和客流，也便于其便利店的选址。

快递行业进入商业零售，国际上并非没有先例。在日本，7－11便利店已经成为快递的存取站点，消费者到便利店取件、寄件，节约了不少物流成本。顺丰速运的做法属于“主体互换”，快递公司开设便利店，可以贴补取件点的店面租金。如果销售牛奶、面包等需要日常配送的产品，快递公司还可以在运输快件的同时运输商品，这样能减少快递公司的物流和销售成本。

顺丰在取件点销售商品的另一原因是为了抓住核心客户，现在很多白领在家办公，顺丰速运盯住了这些目标客户的需求。

在零售业人士看来，从事商品零售不仅仅是简单的配送便利以及对周边客户群的统计，便利店更大程度上还要依靠商家精通商品经营、商品的采购规模等更多零售行业的专业问题，而这正是快递企业的短板。目前不少快递公司已开通了网上商城业务，但是市场反映并不佳，快递行业对零售运营仍然是“门外汉”。另外，店面的租金也不是小数目。

连锁零售业与快递业有本质的区别，经营连锁零售业在技术上有独特的要求。其技术不仅仅包括IT技术，也包括商品管理（新品引进、旧品淘汰、销售排行等）、营销技术（陈列方式、货架布局、通道安排、促销手段与周期等）、选址技术（商圈分析、客流分析、竞争者分析等）、人员管理安排（培训、排班、激励与约束）等。快递企业兼营便利店，不仅需要熟悉上述各项技术，还需要具备较高的连锁零售业的综合经营管理专业水平。如果所经营的便利店品牌标识不明、规划思路不清晰，在激烈的市场竞争中发展会很难。

尽管由于快递点本身就有房租、人力等成本，所以把便利店和快递收发点结合在一起，在一定程度上能有效避免重复建设和资源浪费，但对于一个不熟悉便利店经营的快递企业来说，便利店管理水平会相对较低、经营效率也会较低些，这就大大增加了快递企业经营便利店的经营风险。

根据中国连锁经营协会近期发布的统计报告，日均销售额在1万元左右的便利店才能维持较好的毛利水平。而日均销售额在1万元左右的样本店铺的平均营业面积至少在130平方米以上。如今房租成本越来越高，不过十余平方米的顺丰便利店，与专业的便利店比较，在销售额和营业面积上都更逊一筹。因此，顺丰兼营便利店的难度便不难理解。

［要求］请你从快递业务特点与成本节约的角度分析案例中做法的利弊。

七、实训题

1. 实训目的：学习快递成本补偿的方法。

2. 资料：某快递公司的加盟利益分配如下：总公司在各大省份会有多个集散中心，加盟的公司承包片区，具体费用各片区会有所不一样，比如位置偏僻的片区货量少，比货量多的繁华的地区，总公司对于该片区发货收取的费用是相对不一样的。

对于一票货的大致费用如下：总公司收取每票货物最低起运费（有些公司在这里包含派件费，有些公司则另外算）＋管理费＋站场分成＋发货片区分成（这三个费用有些公司有，其中几个有些公司没有，各公司不一样）＋业务员分成。

3. 实地调查了解当地快递公司或分公司的利益分配模式。

项目四

体验国内快递作业流程

【学习导航】

除少数国际快递业巨头外，国内快件仍是多数快递公司的主营业务。

国内快递包括：同城快件和异地快件。二者除了收派时限和服务价格有所差别外，在基本操作方面标准和要领都是一样的。此外，接单和查询工作程序以及客服电话案例同样适用于国际快递业务。

本项目安排了掌握基本的作业知识、学会接单服务、学会查询服务、学会快件收取服务、学会快件处理、懂得派送服务等六项任务。

知识目标

- □ 清楚并能够叙述国内快递的流程
- □ 掌握国内快件操作各个环节的操作要点

技能目标

- □ 能够对快件分类并清楚承运规定，能区分承运品、限运品和禁运品
- □ 能够根据所发快件的时效、价格、目的地要求，选择合适的快递公司和适当的邮递方式

情感目标

- □ 养成善于观察思考、不断学习、踏实工作的习惯，树立客户至上的服务理念

任务一 掌握基本的作业知识

任务情境

2019 年“双 11”，零售云有 4400 + 家门店全面参与，惠及 31 个省（区、市）2 亿 + 县镇消费者，数据显示，“双 11”当天，9 小时刷新历史当天销售最高值，双线销售整体提升 323%，其中，基于私域流量的销售环比提升超过 10 倍，非电产品销售提升 928%。

作为智慧零售解决方案，零售云不仅能够帮助店主有效解决融资、供应链、运营、物流、售后等诸多问题，还可通过大数据准确分析店铺的销售情况、消费者的消费特点，进而提供不同的供货方案，使门店获得区别于线下传统店铺的巨大优势。

11 月 11 日因天猫商城、京东商城、苏宁易购等几大电商的大规模促销又一次变成了购物狂欢节，消费者大量提交订单，购物狂欢节过后便是物流高峰，直到“双 11”之后的 13 日和 14 日，不少快递物流仓库仍然货物积存，快递变慢递，消费者投诉量激增。此时，顺达快递公司也受到了同样类似爆仓问题的影响。其实，就顺达快递来说，遇到这样的问题已经不是什么稀罕事了。每当较大的节假日或电商大的促销活动过后，紧接着不同程度的爆仓压力就会来临。为此，公司决心改变现状，加快快件流传速度，提高服务质量。

各家快递公司的整体流程有什么区别，到底哪家公司更优质优价，哪家公司更具有市场竞争力？为寻找自身差距和薄弱环节，顺达快递公司组织人员对这些问题进行了调查。调查人员在调查、对比和借鉴其他公司优点的基础上，提出了改进自身快递流程，以防或减轻类似爆仓问题的再次影响的方法。

实习生王力参与了最近的调查活动。王力所在小组的任务是了解对比各个快递公司所经手的快件从寄件、派送、收件人接收全过程所经过的环节以及在每个环节所停留的时间。王力等按照调查方案，根据快递公司在当地的口碑，选择了 A 速运、B 快运、C 快递和 D 快递 4 家快递公司作为调查对象，统一在 2019 年 11 月 13 日 12 时给这 4 家快递公司拨打电话下单，邮寄一个 1 千克以内的物品到国内同一个地方。

任务要点

理论要点：

☐ 认识国内快递作业的流程以及各个环节，了解快递各个环节的操作要点

实践要点：

☐ 能够将快件分类，知道什么物品是禁限物品

任务实施

知识准备

一、快件分类

不同种类的快件操作处理有不同的特点和要求。实践中常按照如下标准对快件分类：

1. 按照目的地分类：同城件、省内件、省外件。

同城件：往来于本市或本县内的快件。

省内件：往来于同一省份不同地市间的快件。

省外件：往来于本地与外省之间的快件。

2. 按照运输方式分类：陆运件（同城、省内）和空运件（省外、香港）。

（1）陆运件。

体积重量公式为：长（厘米）×宽（厘米）×高（厘米）÷12 000

体积大小要求长不超过2.5米，宽和高不超过1.5米，否则可能给运输造成麻烦。

（2）空运件。

体积重量公式为：长（厘米）×宽（厘米）×高（厘米）÷6 000

体积大小要求长不超过2.5米，宽不超过1米，高不超过0.8米，否则难以通过机场安检机。

3. 按照付款方式分类：寄付件、到付件、月结件。

（1）寄付件：运费由寄方客户（公司或个人）支付。

（2）到付件：运费由收方客户（公司或个人）支付。

（3）月结件：月末或月初统一结算运费（适用于经常寄件的大宗客户）。

4. 按照运转状态分类：特殊件、问题件和异常件。

（1）特殊件（转寄、委托、自取）。

- 转寄件：由A地寄至B地的快件，客户又要求转寄至C地。
- 委托件：第三方（丙）委托快件公司，到甲方客户公司取件，送到乙方客户公司。
- 自取件：因超出服务范围等，要求客户自取；或因涉及商业秘密等，客户要求自取。

（2）问题件（拒付、滞留、退回、错发）。

- 拒付件：因客户原因或因操作失误，收件人拒绝支付运费（不同意到付）。
- 滞留件：无法派送的快件（原因包括：客户、快件、收派员、其他）。
- 退回件：因操作失误造成无法派送（退回作业中心），或客户要求退回（须收取双程运费）。
- 错发件：由A地寄往B地的快件，因客户或收派员失误，错将快件寄至C地。

（3）异常件（破损、损坏、遗失）。

- 破损件：因包装不良、操作失误等原因，补寄。
- 损坏件：因包装不良、操作失误等原因，赔偿。导致快件包装破损，须免费；导致快件内容损坏，须协商。

• 遗失件：收派员取件后，由于某种原因，将快件全部或部分遗失，给客户造成经济损失。

二、快件操作与承运规定

（一）快件操作

快递作业流程一般包括快件的收寄、处理（分拣、封发）、中转运输和派送等主步骤，如图4－1所示。

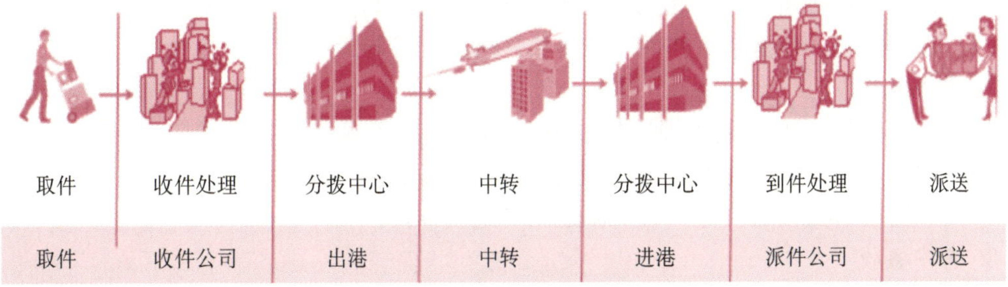

图4－1 快递作业流程图

快递作业流程可以划分为更加具体详细的快件操作环节：

客户下单（发件人电话委托下单）⟶发件地收件公司营业中心接单⟶通知取件⟶上门取件⟶快件入库（发件地营业中心接件处理）⟶分拨转运（收件地分拨中心转至目的地分拨中心）⟶目的地营业中心取件⟶出库派送⟶客户签收⟶收派员返回目的地营业中心交单交款。

1. 下单接单。

（1）客户通过电话委托，要求取件（发件），称“下单”；客服部表示接受，俗称“接单”。

（2）如果是新客户，客服部应为客户设立账号，收派员取件时发给客户账号卡。

（3）接单员接单时，务必记录客户地址、公司名称和联系电话，告之大致取件时间，但不做肯定承诺。

2. 通知取件。

（1）接单员接到客户下单后，根据客户提供的资料，将取件信息编成手机短信，通知相应区域的收派员，力争第一时间上门取件。

（2）收派员若接到错误信息（非自己所属路区），应与客服部联系，及时改换通知对象。

3. 上门取件。

（1）收派员接到通知后1小时内，前往客户处取件。

（2）带好必备的用品和工具，注意行车安全，遵守交通法规。

（3）按作业标准，拒收禁运品、规范填单、完美包装、准确称重、正确收费。

（4）注意保护易碎品，轻拿轻放，确保快件安全。

（5）当班快件收完后，在规定时间内将全部快件送回营业中心。

4. 快件入库。

（1）收派员回到公司交件前，应再次检查重量、运单、代码、标签等，是否操作无误。

（2）仓管员要把好最后一关，确保运单、重量、件数、数据一致。

（3）输单分拨：营业中心对快件进行汇总，运单交客服部输单，快件送往本区域分拨中心分拣。

5. 分拨转运。分拨中心通过各线路作业班车，将不同快件分别送往目的地分拨中心。

6. 再分拨、再转运。

（1）目的地分拨中心对快件再细分，送往最终目的地（收件人所在地区的营业中心）。

（2）各营业中心（办事处）的车辆须在规定时间内，到达目的地分拨作业中心参加分拨。

（3）遵守分拨转运的操作规范，文明装卸和运载，确保快件安全无损。

（4）注意清场，切勿错拿快件，或将快件落在分拨转运中心（分拣大厅）。

7. 出库派送。

（1）仓管员将到达本营业中心的快件，按所属路区交相关收派员派送。

（2）收派员填写派送路单，做好派送前各项准备工作。

（3）仓管员清点核对快件，收回派送路单底联备查。

8. 客户签收。

（1）收派员按照最佳路线，在规定时间内将快件送达客户手中。

（2）原则上，谁的件由谁签收；代收代签时，务必由当事人签字，或由单位加盖公章。

（3）务必带回作为客户已签收凭证的“运单存联”（快件公司存留联）。

9. 交款交单。

（1）收派员回到公司，将所收运费交财务部。

（2）将派送记录单交仓管员。

提示：

快件到达最终目的地后，快件出仓2小时内，由派件员送达收件人手中。快件出现异常情况时，由发件地和收件地的双方客服部协同查询后妥善解决。

（二）承运规定

1. 禁运品（无条件）。

（1）法律、行政法规禁止流通的物品；

（2）危害国家安全和社会政治稳定以及淫秽的出版物、宣传品、印刷品等；

（3）武器、弹药、麻醉药物、生化制品、传染性物品和有爆炸性、易燃性、腐蚀性、放射性、毒性等危险物品；

（4）妨害公共卫生的物品；

（5）流通的各种货币；

（6）法律、行政法规和国家规定禁止寄递的其他物品。

2. 限运品（有条件）。

（1）液体、粉末及其他化工品，需要化工品检测确认为非危险品，并提供化学品安全技术说明书（MSDS）、检测报告及保函，方可承运。

（2）对于法律、文化、政治敏感类物品（如国旗、品牌物品、CD书籍、胶卷等），需要提供出口证明或者保函确认合法，方可承运。

（3）原木及原木包装，需要熏蒸证明。

（4）较为贵重的物品（如手机和手表），根据海关的要求进行处理。

（5）电池，需要提供电池备案书，若是锂电池还是需要 MSDS，并按 IATA 要求独立包装及测试，并贴上锂电池标签。

（6）磁性物品，提供磁性检测报告，确保磁性较弱，不属于危险品。

3. 其他拒收品和查验品。

（1）寄往政府机关的任何快件，一律拒收。

（2）寄方或收方地址不详的快件，一律拒收。

（3）任何自行上门投寄的快件，必须彻底检查。

（4）来历不明的客户投寄的快件，必须彻底检查。

（5）重量和内容有疑点的快件，必须彻底检查。

案例阅读

王力在实习过程中进行的不同快递企业服务水平的调查过程与结果如下：

一、制定调查方案

1. 调查目的：了解快件在不同快递公司所经过的流程，比较不同快递公司的快件操作效率，以加强对快递基本知识的理解。

2. 调查单位：调查对象是快递公司，调查单位则根据当地口碑选择排名在先的 A、B、C、D 共四家快递公司。

3. 调查内容：快件所经过的快递作业环节，在不同环节所停留的时间。

4. 调查方式与方法：亲自邮寄快件，跟踪查询快件流转记录，并实地参观本地的快递营业网点。

二、具体调查过程

1. 下单电话。王力拨打 A 快递公司和 D 快递公司的以 400 开头的全国统一热线电话最容易打通，均为拨打一次便成功。而 B 和 C 快递公司的下单电话，则需要在其官网上找到区域内分部的号码。王力 12:00 给 B 快递永华里分部拨出号码后，电话一直处于还未接听就要客户评价的情况。通过 B 快递总部拨过去的电话，还是遇到同样的情况。王力 16:00 再给 B 快递拨打电话的时候，电话终于接通。平均下来，王力打了 6 个电话，才接通了一次。王力还在中午拨打了 C 快递的电话，接通后 C 快递承诺随后就有业务员联系，但一直到第二天还没有 C 快递业务员与王力联系。在当日 16:00 和次日15:00王力再次拨打 C 快递的电话，均占线没能接通，于是在 C 快递下单不成功。

2. 取件速度。拨打电话后，王力最先接到 A 速运业务员的电话，表示他正在派件，到 14:00 才能来取件。该业务员准时到约定地点取件，并主动给了发票。虽然 A 速运最先联系了王力，但是最先取走邮件的是 D 快递业务员，他于 13:00 电话联系王力，并于 13:20 取走快件，收费 10 元却没有给发票。B 方面，当地总部电话终于在16:00接通，工作人员给了王力一个业务员的手机号，让王力自行联系。后该业务员表示，当日已不再取货，让王力将快件送至物业处，次日再取。该业务员于次日 17:00 取走快件，没有给王力留下快件寄件单，并且拿走王力留下的 10 元快递费。电话询问后，快递员于第三日将寄件单送到王力手中。

3. 派送速度。就快递到达速度来看，A 快递在次日 10:05 到达目的地，D 快递则在次日 16:00 到达，而此时 B 快递还没有取走快件，C 快递还没有联系。在下单成功的 3 家快递公司中，只有 A 快递在派送之前与收件人联系，确认收件人是否能够收件。

4. 快件网上跟踪查询。跟踪查询结果如表 4-1 所示。

表 4-1　快件流转环节查询结果

快递公司	日期	时间	跟踪记录	地点
A	2019-11-13	18:26:20	已收件	北京市
	2019-11-13	20:55:25	快件在北京，准备送往下一站北京集散中心	北京市
	2019-01-14	07:46:00	快件在北京集散中心，准备送往下一站	北京市
	2019-01-14	10:05	签收	
B	略			
C	略			
D	略			

三、根据调查结果，分析调查对象服务的优劣

据调查了解，A 和 D 的快递所有分部均为公司直营，管理直接、有效。如 A 公司的每位业务员都有一个手持终端，公司总部能够及时与他们联系并适时调度。B 快递和 C 快递则多为加盟模式，因此客户在联系的时候必须联系到分部，再由分部来进行调度。各个作业环节之间的衔接过渡如当地的营业点和当地的集散中心之间的交接等花费时间相对较多，各个环节之中的效率相对较低，因此这些快递公司的服务质量难以保证，或是打不通电话，或是承诺联系却杳无音信，或是邮递时间长于其他公司。

客户权衡速度、服务和成本之后，三者之中谁占上风谁就赢得消费者。

王力认为，虽然王力所在的公司（A 公司）在调查中是到件最快的，但是在取件的时间上还有改进的余地。

实训练习

一、实训内容

1. 借助快递管理系统类软件平台模拟国内快递作业流程。
2. 在快递实训室全面体验国内快递流程。
3. 到快递企业参观考察快递作业流程。

二、实训目的与要求

1. 验证和巩固所学理论知识，加深对相关内容的理解，接触课堂以外的实践知识。
2. 对快递公司运营状况及流程有整体了解，对中国快递行业的发展状况有比较全面的

认识，增强对所学专业的认识，提高学习专业知识的兴趣。

3. 了解快递企业操作流程及相关工作情况，把所学专业理论知识与实践紧密结合，达到学以致用的目的。

三、实训场地、设备、仪器、工具、手段

1. 运用互联网软件模拟实习、实际快递企业见习、观看视频、请校外专家讲座等方法。
2. 校内快递和物流实训基地。

四、实训步骤

1. 将同学分组，每 5 ~ 8 人分为一组，活动以组为单位进行。
2. 在机房利用快递实习软件，模拟快递公司内部运营程序细节以及快递业务操作流程。
3. 到快递公司参观考察实习，实地了解快递公司国内快递业务操作过程与操作方法。
4. 每人写出不少于 1 000 字的国内快递业务流程实习总结。
5. 每个小组把本组成员的总结集体汇总。

五、成果展示

各小组长将本组的汇总结果在全班面前展示，供同学查验，要求有实习场景的介绍、发现的问题、改进措施，并说明其理由。

六、任务评价

（一）小组活动评价标准

组长负责分配不同的组员去完成任务，每个成员完成国内快递作业流程总体环节的体验，每个环节都体验到，要有具体的情景描述。完成任务得 30 分，如果有漏错等情况分别扣减相应的分值。

小组成员评价标准如表 4 – 2 所示。

表 4 – 2　　小组成员评价表

小组名称：________　　　　组长：________

小组成员	态度 5 分	互助与合作 8 分	倾听 5 分	展示与效果 12 分

（二）教师评价标准

教师负责评价每组的任务完成情况，量化评价标准。总分值最高为 70 分。教师对小组进行评价的标准如表 4 – 3 所示。

表 4-3　小组学习评价指标

序号	评价指标	分值
1	• 能在规定时间内小组合作完成工作任务，机房模拟顺利，企业参观环节齐全，内容完整丰富 • 顺利展示，观点新颖，表述逻辑性强	60~70
2	• 能在规定时间内完成工作任务，企业参观环节齐全，内容完整丰富 • 能做展示，有自己的观点，表述清楚	50~59
3	• 获得老师或其他组的帮助能完成工作任务，有展示	40~49

（三）教师点评

教师进行点评时，汇总小组内评价，然后进行总结点评。每个学生最后得分为所在小组分值加上成员评价分值。

【拓展提升】

中国服务贸易协会客户服务委员会（以下简称“中国客服委”）的一项调查表明，我国快递行业服务存在揽收不及时、快递不快、服务不热情等问题，亟须改进提高。

调查发现，快递企业电话热线服务水平参差不齐。EMS、FedEx、顺丰、宅急送电话服务热情规范；有三家的客服热线需要客户再次拨打；还有三家的客服电话则无法接通。在上门电话预约方面，只有 EMS 和顺丰做到了揽收及投递前与客户进行预约确认，其他快递公司均未提供电话预约确认服务。

对于快递这种特殊的服务行业，用最短的时间上门揽收是快速寄送邮寄的前提。调查显示，多数企业揽收速度慢。另外，除 EMS、顺丰、宅急送等公司的快递员统一穿着带有公司标识的工作服上门进行服务外，多数快递公司快递员穿着随意。

“快速”是快递行业最基础的属性，也是客户最关心的核心指标。为了调查快递速度，中国客服委将邮件分别通过 10 家快递公司从广州发至北京统一签收地。测评结果表明，仅顺丰快递、EMS 在 2 天内寄达，其他大多在 3 天寄达，还有两家快递公司用了 6 天时间才将邮件寄达客户手中，快件成了“慢件”。

中国客服委在暗访中还发现，只有 EMS、顺丰等少数企业要求客户对邮寄物品开拆验视，多数快递公司并未对客户邮寄的物品进行开拆验视，只收件不检查，存在安全隐患，属于违规操作。另外，国内快递行业还普遍存在快递不称重、收费不统一、发票开具不规范、服务不热情等问题。

资料来源：百度文库，有修改。

【思考】

1. 我国快递在哪些环节有问题？
2. 怎样解决这些问题？

任务二　学会接单服务

任务情境

王力完成快递公司流程环节调查以后，提出了本公司改进建议，受到经理的好评，随后在公司的安排下到客户服务部也就通常所说的营业部接单服务小组开始新的实习任务，主要从事接单、揽货业务实习。实习期间，王力通过电话、网络等方式与客户进行沟通与交流，告知客户关于报关报检所需要的单证，并根据客户资料在公司系统上做出、入库单证。最后将报关、报检所需资料交给关务部相关人员。

任务要点

理论要点：

- □ 熟悉快递业务操作流程
- □ 熟悉有关快递的法律规定
- □ 熟悉快递客服规范
- □ 了解快递报关等专业知识

实践要点：

- □ 电话接单语言流利、规范、简练，顾全大局，维护公司信誉及职业操守
- □ 熟悉当地地理环境和速递员的区域划分情况
- □ 信息传递和电脑记录时能做到迅速、准确、完整、反应灵敏
- □ 可以熟练使用下单系统的各项功能
- □ 完全掌握呼叫中心的功能
- □ 掌握本公司关于服务区域、货件种类、运送时间、运费计算的规定
- □ 能电话受理新老客户一般函件、包裹接单业务
- □ 能快速准确记录并完成输单；能够依据客户实际情况，准确无误地以短信或其他方式通知收派员取单

任务实施

知识准备

一、接单工作岗位要求与主要任务

快递客户下单就是客户请求快递公司收取快件，接单则是快递公司接受客户发件请求的

活动。接单工作由客服部门的接单员专门负责。

（一）接单工作岗位要求

1. 语言流利、规范、简练，声音柔美。

2. 急客户所急、想客户所想的服务意识。

3. 顾全大局、维护公司信誉的职业操守。

4. 严谨的工作态度，良好的沟通和协调能力。

5. 熟悉当地地理环境和收派员的区域划分情况。

6. 能解答客户一般咨询，能初步处理客户投诉。

7. 传递信息与电脑记录时能迅速、准确、完整、反应灵敏。

8. 耐心聆听客户投诉，具有应变能力，处理事情不卑不亢。

9. 熟悉公司业务，包括服务区域、货件种类、运送时间、运费计算、报关知识、快件流程等。

（二）接单工作的主要任务

1. 接单（客户要求发件）。

（1）对于新客户，要详细询问发件人姓名、公司名称、地址、电话、联系人、派送目的地、快件物品、快件重量体积、特殊服务要求等。对上述信息，要进行复述，得到客户确认后，告之客户上门取件的大致时间，并致结束语：再次欢迎您使用本公司的服务，谢谢您的来电！

（2）对于老客户，要在客户报出公司名称或电话号码时，从电脑中迅速调出客户资料，核对联系人、联系电话、派送目的地；复述相关信息，得到客户确认后，告之客户上门取件的大致时间，并致结束语：感谢您对本公司的长期惠顾，谢谢您的来电！

（3）收到客户委托件的传真，记录收方和寄方客户信息（公司名称、联系人、联系电话、特殊要求、付款方式等）；如有传真不清楚、付款方式不明确、地址不详等问题，要及时与委托方客户联系确认；如果没有问题，收到传真后，与寄方客户联系确认。

2. 通知取件。

（1）准确记录接单内容，快速输入电脑，保证客户资料的准确性。

（2）力争 5 分钟之内通知快件所属区域的收派员取件。

（3）如果是重货（大件），通知中转库主管，再通知大货司机取件。

3. 跟进（取件）。

（1）在规定时限内，客户反映无人取件，请客户继续等待，再次通知收派员尽快取件。

（2）超出规定时限，客户反映还未取件，将情况通知作业主管，派机动人员前往取件。

（3）如因截单时间已到，再迟就无法赶上作业班车，造成收派员取件失约，应向客户表示歉意，征求客户同意后，另约取件时间，并记录这一情况。

4. 查询（协助）。

（1）回答客户的业务查询时，要做到准确、到位，包括服务热线、营业时间、服务范围、服务形式、产品种类、运费计算、禁运品、报关单证、收派时限、截单时间、作业班车时间表等。

（2）灵活使用公司“服务手册”，向客户做出留有余地的回答，对派送时间不可完全承诺。

（3）客户要求传真价格表、服务产品等资料，要力争10分钟之内以传真或电子邮件等形式发给客户。

5. 投诉（协调）。

（1）情节较轻、情况单纯的投诉，当时给予答复和解决。

（2）接单员回答不了的、取件方面的投诉，转交接单组主管处理。

（3）接单员回答不了的、其他方面的投诉，转交查询组主管处理。

6. 注意事项。

（1）文明语："您好""请""欢迎""对不起""谢谢"。

（2）禁用语："不知道""不清楚""没办法""不关我的事""你找别的部门"等。

（3）不要对客户做出完全承诺，只能说正常情况下什么时间可以送达。

（4）接听客户查询电话要耐心听取、认真记录，不明白的地方主动问清楚。

（5）对待收派员态度和蔼，尽可能为收派员提供便利。

（6）不可把工作情绪转移到收派员身上，影响一线服务质量。

（7）收派员手机无法联系时，应将情况做好记录，移交作业主管处理。

二、日常接单服务

操作流程和服务用语是接单工作的标准和规范，离开标准和规范，就谈不上优质服务。

（一）工作程序

1. 操作流程1——新客户。

（1）接听电话，致问候语；

（2）询问相关信息，打开电脑新客户建卡界面；

（3）输入客户姓名、公司名称、地址、联络人、电话；

（4）询问品名，确认是否为禁运品；

（5）询问目的地，确认是否在服务范围之内；

（6）询问件数、重量、体积，确认轻货和重货；

（7）告知客户大致取件时间，结束语；

（8）选择所属路区的收派员，下达取件通知。

2. 操作流程2——老客户。

（1）接听电话，致问候语；

（2）询问姓名，输入编号，核对公司名称；

（3）询问品名，确认是否为禁运品；

（4）询问目的地，确认是否在服务范围之内；

（5）询问件数、重量、体积，确认轻货和重货；

（6）告知客户大致取件时间，结束语；

（7）下达取件通知给收派员或专职司机。

3. 操作流程3——禁运品或限运品。

（1）接听电话，致问候语；

（2）询问姓名，输入编号，核对公司名称；

（3）询问品名，确认是否为禁运品；

（4）向客户解释不能承运的原因，致结束语。

注：解答的主要依据是《中华人民共和国道路运输法》和《中华人民共和国航空运输法》。

4. 操作流程4——客户投诉。

（1）接听电话，致招呼语，询问卡号；

（2）确认公司名址，确认并记录客户要求；

（3）填写“客户投诉意见表”，告知客户回复时间；

（4）将该记录交查询组同事跟进，致结束语。

5. 操作流程5——结束语的种类。

（1）正常接单：“欢迎您再次使用我们的服务，谢谢！再见！”

（2）禁运品：“非常抱歉，希望下一次有机会帮助您，再见！”

（3）客户投诉：“感谢您的意见和建议，我们会不断地改进服务，再见！”

（二）接单案例

1. 新客户发件。

接单员：您好！顺达速递公司，我是3号接单员；请问，我可以帮您做些什么？

客户：我要寄件。

接单员：请问，您贵姓？

客户：姓张。

接单员：请问，您在我们公司登记过卡号吗？

客户：什么卡号？没有。

接单员：那好，欢迎您使用顺达速递，现在就为您建卡，卡号就是客户档案的编号。

接单员：请问，您的公司名称？

客户：丽华公司。

接单员：是美丽的丽，中华的华吗？

客户：对。

接单员：请问，您公司的详细地址？

客户：人民路148号，国贸大厦A座9层。

接单员：人民路148号，国贸大厦A座9层，对吗？

客户：完全正确。

接单员：请问，您的联系电话？

客户：7788 9988。

接单员：7788 9988，7788 9988，对吗？

客户：对，没错儿。

接单员：请您稍等。（将客户信息输入网络系统）

接单员：对不起，让您久等了；我已经为您建立了客户档案，您的卡号是123866，请您记好。

客户：123866，这么长，忘了怎么办啊？

接单员：请放心，如果忘了卡号，说出电话号码，也能查到您的信息，只是调出时间会长一些。

客户：哦，知道了。
接单员：请问，您要寄送什么物品？
客户：儿童玩具样品。
接单员：请问，寄到哪里呢？
客户：深圳。
接单员：请问，大概有多重呢？
客户：大概有 5 千克吧。
接单员：我们会在 1 小时之内到您的公司取件；为了提高服务效率，下次请您提供卡号好吗？
客户：好的，谢谢你啊！
接单员：不必客气，请问，还有别的事情，需要我帮助吗？
客户：没有了。
接单员：再一次感谢您的惠顾，希望再接到您的电话，再见！
2. 禁运品和限运品。
（1）烟花样品。
接单员：请问，您要寄送什么物品？
客户：烟花样品。
接单员：非常抱歉，《中华人民共和国道路运输法》规定，烟花样品是禁运品，快件公司不能承运。
客户：噢，是这样啊，那就算了吧，我们再想别的办法。
接单员：请问，还有别的事情，需要我的帮助吗？
客户：没有了。
接单员：非常抱歉，希望下一次有机会帮助您，再见！
（2）手机。
接单员：请问，您要寄送什么物品？
客户：手机。
接单员：非常抱歉，手机递送业务，我们公司暂时还没有。
客户：为什么呢？
接单员：由于投保问题暂时无法解决，所以还不能提供这项服务。
客户：哎呀，能不能帮我解决一下啊？
接单员：这件事真的帮不上您，还请您多多谅解；再问问其他快件公司，您看好吗？
客户：好吧，再说也没用了。
接单员：请问，还有别的事情，需要我的帮助吗？
客户：就是手机的事儿，算了吧。
接单员：非常抱歉，希望下一次有机会帮助您，再见！
（3）现金。
接单员：请问，您要寄送什么物品？
客户：现金。
接单员：非常抱歉，按国家有关法规，快件公司不能运送现金、支票和私人信函。

客户：我还要寄别的东西。

接单员：只要不是禁运品和限运品，我们马上可以帮您下单。

客户：布料样品，可以吧？

接单员：当然可以，请问大约有多重？

客户：1 千克左右。

接单员：好的，我们会在 1 小时以内到您的公司取件。

客户：请快一些好吗？

接单员：知道了；请问，还有别的事情，需要我的帮助吗？

客户：没有了。

接单员：欢迎您再次使用我们的服务，谢谢，再见！

实训练习

一、实训内容

1. 在快递实训室模拟接听快递公司客服热线接单和咨询业务。
2. 到快递企业客服岗位实习接单服务。

二、实训目的与要求

1. 明确客服代表这一工作岗位的岗位职责，掌握客服这一工作岗位的基本技能。
2. 增强与客户沟通交流的能力。
3. 掌握接单和咨询服务技能。
4. 了解公司运作的基本模式、公司运营的基本环境、感知公司企业文化、体验上班生活。
5. 培养对待工作认真、负责的态度，适应工作基本作息制度，为今后正式工作打下基础。

三、实训场地、设备、仪器、工具、手段

1. 使用互联网软件模拟实习、实际快递企业见习、观看视频、请校外专家讲座等方法。
2. 校内快递和物流实训基地。

四、实训步骤

1. 将同学分组，每 5 ~ 8 人分为一组，实训室内模拟实习活动以组为单位进行。
2. 在快递实训室内模拟接单和咨询服务。
3. 到快递公司实习，在客服岗位。开始主要是协助市场部人员处理一些日常的事务性工作，通过对部门业务骨干的学习观察以及与同事的交流沟通，详细了解快递物流的运作流程及工作方式，对快递物流建立一个直观的认识。
4. 接听快递公司客服热线，受理接单和咨询。只接听下单和有关咨询方面的工作，如果遇见客户要求进行快件查询或是投诉业务，需要帮其转至相应的电话，有查询同事对其进

行跟进。

5. 受理新客户下单业务，为新客户建立详尽的系统信息：具体的发件地址、联系方式等，问清什么货物，判断是否属于违禁品，同时通过系统匹配给合适的业务员，尽快上门收取客户快件。

6. 通过电话与老客户核对发件地址、具体的联系方式和联系人，同时安排该地区同事尽快收取客户快件。

7. 受理客户催收快件、取消发件等业务，帮助客户解决发件环节上的一系列问题。

8. 解答客户有关公司业务上的一系列疑问或客户的咨询，如有关运价、可收送范围、收送的时效等。

9. 积极参加公司早、晚班会议，了解公司最新业务知识。

10. 参与公司有关新业务知识方面的培训、公司员工及领导的沟通活动等。

11. 每人写出不少于 1 000 字的快递接单、咨询业务流程实习总结。

12. 每个小组把本组成员的总结集体汇总。

五、成果展示

各小组长将本组的汇总结果在全班面前展示，供同学查验，要求有实习场景的介绍、发现的问题、改进措施，并说明其理由。

六、任务评价

（一）小组活动评价标准

组长负责分配不同的组员去完成任务，每个成员完成全部实习规定的各个环节的体验，每个环节都要体验到，有具体的情景描述。完成任务得 30 分，如果有漏错等情况分别扣减相应的分值。

小组成员评价标准如表 4－4 所示。

表 4－4　　小组成员评价表

小组名称：________　　　　组长：________

小组成员	态度 10 分	互助与合作 10 分	倾听 5 分	展示与效果 5 分

（二）教师评价标准

教师负责评价每组的任务完成情况，量化评价标准。总分值最高为 70 分。教师对小组进行评价的标准如表 4－5 所示。

表 4-5　小组学习评价指标

序号	评价指标	分值
1	• 能在规定时间内小组合作完成工作任务，服务规范，流程无误 • 规范顺利展示，观点新颖，表述逻辑性强	60~70
2	• 能在规定时间内完成工作任务，服务规范 • 能做展示，有自己的观点，表述清楚	50~59
3	• 获得老师或其他组的帮助能完成工作任务，有展示	40~49

（三）教师点评

教师进行点评时，汇总小组内评价，然后进行总结点评。每个学生最后得分为所在小组分值加上成员评价分值。

【拓展提升】

如果客户打电话询问一些情况，如公司的收费计算方式、能否派送到某市某镇，对于这个问题要查找电脑上本公司全国最新服务范围表或打电话给相关站点进行询问。收件人或寄件人打电话进来查询：一些快件是否正在派送，派送到哪里，大概何时会送到收件人手中，若已被签收，是否为本人签收……对于这类问题，客服人员在系统上输入快件单号即可查到想要的信息。

资料来源：中国物流网，有修改。

【思考】

1. 接单员遇到自己不清楚的问题怎么办？能直接要客户自己想办法解决吗？
2. 接单员获取信息的途径有哪些？

任务三　学会查询服务

任务情境

随后王力按照经理的安排，转到本部另外一个组——查询组开始查询服务的实习。实习期间，接触到各种各样的查询业务，归纳起来不外乎是发件前的业务咨询、发件后的快件查询和投诉索赔三类；客户的脾气性格形形色色，态度也各不相同；有的投诉还涉及比较复杂的内容。

任务要点

理论要点：

☐ 掌握本公司的业务流程，熟悉各个营业网点的情况

☐ 掌握各种快件的特点及其装运规定

☐ 具有一定的地理知识，熟悉服务规范

实践要点：

☐ 熟练做好数据统计，进行分类登记，并将相关资料认真归档

☐ 熟练使用查询系统

☐ 掌握一定的谈判技巧

☐ 实时了解快件的动态

☐ 熟练受理各种查询、咨询、投诉、理赔及其他问题件的处理工作

☐ 能顺利完成多种情况下客户提出的快件咨询、查询业务

任务实施

知识准备

一、查询服务基本内容与岗位要求

（一）查询服务内容

1. 做好数据统计，进行分类登记，将相关资料认真归档。
2. 受理各种查询、咨询、投诉、理赔及各项问题件的处理工作。
3. 受理问题后，与相关部门和人员及时沟通，做好跟进处理。
4. 配合其他区域和营业中心的工作，发挥协调和桥梁作用，提升全公司整体客服水平。

（二）查询岗位要求

1. 接听态度。

（1）多用“请问”“请稍等”“谢谢”等礼貌用语。

（2）声音要清晰，语调要自然，语气要得体，音量要柔和。

（3）节奏要适中，避免急而快；每说一小节，须略作停顿，让对方理解。

（4）要表现出热心、耐心、诚心；要有问必答，不可搪塞或顶撞来电者。

（5）对客户或同事避免命令式语言，如“你快点儿回复我”“你马上去收件!”

2. 接听方法。

（1）迅速接听。电话铃响三声内必须接听。因故铃声久响才接听，应首先向客户道歉，如：“实在抱歉，让您等了这么久；能告诉我您的客户卡号吗?”

（2）留言待复。接听电话前准备好笔、纸，记录电话信息：内容包括：对方卡号、姓名、电话及服务需求。客户来电处理完毕，要及时给予回复。

（3）礼貌挂机。要等客人挂机后，才可放下话筒。客户挂机前，要向客户致结束语。客户挂机前，不可与同事议论或抱怨客户。客户讲了粗话，也要耐心听完，不可提前挂机。

二、查询业务操作

（一）准备工作

1. 应当：

（1）接听电话前，预先坐在岗位上，准时开始工作。

（2）将登记册、服务手册、笔纸等物品摆放好。

（3）启动电脑，打开接单系统。

（4）检查电脑、电话操作是否正常。

（5）桌面整洁，心境开朗，专心致志。

2. 应避免：

（1）通话时，吃香口糖或零食。

（2）与同事闲谈、说笑、喧哗。

（3）工作即将开始时，还在吃早餐。

（二）服务规范

1. 接听。电话铃声响起时，应在第一时间内接听；有礼貌地问候客户后，根据客户要求，立即提供快捷和准确无误的服务，让客户感觉到亲切、热忱、彬彬有礼。

（1）问候语："您好，这里是××速递；我是××号查询员，我能帮您做些什么吗？"

（2）应做到：

- 电话铃响后三声内接听。
- 热情、诚恳、亲切、自然、专注。
- 清楚地致以问候语，有礼貌地打招呼。

（3）应避免：

- 与客户争论，或赌气挂机。
- 回答问题有气无力，无精打采。
- 使用过长的、技术性的行业术语。
- 不等客户挂机，为抢电话量提前挂机。
- 与同事商量处理办法，把客户冷落在一边。

（4）禁用语：

- "我不知道，我不清楚，电话不是我接的。"
- "这事儿不归我管，你打别的电话吧！"
- "有事儿说事儿，不要扯别的！"
- "什么事呵？说话呀！"

2. 挂机。结束查询电话前，应致以亲切的结束语，等客户先挂机，才可放下话筒，切忌用力挂机。

（1）结束语：

- 一般情况下："谢谢您的来电，再见！"
- 挂机前确认："您还有其他事情，需要我帮助吗？"
- 客户感谢时："不必客气，欢迎您随时来电，再见！"

（2）应避免：

● 为抢电话量提前挂机，或催促客户挂机。

● 在客户挂机前，与同事谈论客人或客户的投诉。

3. 转接。客户所要查询的快件是其他同事负责跟进的，此时要向客人做出解释。

（1）方法1：

● 先告诉客户："您的快件情况，我的同事比我更清楚，我要与她沟通一下，请您稍待一会儿。"

● 用手按住话筒下端，或按电话机上的Flash键，设置背景音乐让客户静候。

● 压低讲话音量，不要让客户听到同事间的对话。

● 沟通协商后，力争30秒内回复客户。

● 即使没有满意的查询结果，也要尽快告诉客户："不好意思，让您久等了；现在暂时无法答复您，需要再做了解；您能否留下电话，我会在10分钟内给您回复。"

● 务必兑现承诺，不论情况如何，力争在10分钟内回复客户。

（2）方法2：

● 事先与有关同事沟通好，再将客户电话转接给已准备就绪的同事接听；转接前对客户说："不好意思，您的快件是由××小姐负责跟进，我帮您转接好吗？"

● 若同事暂时联系不上，则这样回答："不好意思，她不在座位上（她正在接听其他电话），过一会儿我让她给您回电话好吗？"

● 此时，要记录下对方的电话号码、来电主要内容，及时转告有关同事，力争尽快回复客户。

（3）应避免：

● 未做沟通交代就转接，使同事莫名其妙、措手不及。

● 未等有关同事拿起话筒，转接方（自己）就已挂机。

（三）咨询服务

1. 操作流程：接听电话⟶招呼用语⟶询问姓名⟶聆听问题（不要抢话）⟶3分钟内回答客户提问（可查阅服务手册等）⟶询问客户是否还需要其他帮助⟶确认无其他需求⟶结束用语⟶客户挂机后再挂机。

2. 补充说明：

（1）如客户索取业务宣传资料，记录客户电子邮箱或传真号码和联系人后，30分钟内回复客户。

（2）如不能及时回答客户问题，记录客户所提问题、电话号码和联系人，挂机后致电相关部门查询，30分钟内回复客户。

3. 注意事项：

（1）对业务流程要相当熟悉，尽量减少客户等待时间。

（2）不可随意将内部电话、内部资料等告诉客户。内部电话是指服务热线以外的所有后勤电话号码。内部资料是指营业执照复印件、网络内联络方式表、公司制度以及客户资料等，所有牵涉商业机密的资料。

4. 咨询服务案例——询问运价。

客：我要发送棉花，运费怎么算？

查：如果您的棉花体积大于重量，就属于轻泡货。如果寄到省外，要通过航空运输，根据国际航协规定，轻泡货的计费重量，按货物长（厘米）×宽（厘米）×高（厘米）÷6 000计算，非航空件价格减半。如果是不规则的货物，包括圆锥、圆柱状物体，按货物的长、宽、高的最大尺寸相乘，再除以6 000（航空件），或除以12 000（非航空件）。

5. 咨询服务案例——咨询是否禁运品、价值申报、开箱检查、抱怨

客：我想寄“椰肉干”到北京，可不可以？

查：根据航空运输法的规定：椰肉干属于易燃固体，和烟花一样都是禁止运送的。实在抱歉，这件事给您帮不上忙；如果您有其他物品需要寄送，欢迎拨打下单热线：×××××××。

客：物品的真实价值，一定要填写在运单上吗？

查：要求客户填写真实价值，是为了掌握这一票货物的市场价值，因为超过人民币5 000元以上的贵重物品我们是不能收寄的。如果您的快件是寄往香港地区的，在海关例行检查时，您填写的价值与实际价值相差太大的话，您的快件会被扣留，要求重新估价、重新制单，再决定是否放行，就会延误派送，带来损失和麻烦。

客：我的快件为什么要开箱检查？

查：开箱核对货物的内容和数量是对客户负责的必要手续，也是为了保证货物安全、准时送达目的地。有些货物在运输中可能会对其他货物造成损伤，或者是某些国家禁运的。特别是香港件或航空件，海关或机场都会做详细检查，如果被查出有违禁品，货物就会被扣留，甚至拿不回来；在时间和金钱上都会给您或您的公司带来损失和麻烦。

客：为什么不能上楼来取件和送件？

查：实在抱歉，收派员的车上还有很多要送的快件；您公司的楼下没保安和门卫，无法帮助照看作业车上的快件；如果上楼取件和送件，车上的快件有可能丢失或损坏，我们要保障所有快件的安全；如果您方便的话，请您到楼下来寄件和收件，可以吗？

注意：

如果收件或派件时，因当地治安条件限制等因素造成收派员无法上楼收件或派件，此时收派员应婉转地与客户协商，能否请客户下楼寄件或取件；当客户表示不理解时，应耐心向客户解释；如果客户不同意，收派员必须想办法上楼取件。

（四）查询服务

1. 操作流程：接听电话⟶招呼用语⟶询问姓名及快件单号⟶复述客户资料（以免听错或客户报错）⟶登录内部网查询快件动态⟶3 分钟内解答客户提问⟶询问客户是否还需要其他帮助⟶确认无其他需求后，结束用语⟶客户挂机后再挂机。

2. 补充说明：

（1）如果查单系统里没有所查快件资料或资料不完整，应记录下客户提出的问题、联系电话和联系人，挂机后致电相关部门再做了解，力争 30 分钟内回复客户查询结果。

（2）如果派件延误属实，则询问客户资料及联系电话，向辖区派件员或他区查询员催派此件，30 分钟内回复客户。

（3）如果系统显示无回单资料，或客户反映无此签收人，则按派件人的员工号查询，询问客户资料及联络电话，告知客户回复时间。

（4）如果客户索要签收单，可从电脑中调出后打印再传真；或请作业内勤协助，直接传真给客户；也可建议客户上网查看，自己打印。

3. 注意事项：

（1）应在承诺的时限内回复客户，不可让客户等待太久。

（2）解答客户问题不可过于笼统，应避免过多的专业术语。

（3）回答查询前，先通过内部查单系统了解快件最新动态，做到心中有数。

（4）熟悉公司对不同问题的处理规定，遇到问题冷静应对，争取最佳处理结果。

（五）投诉与理赔

1. 损坏件、破损件。损坏件、破损件通常是由于包装不良、操作失误等原因，导致快件外包装损坏。一般的做法是为客户免费补寄与损坏部分运费同等价格的快件。

（1）操作流程：

- 接到客户投诉，询问姓氏及运单号码，询问寄送时间、包装详情、损坏程度及有何要求。
- 尽快联系收派员，核实客户反映情况是否属实。
- 如果客户夸大事实，经查实属客户过错，可婉转拒绝受理。
- 如果属于快件公司的过错，协商免费补寄与损坏部分运费同等价格的快件。
- 如果客户不接受，提出更高索赔，听取主管意见后，再次与客户协商。
- 如果客户仍不接受，则填写问题件通知单，转交客服代表跟进解决。
- 将处理过程录入电脑查询系统，登记备案。

（2）注意事项：

- 应注意沟通技巧，与客户不可发生直接冲突，不可使用如下词语："东西烂了？那没办法，您的包装有问题！""最多免费补寄一次，你自己看着办吧！"
- 客户须从寄件日起 15 天以内，以书面形式提出索赔要求，并附相关证明文件。
- 超过规定期限、未提出索赔要求的，视为自动放弃索赔权利（详见运单背书条款）。

（3）案例——货件全部损坏：

查：请问，您是什么时候收到快件的？请您大致描述一下签收时的包装情况，好吗？

查：非常抱歉，给您带来这么多麻烦，我代表公司向您表示深深的歉意！请您与收件人联系一下，我们为您免费补寄一票快件，您看可以吗？

（4）案例——强烈投诉：

查：您反映的情况，我已经做了详细记录，我们会尽快查明情况，给您个满意的答复；请您留下联系电话，我会在 30 分钟内给您回复。您的宝贵意见，我会向公司反映；如果您还有什么问题，欢迎您随时与我联系，我是 5 号查询员，我姓白。

（5）案例——快件物品变形：照常派送、安排补寄。

查：非常抱歉，由于运输途中的不慎，造成您的快件物品部分变形，但没有太大问题；您先与您的客户联系一下，说明这个问题，好吗？如果你有其他更好的解决办法，请再与我们联系，我是 6 号查询员，我姓黄。

查：为了不耽误收件人的时间，请问贵公司是否还有相同的产品？为了表示我们的歉意，为您免费补寄一份与损坏部分相同重量的快件，为了安全起见，这次请您务必加固包装。

2. 遗失件。遗失件是指收派员在取件后，由于某种原因将快件遗失，给客户造成经济损失。遗失件包括全部遗失和部分遗失（如一票多件中的一件）。应考虑是否有错分或错发的情况，在确认查询无果后，再确定为遗失件。

（1）几种情况：

- 收件过程遗失，派件过程遗失。
- 作业部有到件记录，但无派件记录。
- 发件地作业部有发件，但转运中心无到件。
- 分拣中心有发件记录，但收件地作业部无到件记录。

（2）操作流程：

- 接到发件地、收件地的快件遗失通知。
- 通知收件地、发件地的客服部，等候处理意见回复。
- 录入处理结果，登记备案。
- 向客户（发件人、收件人）说明情况，表示歉意。
- 建议客户享受免费补寄快件（同等运费、同等重量）。
- 客户不接受，填写问题件通知单，客服代表上门拜访。
- 由客服部填写“理赔通知函”，须在同客户达成协议 3 天内将“理赔结果回复函”（客服经理签字）转交财务部，理赔完毕，登记备案。

3. 服务问题：

（1）注意事项：客服部查询组对所有的投诉都要做好记录。投诉记录包括：投诉时间，投诉内容，向客户、责任人取证情况，裁定结果，解决方案等。

（2）操作流程：

- 接到客户投诉，询问客户姓名，询问当时的具体情况。
- 尽快联系收派员或客服人员，核实客户反映情况是否属实。
- 向客户致歉和解释，将过程录入电脑查询系统。
- 报送相关部门，核定责任人，做出处罚决定，登记备案。

（3）案例 1：

客：我寄出的快递件怎么这么多天了还没收到，花那么多钱，还这么慢，这是什么特快专递啊，我都等得快急死了。以后再也不用你们的快递了。

注意：

遇到这类客户，我们切不可一上来就询问“您的地址是哪里啊，是城市还是乡村啊”“地址和手机号都正确的吗”之类的问题。这样的语气会让客户觉得被质问，而且认为客服人员将责任都推到他们身上，不利于进一步沟通。

此时，较为合适的说法应是“请您不要着急，您的心情我可以理解，并对给您造成的不便表示歉意”。对客户的体谅会让他们感觉客服人员是站在他们的角度考虑问题。然后请客户提供快递件号，再询问收件信息等，在客户情绪舒缓时向客户解释相关情况，消除误解。如果快递地址为乡村，需要层层转发，时间相对会长些；如果地址为单位或学校，可能会出现收件单位已代收但没有及时转交收件人的情况；如果收件人地址有误或电话联系不上，也会影响邮件的投递工作等。向客户耐心解释完还要详细记录客户信息，转相关部门进行核实，并及时回复客户核实或处理结果。

（4）案例2：

客：我的快递件为什么在网上显示由单位收发室签收。我明明写的个人名字，为什么要送给收发室，凭什么不送给我本人？我要求马上送过来由我本人签收！

注意：

遇到这类情况，我们不能直接对客户说“收件地址是单位或学校的快递件我们都只送到收发室”，这样客户会认为自己的要求直接被拒绝。

客服人员应先安抚客户：“您别生气，请先提供快递件号码，我为您查询一下邮件状态，好吗?”之后，根据网显状态向客户解释有关单位或学校地址的投递规定。客服人员可建议收件人到收发室查收快递件，当客户不愿自己去查收时，不可再一味强调单位或学校地址的投递方式，这样可能会引来更强烈的不满。客服人员应记录下客户信息并请客户给予时间进行核实处理，然后尽快将客户信息转投递部门先核实代收关系，如有代收协议，再回电客户进行解释，如没有，则应通知投递部门及时上门处理。如客户表示由于某种特殊情况要求一定由本人签收时，客服人员也要尽量帮助客户协调处理。

课堂体验

学生3人一组，一人扮演物流公司客户服务人员，一人扮演物流客户，物流客户向客服人员投诉在该公司托运的货物丢失，客服人员处理这件事情时应注意态度、及语言技巧。一人做观察员，指出二人在沟通中做得好的地方和不足之处。

案例阅读

王力在客服实训时接到一个客户的电话：“我的快递件为什么在网上显示由单位收发室签收。我明明写的个人名字，为什么要送给收发室，凭什么不送给我本人？我要求马上送过来由我本人签收！”

假如你是王力，你怎样回答客户？如何解决这样的问题？

实训练习

一、实训内容

1. 快递客户查询服务。
2. 快递客户投诉服务。

二、实训目的与要求

1. 验证和巩固所学理论知识，加深对相关内容的理解，接触课堂以外的实践知识。
2. 学会与别人沟通的技巧。
3. 熟悉快递公司的作业流程，获得工作经验。
4. 了解快递企业快递查询服务流程及相关工作情况，把所学专业理论知识与实践紧密结合，达到学以致用的目的。

三、实训场地、设备、仪器、工具、手段

1. 运用互联网软件模拟实习、实际快递企业见习、观看视频、请校外专家讲座等方法。
2. 校内快递和物流实训基地。

四、实训步骤

1. 将同学分组，每 5 ~8 人分为一组，活动以组为单位进行。
2. 在快递实训室内模拟查询和投诉服务。
3. 到快递公司实习，在客服岗位：前台坐席，体验快递查询服务。先要对部门业务骨干的业务活动、操作流程及工作方式进行观摩，对快递查询、投诉服务活动建立一个直观的认识。
4. 接听快递公司客服热线，受理查询和投诉业务。
5. 处理查询问题。
6. 受理投诉服务。
7. 每人写出不少于 1 000 字的快递查询和投诉实习总结。
8. 每个小组把本组成员的总结集体汇总。

五、成果展示

各小组长将本组的汇总结果在全班面前展示，供同学查验，要求有实习场景的介绍、发现的问题、改进措施及说明其理由。

六、任务评价

（一）小组活动评价标准

组长负责分配不同的组员去完成任务，每个成员完成规定的快递查询和投诉业务各个环节的体验，每个环节都体验到，有具体的情景描述。完成任务得 30 分，如果有漏错等情况分别扣减相应的分值。

小组成员评价意见标准如表 4 -6 所示。

表 4 -6　　小组成员评价表

小组名称：__________　　组长：________

小组成员	态度 10 分	互助与合作 10 分	倾听 5 分	展示与效果 5 分

（二）教师评价标准

教师负责评价每组的任务完成情况，量化评价标准。总分值最高为 70 分。教师对小组进行评价的标准如表 4 -7 所示。

表 4－7　小组学习评价指标

序号	评价指标	分值
1	• 能在规定时间内小组合作完成工作任务，操作规范，岗位间配合衔接完美 • 顺利展示，观点新颖，表述逻辑性强	60～70
2	• 能在规定时间内完成工作任务，操作规范，岗位配合默契 • 能做展示，有自己的观点，表述清楚	50～59
3	• 获得老师或其他组的帮助能完成工作任务，有展示	40～49

（三）教师点评

教师进行点评时，汇总小组内评价，然后进行总结点评。每个学生最后得分为所在小组分值加上成员评价分值。

【拓展提升】

某物流快递公司为了提高服务质量，在招聘时非常严格，要求客服人员必须经过严格的培训后才能为顾客服务，同时通过投诉系统来调研、追踪和掌握顾客感受，适时调整服务方式，统一客户服务质量标准，而且对服务态度、服务方式等用指示性与限制性相结合的服务规范加以约束。

资料来源：百度文库，有修改。

【思考】

1. 你觉得该快递公司的做法对于提高客服水平有什么帮助？
2. 统一的质量标准能适应所有客户么？

任务四　学会快件收取服务

任务情境

王力被安排到公司最基层的工作岗位——收派员岗位开始新的实习。王力认真地工作，努力向资深前辈学习，遇到不懂的地方及时向他们请教，很快掌握了收派员的工作技能，获得部门经理的肯定。

收派员的工作主要是负责每一票快件包裹的派收工作，这份工作分为收件和派件。收件是指根据寄件人的要求，揽收他们的快件包裹。利用公司的快件网络，使寄件人的快件安全及时送达至收件人手中，让客户满意。

任务要点

理论要点：

- ☐ 快递行业的政策与法规知识
- ☐ 快件的分类、运单知识
- ☐ 快件的运费与保险知识
- ☐ 国内一般函件、包裹收取业务流程
- ☐ 快递管制品、危险品、脆弱品、贵重物品的特性
- ☐ 国内管制品、危险品、脆弱品、贵重物品收取的业务流程

实践要点：

- ☐ 能正确填写一般函件、包裹运单
- ☐ 能独立完成国内一般函件、包裹的收件、验货、计费和收费业务
- ☐ 能正确填写各种特殊物品运单
- ☐ 能完成国内管制品、危险品、脆弱品、贵重物品的收件、验货、计费和收费业务

任务实施

知识准备

一、收取工作常识

（一）取件员服务规范

1. 合理安排运输路线，努力做到完美包装。
2. 爱护快件、轻拿轻放，保持快件和运单的整洁。
3. 文明驾驶，遵守交通法规。确保人身与货物安全。
4. 遵守客户单位的规章制度，不得随意动用客户物品。
5. 对待客户热情有礼，不与客户发生语言或行为冲突。
6. 着装整洁、举止文明、语言礼貌，体现公司良好形象。
7. 始终保持手机电量充足，确保与公司保持良好联络状态。
8. 称重计价准确，运单填写规范、内容完整，粘贴符合要求。
9. 遇到特殊情况或突发事件，及时向上级汇报并解决。
10. 下单信息（取件通知）不明确时，及时与接单员联系。
11. 因故不能在规定时间内取件时，及时联系客户取得谅解，另约取件时间。

（二）取件操作要领

1. 收到接单员的取件通知后，做好记录并立即前往取件。
2. 到达客户处，礼貌地表明身份，寻找寄件人或联络人。
3. 必须检查快件物品，无禁运品、无损坏才可接收；已封装好的货物也要开箱检查。
4. 协助客户进行包装，对易破损、易变形的货物贴上“易碎件”标签。
5. 现场称重计价，填制运单，正确解释价格标准和计费原则。

6. 收取运费后，将运单的收件人存留联交给客户。

7. 到付件须向寄件人声明：若收件人拒付，则改为寄付，须加收服务费。

8. 将运单第一联装入透明塑料袋，用封箱胶带将运单粘贴在快件外包装之上。

9. 填写取件清单，包括运单号、取件路区、公司名称、重量、金额等。

10. 将取件清单、运单和货物交给仓管员，办理交接手续。

11. 在规定时间内向财务部上交所收款项。

（三）需注意的问题

1. 客户交寄大件货物时，应通知作业中心安排汽车取件。

2. 客户所交寄的物品有损坏的，请客户在运单上注明。

3. 对一票多件的货物，将运单复印，每件货物上须粘贴一份。

4. 取件时，若发现有禁运品或超出服务范围，要向客户耐心解释。

5. 对客户已填写的运单须检查是否符合规范，不符合要求的，必须重新填写。

6. 若寄件人不在，由他人交代快件时，须在运单上注明关系，回公司后再与寄件人确认并做登记。

7. 单件货物的外形尺寸如下：

（1）空运件：长不超过2.5米，宽不超过1米，高不超过0.8米；否则，不能通过机场安检机。

（2）陆运件：长不超过2.5米，宽和高不超过1.5米；否则，将会给运输带来相当困难。

8. 取件时限，原则上为1小时以内（派送时限为2小时内），无特殊原因，超过服务时限的，责任人应受到处罚。

9. 当天收取的款项原则上应当天上交财务部；最迟应在收取运费后的48小时内将款项上交公司，否则视为无故挪用或侵占公司财产的行为。

二、收取作业流程

流程：取件准备——→货物查验——→完美包装——→填制运单——→收取运费——→运输入库。

（一）取件准备

1. 检查交通工具和通讯工具是否正常，保证其性能良好。

2. 带齐取件所需的物品和工具，包括运单、包装袋、胶带、卷尺、手提秤、小刀、圆珠笔、大头笔、收据（发票一般不准带）、内部服务手册等。

3. 收到接单组取件通知后，一小时内必须赶到寄件客户处。

4. 收到通知后发现寄件客户不在自己所负责的路区内，应立即通知接单组，更改通知对象。

5. 如果客户所寄货物尚未准备好，应礼貌地询问还需要多久；如果15分钟内不能准备好的话，应向客户做出解释：因时间紧张，还有其他取件任务，不能长时间等候；客户准备好以后，可再打电话通知接单组下单，另约时间前来取件；取件员还须向接单组备案说明这一情况。

（二）货物查验

1. 征得客户同意后，当面打开货物包装，用小刀划开包装时，注意不要划得过深过猛，以免割坏里面的货物。

2. 客户拒绝查验时，应耐心解释公司规定；如果客户坚决不同意开箱查验，取件员可以拒收此件，但要做好解释工作，不应发生争执和口角。

3. 如果发现禁运品，要礼貌地解释不能承运的理由；同时安抚客户说，下次如有其他物品托寄，我们会为您提供满意的服务。

4. 清点货物数量，应按每种物品的最小计量单位，如个、件、只、把、片等。

5. 外包装容易破损的，应提醒客户加固包装，以防运输中破损，造成货物遗失或损坏，并协助客户把货物包装好。

6. 对易碎品快件，要提醒客户加固包装，否则在运输中一旦损坏，取件员要承担责任。

7. 称重。轻泡物，每千克体积大于 6 000 立方厘米。非轻泡物，一般情况下，用自带的弹簧秤称重；货物较多，无法使用弹簧秤，可借用客户的秤称重；如果客户也无法称重，向客户说明，带回公司称重。带回公司称重的货物，应第一时间通知客户最终计费重量和实际运费；如须更改运单资料，必须填写运单更改确认书，交客户签名确认；否则，取件员要承担由此造成的后果。

（三）完美包装

1. 箱体包装。

（1）改换包装：如果客户自己的包装不符合运输要求，应告知客户可免费为其更换；如果客户拒绝快件公司提供的包装，取件员可礼貌地拒收此件；如果客户同意更换包装，取件员将货物带回公司后改换成本公司的包装箱时，切不可遗留任何一件物品，尽可能恢复原先的摆放顺序；如果因为箱体尺寸的差异而使原重量有所改变，应致电客户，告知现行重量，以免产生误会。

（2）箱体检查：包括箱体外表有无破损、箱体封口是否封好封牢，发现问题立即妥善处理。

2. 胶袋包装适用的货物。

（1）体积小而重量轻的货物，如衣服、布样，图纸等。装入胶袋后，用封箱胶带扎好，胶袋封口处还须再用胶带封粘，以防封口粘度不够而开口儿。

（2）体积不大却比较重的货物，如拉链、铁片、模具等。尽可能多用几个胶袋装好，并用封箱胶带扎牢，以防运输中因碰撞而裂开，使货物从中掉落。

（3）体积大的货物（无论轻重与否），如泡沫、海绵、大袋衣物等。如果客户的包装材料是塑料薄膜，应告之客户此种包装不符合运输要求，须改用本公司免费提供的纸箱包装。

（4）胶袋包装封口后，袋内常会充满空气使胶袋膨胀，搬运中容易发生爆裂、货物掉落现象；此时可用刀片在胶袋边缘，割开一个小小的口子，使气体自行排出，再用胶带将小口子封好，以确保货物的安全。

3. 特殊物品包装。

（1）易碎品的包装，如塑胶类物品、胶卷、小电器等。应尽量用纸箱包装，在纸箱内填充抗震物料，如泡沫、纸屑等，仔细封好封牢。如果无法用纸箱包装，在装车时应单独拿出此件，放在车内较安全的地方。

（2）不规则物品的包装，如工艺藤椅等。此种物品占用空间大，而且易碎、易变形，原则上拒收；如果客户坚持要托运的话，应轻拿轻放，单独把此类物品放于车厢一角。

4. 绿色包装（Green Package）。又可以称为无公害包装和环境之友包装（Environmental Friendly Package），是指对生态环境和人类健康无害，能重复使用和再生，符合可持续发展的包装。

它的理念有两个方面的含义：一个是保护环境，另一个就是节约资源。这两者相辅相成，不可分割。其中保护环境是核心，节约资源与保护环境又密切相关，因为节约资源可以减少废弃物，其实也就是从源头上对环境加以保护。

从技术角度来讲，绿色包装是指以天然植物和有关矿物质为原料研制成对生态环境和人类健康无害，有利于回收利用，易于降解、可持续发展的一种环保型包装，也就是说，其包装产品从原料选择、产品的制造到使用和废弃的整个生命周期，均应符合生态环境保护的要求，应从绿色包装材料、包装设计和大力发展绿色包装产业三个方面入手实现绿色包装。

（四）填制运单

运单是快件的身份证明，运单的每一联都有各自的用途。目前不同快递公司所用快递运单格式大同小异，所含项目也基本相同，联数有 3 ~6 联不等。常见格式如图 4 －2 所示。

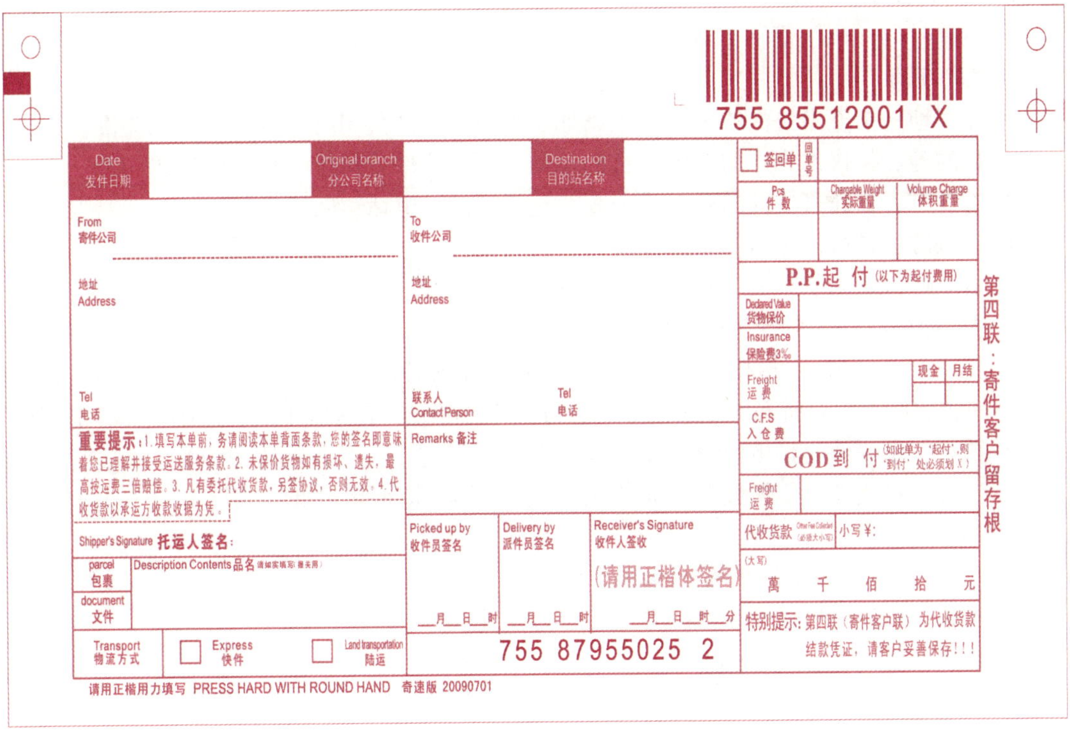
755 85512001 X
Date 发件日期
Original branch 分公司名称
Destination 目的站名称
签回单
回单号
From 寄件公司
地址 Address
Tel 电话
To 收件公司
地址 Address
联系人 Contact Person
Tel 电话
Pcs 件数
Chargable Weight 实际重量
Volume Charge 体积重量
P.P.起 付（以下为起付费用）
Declared Value 货物保价
Insurance 保险费3‰
Freight 运费
现金
月结
C.F.S 入仓费
COD 到 付（如此单为“起付”，则“到付”处必须划 X）
Freight 运费
代收货款
小写￥：
（大写）萬 千 佰 拾 元
重要提示：1.填写本单前，务请阅读本单背面条款，您的签名即意味着您已理解并接受运送服务条款。2. 未保价货物如有损坏、遗失，最高按运费三倍赔偿。3. 凡有委托代收货款，另签协议，否则无效。4. 代收货款以承运方收款收据为凭。
Remarks 备注
Shipper's Signature 托运人签名：
Picked up by 收件员签名
Delivery by 派件员签名
Receiver's Signature 收件人签收
（请用正楷体签名）
＿月＿日＿时
＿月＿日＿时
＿月＿日＿时＿分
parcel 包裹
document 文件
Description Contents 品名
Transport 物流方式
Express 快件
Land transportation 陆运
755 87955025 2
特别提示：第四联（寄件客户联）为代收货款结款凭证，请客户妥善保存！！！
第四联：寄件客户留存根
请用正楷用力填写 PRESS HARD WITH ROUND HAND 奇速版 20090701

图 4 －2　快递运单范例图

提示：

国内快递运单宜采用三联，由快递服务组织存根联、寄件人存根联、收件人存根联组成。国际出境快递运单根据需要可增加海关存根联。

快递服务组织根据业务需要，可适当增减快递运单的联数，但国内快递运单最多不宜超过五联，国际出境快递运单最多不宜超过六联。

第一联（收件存根/蓝单）：它由快递公司发货地作业中心留存，用来计算取件票数和营业收入，以及客户查询。

第二联（随件单/红单）：它是货物转运的凭证，粘贴在快件外包装上，始终跟着货物走。

第三联（报关单/绿单）：它由海关和机场留存，用于香港件的报关。

第四联（派件存根/黄单）：它由快递公司接货地作业中心留存，用来计算派送票数和营业收入，以及客户查询。

第五联（收件人存根）：它由收件客户留存，用于快件查询。

第六联（寄件人存根）：它由发件客户留存，用于快件查询。

1. 运单事项。

（1）运单正面内容的构成。运单正面内容是对快件信息的详细描述，主要包括寄件人信息，收件人信息，寄递物品性质、重量、资费、数量，寄件人签名，收件人签名，寄件日期，收件日期，付款方式，快递人员姓名或工号等内容。

每一份运单的正面都有一个号码（不同快递企业使用的条码规则不尽相同），条码与运单内容捆绑，便于快件运输途中的查询和操作。

- 运单号码（以下简称“单号”）：它是快件的扫描条形码（8 位或 10 位），用于快件操作与客户查询。
- 原寄地：指寄出快件的地区，原寄地的填写以快件公司统一规定的代码为准。
- 目的地：指快件到达的地区，目的地的填写以快件公司统一规定的代码为准。
- 寄件方：指托寄快件的企业或个人，包括地址、电话、联络人等。
- 收件方：指快件送达的企业或个人，包括地区、电话、联络人等。
- 自取件：指由于距离、时间等原因，或应客户要求，快件到达目的地后不需派送员上门送件，而由收件人自行前往快件公司提取快件。
- 托寄物（品名）：指托寄快件的具体名称，此项必须真实填写。
- 价值：指客户对所寄快件的估价，它与快件的报关价值有所不同，只作为参考来填写。
- 数量：指快件的具体数量，详细到“个”“件”“只”“条”等单位。
- 件数：指快件的整体数量，如“箱”“包”等，特别是大批量的货物。

注意：

件数与数量是两种不同的概念。

- 重量：指快件的实际重量，它区别于体积重量。
- 体积重量：也叫“体积加收”，是针对轻泡货物而规定的计重计费公式。
- 运费：指快件的实际运输费用。
- 付款方式：指快件的运费由哪一方客户支付。
- 月结账号：指月末或月初统一结算运费的付款方式，适用于经常寄件的大宗客户。
- 收件员（取件员）：指派送员、收派员的姓名或代码。
- 派件员（派送员）：指派送员、收派员的姓名或代码。

收件人签收：此栏要求收方客户亲笔签名，表示快件已成功送达客户手中，快件公司不再承担责任。

（2）运单背面内容构成。运单背面是运单的背书条款，是确定快递企业与寄件人之间权利、义务的主要内容。背书条款由快递企业和寄件人共同承认、遵守，具有法律效力，自签字之日起确认生效。收寄快件时，快递人员有义务在收取快件时提醒寄件人阅读背书内容。

运单背书条款主要包括以下内容：查询方式与期限、快递企业与寄件人双方的权利与责任、快递企业与寄件人产生争议后的解决途径、赔偿相关条款。

2. 填写要领。

- 寄件方：

名称：公司写全称，个人写全名。

地址：×省×市×区×镇村，或×省×市×区×路×门牌号码。

电话：区位号+本机号码，或手机号码，要求准确无误、数字清晰。

联络人：写全名（寄件人与联系人可以是同一人，也可以是两个人）。一旦发生拒付拒收、无人签收，或收件方地址不详、搬迁等情况，可用来及时联络寄件方。

- 寄件时间：×月×日×时（24小时制）×分（按时钟正确填写），必须由客户自己填写。事后客户指责延误派送时，可用来作为服务时限的凭证。

- 寄件方签名：由寄件人亲笔签名（寄件人与联系人可以是同一人，也可以是两个人）。

- 收件方：

名称：公司写全称（最好详细到具体部门），个人写全名。

地址：×省×市×区×镇村，或×省×市×区×路×门牌号码。

电话：区位号+本机号码，或手机号码，要求准确无误、数字清晰。

联系人：写全名（收件人与联系人可以是同一人，也可以是两个人）。如果寄件方无法提供收件方的详细地址、电话和联系人，应向客户说明，可能会延误派送或无法派送，快件一旦退回，要收取双程运费。如果客户执意要寄，应在运单上注明：寄件人只能提供此地址，或者要求收件人自取。

- 收件时间：×月×日×时（24小时制）×分（按时钟正确填写），必须由客户自己填写。事后客户指责延误派送时，可用来作为服务时限的凭证。

- 收件方签收：应由收件人亲笔签名（收件人与联系人可以是同一人，也可以是两个人）。如果无人签收，须加盖收件方公司公章（原则上盖章人应签字）。

- 收派员签名：签字并填写员工工号。出现问题时可查找责任人，也用来考核收派员的工作绩效。

- 原寄地、目的地代码：根据“内部服务手册”中的各营业中心（分公司、办事处）代码一览表，正确填写。目的地实行大区操作的，写上大区代码即可。用于作业分拨和财务记账，目的地代码稍有差错，就会导致快件错分，延误派送时间。

- 托寄物内容和数量：托寄物须与实际内容相符，只能用中文填写，数量须与实际托寄物数量相符。这样，快件在运输中发生包装破裂时，能准确判断托寄物品是否缺少，防止收件方误认为是快件公司将货物丢失。出口报关的香港件一定要准确详细，不可使用“五金零件”“衣服”等笼统字眼儿。

- 托寄物详细资料：件数栏：须与单独包装数相符（便于在快件运输中准确判断件数是否缺少）。

备注栏：填写客户的特殊要求，如急件、易碎件、自取件等。

- 托寄物价值：按托寄物（实际内容）的本身价值估算，不含任何附加值。

【注意事项】托寄物价值必须限制在3 000元人民币以下，必须由客户亲自填写；客户执意填写 3 000 元以上时，收派员应拒绝收寄；收派员私自更改或代客户填写货物价值引发赔偿纠纷的，后果由收派员个人承担。如果客户愿意投保，可根据投保额填写货物价值，但多数快递公司无此项服务。

- 自取件：寄件人声明此件不用派送，由收件人自取，收派员在自取件栏打钩。超范围的自取件应在备注栏内写上：此件自取。
- 付款方式：在付款方（寄方或收方）栏内打钩。如果是寄付客户（非临时寄件），还要在月结栏内打钩，并写上月结账号。

注意事项：如果寄付与到付都被客户打了钩，须二者择其一，圈画盖章加以确认。付款方式栏内未做任何标注的，由收派员个人支付该票运费；寄付和到付栏内都做了标注又未圈画确认的，由收派员个人支付该票运费。

- 体积加收：体积加收栏只针对轻泡物，非轻泡物不必填写。不规则轻泡物，按各边的最长尺寸计算。不规则物品按立方体计算，即长、宽、高的最大尺寸相乘，包括圆锥体、圆柱体。
- 重量与价格：按轻泡物计费的，在重量栏填写实际重量，在体积加收栏填写计费重量。按实重计费的，填写计费重量（即重量取舍后，按价格表收取运费的重量）。价格栏填写按计费重量计算出的运费金额。

【注意事项】

①重量和价格栏，填写后不得改动；万一填错，原单作废，再填新单，以免纠纷；快件寄出后才发现填错的，则不得更改。

②重量在 100 千克以下的，小数点实行二退三进、七退八进的标准。例如，2.2 千克，按 2 千克计费；12.3 千克，按 12.5 千克计费；84.7 千克，按 84.5 千克计费；24.8 千克，按 25 千克计费。

③重量在 101 千克以上的，小数点实行四舍五入的标准。例如，112.4 千克，按 112 千克计费；112.5 千克，按 113 千克计费。

④重量在 0.5 千克以下的，一律按 0.5 千克计费。

⑤计费时出现 0.5 元的，采用四舍五入法，即运费只有整元，没有 0.5 元。

⑥计费重量和实际重量有差异时，如果客户要求填写实重，实重应填写在备注栏，计费重量应填写在重量栏。

- 补充说明：

【收费件】

①客户填写运单时，应提醒客户叠齐运单并用力拓写，以确保底联字迹清楚。

②客户填好运单后必须认真检查：运单各联字迹是否清晰，各联内容是否一致；付款方式、重量及运费是否明确、准确、正确。

③如因运单未对齐，造成后几联付款方的对钩（√）打在了方框，（□）的外面，应及时予以修正；选择与首联一致的付款方，先画圈做标注，再将后几联错位的地方打上钩。

④如后几联的重量栏或运费栏字迹不清，须重新描写与首联一致的重量或运费。

⑤如因收派员违反操作规范，没有认真核实运单信息内容，而影响到派送质量，由此引发的问题件和客户投诉由收派员承担责任。

【免费件】

①免费件也必须填写运单，必须写明具体重量和运费，备注栏须注明免费原因。

②免费件必须由发件地作业中心经理在运单各联的运费栏内签名确认。

③如未按规定填单而影响财务核算的，公司将追究相关人员的责任。

相关链接

打印电子面单

现在顺丰快递员都是一人随身携带一款蓝牙电子面单打印机，可以用佳博ZH-280A、380、380A、GP-Q80等，上门取件特别方便，打开手机APP输入相关信息，自动生成面单，自动打印。

如果客户是网上下单，只要填写好收发件人的相关信息，系统后台会记住这些信息并生成二维码，只要把信息或者二维码提供给收件员，收件员就可以用便携式打印机现场打印电子面单。操作非常简单，收件员用手机打开APP，找到客户的订单号，或对着客户手机上自动生成面单的二维码一扫，点击“打印”，随身携带的打印机就打印出电子面单了。

资料来源：百度文库，有修改。

（五）贴单

将运单及标识、随运单证、形式发票装到到快件袋的单证口里，或装入不干胶运单袋粘贴在包装箱的合适位置。

1. 运单粘贴位置。根据快件表面美观、大方的要求，以及从左到右的操作和阅读习惯，运单应粘贴在快件外包装上面适当位置，运单与快件边缘留出5厘米的距离为宜。应把表面的四个角落位置留出来，以便标识、随带单证的粘贴。

2. 运单粘贴方法。各快递企业根据自身运单的特性采取不同的粘贴方式，运单袋封装是其中最常见的方式。

3. 运单粘贴注意事项。

- 运单粘贴应尽量避开骑缝线，由于箱子挤压时，骑缝线容易爆开，导致运单破损或脱落。
- 运单应粘贴在快件最大的平整表面，避免运单粘贴皱褶等。
- 使用胶纸时，不得使用有颜色或带文字的透明胶纸覆盖运单内容，胶纸不得覆盖条形码、派件员姓名、收件人签署栏以及派件日期栏的内容。
- 运单粘贴须保持平整，运单不能有皱褶、折叠、破损。
- 挤出运单袋内的空气，再粘贴胶纸，避免挤破运单袋。
- 如果是国际快件，须注意将相关的报关单据与运单一起装进运单袋内，或者按照快递企业的具体要求操作。如有形式发票，应将形式发票和运单一起装进运单袋内，或者按照公司的具体要求操作。
- 运单要与内件一致，避免运单错贴在其他快件上。

4. 不规则快件的运单粘贴。

（1）圆柱形快件的运单粘贴。圆柱底面足够大（能平铺粘贴运单），将运单粘贴在圆柱形物体的底面，注意运单不得贴在底面边缘，避免快件叠放时把运单磕破。例如油漆桶，把运单粘贴在底面正中央位置，不得贴在边缘高起的脚上。如果圆柱物体较小，底部无法平整粘贴运单，则将运单环绕圆柱面粘贴，注意运单号码不得被遮盖。例如奶粉罐，将运单环绕罐身粘贴，为了运单粘贴的牢固，运单粘贴好之后，须加贴透明胶纸环绕两底部粘贴运单，确保运单不会顺着罐身滑落。

（2）锥形物体的运单粘贴。体积较大的锥形物体，选择能完整粘贴运单的最大侧面，平整粘贴运单。体积较小的锥形物体，如果单个侧面无法平整粘贴运单，可将运单内容部分粘贴在两个不同的侧面，但运单条码必须在同一个侧面上，不能折叠。

（3）小物品快件的运单粘贴。对于体积特别小、不足以粘贴运单（即运单环绕一周能把整个快件包裹起来）的快件（通常称为“小件”），为了保护快件的安全，避免遗漏，建议将其装在文件封或防水胶袋中寄递。运单粘贴在文件封或防水胶袋的指定位置。

（4）对于特殊包装的快件，运单粘贴应遵循以下原则：首先，运单的条码不得被覆盖，包括不得被物品覆盖和不得被颜色覆盖；其次，运单条码不得被折，即运单的条码须在同一表面展示，不得折叠或在两个（含以上）表面上。

5. 标识的粘贴。

（1）正面粘贴。与分拣直接相关的标识，为便于分拣操作，宜将其与运单粘贴在同一表面，如国际件贴纸、自取件贴纸。

（2）侧面粘贴。防辐射等标签应粘贴在快件侧面，便于在搬运、码放时能够很容易地识别，如向上标志贴纸、防辐射贴纸等。

（3）三角粘贴。需要多面见到的贴纸，可以贴在包装箱的角上，包住快件角落的三个方向。例如易碎件贴纸，斜贴在快件粘贴运单的正面角落，另外两个角粘贴在其他两个侧面。

（4）沿骑缝线粘贴。作为封箱操作使用，有起密封不允许打开作用的贴纸，每件快件至少粘贴 2 张，要求每个可拆封的骑缝线都得粘贴。例如保价贴纸，应粘贴在每个表面的骑缝线上，起到封条的作用，提醒不允许拆开包装。

6. 随运单证的粘贴。随运单证包括代签回单、代收货款证明、形式发票、报关单、转运单等。各快递企业对随运单证的粘贴方式不一：有些企业将随运单证和运单一起放入装运单的塑料袋，用胶纸粘贴在快件上；有些企业将随运单证和托寄物一起存放。

（六）收取运费

1. 客户付款时，应仔细清点，并向客户致谢。
2. 清点钱款时，不可手沾唾沫，影响公司形象。
3. 客户索要发票时，撕下同等金额的定额发票交给客户。
4. 发票用完或票额不足时，向客户做出解释，下一个班次带过来。
5. 如果客户不要定额发票，要向客户说明：收派员只准携带定额发票，手开发票须由公司财务部开出，只能下一个班次带过来，并与客户约定时间。
6. 收取运费后，如果客户又要添加少量物品，在时间允许的情况下，应满足客户要求；无须更改重量的，仍使用原单；要更改重量的，必须重新填单。

（七）系统上传快件信息

完成收件后，扫描快件运单，把快件信息录入快递信息系统，可以在收件现场开启靶枪录入上传，也可以回公司处理。

（八）运输入库

完成取件任务后，应按规定时间返回公司，把收到的快件交仓库管理员，并办理快件入库交接手续。

提示：

收派员收好快件后，应按规定时间运回公司。运输过程中要注意如下几点：

1. 装车和卸车时要小心轻放，摆放整齐，不可将货物用力扔上车或从车上往地下扔，以防快件包装散开或弄坏货物。

2. 对于一些大件或长条形、很重的货物，需要两人一起搬动的，应找人帮忙。

3. 易碎件应摆放在快件最上面，体积大的易碎件，应通知公司用车辆运回，以免损坏。

4. 对于以摩托车和自行车为主要交通工具的收派员，应注意将文件类的小件装入随身携带的背包里，以免运输过程中不慎掉落。

5. 摩托车和自行车在运送快件时，应用胶带将快件捆绑牢固，一出现异常情况马上停车检查。

（九）交款交单

取件人将从客户收取的运费以及单据与快递企业或网店指定的收款员进行交接。

三、收件中特殊情况的处理

1. 收寄异常处理如表4－8所示。

表4－8　收寄异常情况处理表

序号	异常类型	应对要求
1	取件时发现到付款金额大于300元（按公司规定标准）	若取件人在取货时发现到付款金额大于300元，取件人员应与客户沟通，解释公司操作要求，并请客户改为寄付并现金结算
2	取件地址超范围	如客户地址为公司超区域地址，则和客户沟通，解释公司操作服务区域无法满足寄递要求，建议客户选择其他快递公司
3	取件时发现禁运品	如开箱验货后发现货物为禁运品、限运品等，应立即告知客户寄递此货物的严重性，并停止受理此业务
4	取件货物过大无法完成取件任务	在确认无法完成取件任务的情况下，应立即向调度人员反馈异常情况，等待调度人员安排车辆取件，并告知客户具体取件时间，做好客户沟通解释工作
5	货物包装不合格	如果客户包装不符合运输标准，建议客户增加包装，必须将货物包装完好后方可发货

2. 寄递服务企业对禁寄物品处理办法如下：

（1）企业发现各类武器、弹药等物品，应立即通知公安部门，疏散人员，维护现场，同时通报国家安全机关。

（2）企业发现各类放射性物品、生化制品、麻醉药物、传染性物品和烈性毒药，应立即通知防化及公安部门，及时按应急预案处理，同时通报国家安全机关。

(3) 企业发现各类易燃易爆等危险物品，收寄环节发现的，不予收寄；经转环节发现的，应停止转发；投递环节发现的，不予投递。危险品要隔离存放。对其中易发生危害的危险品，应通知公安部门，同时通报国家安全机关，采取措施进行销毁。需要消除污染的，应报请卫生防疫部门处理。其他危险品，可通知寄件人限期领回。对内件中其他非危险品，应当整理重封，随附证明发寄或通知收件人到投递环节领取。

(4) 企业发现各种危害国家安全和社会政治稳定以及淫秽的出版物、宣传品、印刷品，应及时通知公安、国家安全和新闻出版部门。

(5) 企业发现妨害公共卫生的物品和容易腐烂的物品，应视情况通知寄件人限期领回，无法通知寄件人领回的可就地销毁。

(6) 企业对包装不妥、可能危害人身安全、污染或损毁其他寄递物品和设备的物品，收寄环节发现的，应通知寄件人限期领回；经转或投递环节发现的，应根据具体情况妥善处理。

(7) 企业发现禁止进出境的物品，应移交海关处理。

(8) 其他情形，可通知相关政府监管部门处理。

3. 限寄物品处理。

(1) 通用限运物品及处理办法如表 4－9 所示。

表 4－9　　限运物品处理办法

货物种类	批准证书	核发部门
枪支、警械	准运证、携运证	公安局、体委
动植物及其制品	动植物检疫证书	动植物检疫站
烟　草	烟草专卖品准运证	烟草专卖局
麻醉药品	麻醉品运输凭证	卫生部药政管理局
放射性物品	放射性剂量证明	卫生防疫站
酒	进口酒准运证、外运证	省级酒类专卖管理局
音像制品、光碟	音像制品运输传递证明	省级社会文化管委会办公室
金矿产品	调拨证明	省级黄金公司
木　材	准运证	县级林业局

(2) 我国海关对限制寄递物品的限量和限值规定。

• 限量。根据限量有关规定，在国内范围互相寄递的物品，如卷烟、雪茄烟，每件以两条（400 支）为限，两种合寄时也限制在 400 支以内。寄递烟丝、烟叶，每次均各以 5 千克为限，两种合寄时不超过 10 千克。每人每次限寄一件，不准一次多件或多次交寄。

• 限值。对于寄往香港、澳门、台湾地区及国外的物品，除需遵守限量规定外，还应遵守海关限值的有关规定。

寄往香港、澳门、台湾地区的个人物品，每次价值以不超过人民币 800 元为限，其中 400 元以内部分免税，超出 400 元的部分需征税；中药材、中成药以人民币 100 元为限。中成药是指注册商标上有“省（市）卫准字”的中成药，商标上标有“省（市）卫健字”的保健中成药不属于本限值范围。

寄往国外的个人物品，每次价值以不超过人民币 1 000 元为限，其中人民币 500 元以内部分免税，超出的部分需征税；中药材、中成药以人民币 200 元为限。

- 外国人、华侨和港澳台同胞寄递的出境物品，如果是用外汇购买，只要不超过合理数量，原则上不受出口限制。
- 如果寄达国（或地区）对某些寄递物品有限量、限值的规定，应按寄达国（或地区）的规定办理。

相关链接

坚定绿色包装实践

为减少包装废弃物对环境的危害，我国早就提出了“绿色包装”的概念。绿色包装兼顾保护环境和资源再生两种意义，具体言之：

包装减量化。即包装在满足保护、方便、销售等功能的条件下，应尽量减少用量。

包装应易于重复使用或易于回收再生。这是现阶段发展绿色包装材料最切实可行的一步，是一种最积极的废弃物回收处理办法。目前使用的聚酯饮料瓶、奶瓶、玻璃制的啤酒瓶都能重复利用多次。无法重复利用的就尽可能地分解，熔化重新成型。

包装废弃物能降解腐化，不形成永久垃圾。全世界都在研究可降解塑料以解决目前塑料无法降解所带来的严重的环境题目。降解的原理是通过土壤和水中的微生物作用或通过阳光中紫外线的作用，使塑料在自然环境中分裂降解和还原，终极以无毒形式重新进入生态环境，回归大自然。

包装材料对人体和生物应无害无毒。包装材料中不应含有有毒性的元素、重金属，或含有量应控制在有关标准以下。

时序更替，梦想前行。全面贯彻党的十九大精神，走绿色包装之路事关全局，意义重大，至为关键。

资料来源：中国物流网，有修改。

实训练习

一、实训内容

1. 在快递实训室模拟快递收件服务。
2. 到快递企业实习快件收取作业。

二、实训目的与要求

1. 掌握收派快件的作业流程，学会收件作业。
2. 熟知相关单证的填写要求，会填写快递运单。
3. 掌握快件包装要求和技巧。
4. 学会识别禁、限运品。
5. 培养工作认真、负责的态度，适应工作基本作息制度。

三、实训场地、设备、仪器、工具、手段

1. 运用互联网软件模拟实习、实际快递企业见习、观看视频、请校外专家讲座等方法。
2. 校内快递和物流实训基地。

四、实训步骤

1. 将同学分组，每5～8人分为一组，实训室模拟活动以组为单位进行。

2. 成员到快递公司实习，跟随指导师傅收件观摩，熟悉负责区域的地理环境和收件操作要领。

3. 体验收件作业。

（1）准时上班做好收件前的准备工作。

（2）接受接单员收件通知，做好记录，前往目的地取件。

（3）联系到寄件人。

（4）查验物品。

（5）运单填写。

（6）快件包装。

（7）快件称重、运费计算和收取。

（8）粘贴运单。

（9）扫描枪扫描快件信息。

（10）取件信息的核对。

（11）快件运回。

（12）交件、交单、交款。

五、成果展示

各小组长将本组的汇总结果在全班面前展示，供同学查验，要求有实习场景的介绍、发现的问题、改进措施并说明其理由。

六、任务评价

（一）小组活动评价标准

组长负责分配不同的组员去完成任务，每个成员完成全部实习规定收件操作各个环节的体验，有具体的情景描述。完成任务得30分，如果有漏错等情况分别扣减相应的分值。

小组成员评价标准如表4－10所示。

表4－10　　小组成员评价表

小组名称：________　　　　组长：________

小组成员	态度10分	互助与合作10分	倾听5分	展示与效果5分

（二）教师评价标准

教师负责评价每组的任务完成情况，量化评价标准。总分值最高为 70 分。教师对小组进行评价的标准如表 4－11 所示。

表 4－11　小组学习评价指标

序号	评价指标	分值
1	• 能在规定时间内小组合作完成工作任务，操作规范，服务到位，岗位协作无疏漏 • 顺利展示，观点新颖，表述逻辑性强	60～70
2	• 能在规定时间内完成工作任务，操作规范，服务到位，岗位协作无疏漏 • 能做展示，有自己的观点，表述清楚	50～59
3	• 获得老师或其他组的帮助能完成工作任务，有展示	40～49

（三）教师点评

教师进行点评时，汇总小组内评价，然后进行总结点评。每个学生最后得分为所在小组分值加上成员评价分值。

【拓展提升】

现代社会，人们的生活越来越离不开快递。与此同时，因快递单泄露个人信息导致的诈骗甚至人身伤害案件也屡屡发生，引发人们的不安。

宅急送公司，在整个投递环节，除了头尾的收件员和投递员能看见市民的联系方式外，在整个运输环节，联系方式一栏是类似充值卡密码一样被保密遮挡的。此外，整个信息系统采取加密，公司内部只有部分员工有权限查看记录，一旦有人导出记录，系统就会自动发出预警。

另外，企业内部所有的电脑 USB 接口是封存的，严禁外联 U 盘和移动硬盘拷贝资料。一旦发现有员工私自查询记录，系统将自动锁定员工登录账号。

【思考】

1. 收件中为客户保密的道德和法律意义。
2. 作为收件员，怎样防止泄露客户信息？

任务五　学会快件处理

任务情境

实习初期，老师集中给王力等实习生讲解了分拨中心的业务流程，即快件接收、分拣和包装，每一个步骤都由许多操作活动环节构成。

王力被安排在分拣组实习。这个组的工作是负责接收汽车转运来的快件，以及快件分拣、封装等业务。王力的主要任务是卸车收包、拆解总包、根据运单地址信息进行分拣，分拣结束之后，装包、制作清单、装车；再次卸车、再分拣，如此循环。王力从卸车接包开始到分拣封装，实习了整个分拨中心的快件处理操作流程。

任务要点

理论要点：

- □ 快件物品保管知识
- □ 快件包装知识
- □ 快件分拣知识

实践要点：

- □ 能合理进行快件在分拣中心入库——→保管——→出库管理
- □ 能正确快速完成快件一般物品和特殊物品的包装
- □ 能完成快递一般和特殊物品的分拣业务

任务实施

知识准备

快件处理是指对进入处理中心的快件进行分拣、封发的操作过程，包括快件到站接收、分拣、总包封装、快件发运等环节。

一、快件接收、分拣、封发业务常识

（一）接收

快件接收是快件处理的第一个作业环节。在到站快件接收作业过程中，场地接收人员对快件运输车辆的封志、快件交接单式的填写、总包快件的规格和质量等方面要认真执行交接验收规定，明确责任环节，确保快件的处理质量。带有目的地标志、装有快件的封装容器，业界称之为“包”。包在形式上有四种进出方式：包进包出、散进包出、包进散出

和散进散出。

1. 总包概念。总包，是指将寄往同一寄达地（或同一中转站）的多个快件集中装入同一个容器或包（袋）中，并封扎袋口或封裹牢固形成一体。总包的优点是便于运输和交接。

总包的要求是拴有包牌或粘贴标签（总包内应附寄快件封发清单，或在包牌及标签写明内装件数）；快件总包每包（袋）重量不宜超过 32 千克（欧美地区的总包或总包单件限重是 70 磅）。

总包单件：对较大快件不再装入总包空袋内，而是单独发运，但是在操作上视同总包，也必须登列交接单（路单），所以称作“总包单件”。

2. 交接使用的单式。

（1）交接单的概念。交接单（路单）是快递服务网络中两个部门双方在交接总包时的一种交接凭证，它是登记交接总包相关内容（交接单号码，总包包号，发寄地，寄达地，总包数量、重量、快件种类和交接时间等）的一种单式。

（2）使用范围。交接单主要用于三个交接环节：

一是收寄派送网点与分拣中心之间的总包交接；

二是快件运输环节与分拣中心或中转站之间交换的总包交接；

三是分拣中心或中转站与委托运输方之间的总包交接。

（3）交接单的作用。

- 记录两个作业环节交换总包时实际发生的相关内容，是快件业务处理的证明；
- 是快递企业与委托承运部门或企业进行运费结算的依据；
- 是明确两个作业环节之间总包交接的责任界限，并促成互相监督制度执行的重要措施；
- 是进行总包查询和赔偿的凭证。

3. 总包卸载。总包卸载就是将进站总包从快件运输车辆上卸载到处理场地的作业过程。卸载总包时要按规定搬运，注意快件的安全。为提高作业效率，各快递企业的实际操作往往是总包卸载和总包的交接验收同时进行。

- 接卸车门施封的邮车，交接双方应共同验视车门铅封是否完好，并由收方妥善保管封志；如有不符，双方共同在路单上批注详情，签名确认。车门开启后，由接收方组织卸车。
- 接卸车门不施封的邮车，由驾押员在车门盯数，接收方组织卸车。卸车时，接收人员高声唱数，验视规格。

卸车人员也可持条码识读器，边卸车边逐件，扫描勾核。快件卸车与分拣为流水线作业的，可直接将卸车的散件通过传输设备传送至分拣供包区。

卸车完毕，检查车内及车下有无漏卸、遗落快件。装卸设备复位至安全位置后，邮车方可驶离装卸位置。

点验总包数目、规格无误后，在交接总单上批注交接时间，加盖接收日戳和经手人名章。接收后的路单应妥善保管，班次作业完毕后及时装订、归档。

相关链接

卸载操作注意事项

（1）按照要求卸载总包，不得有抛掷、拖拽、摔打、踩踏、踢扔、坐靠及其他任何有可能损坏快件的行为。卸载时总包袋口不得拖地。

（2）对于贴有易碎品标志的快件要轻拿轻放，放置时需要在快件底部低于作业面30厘米的时候才能放手。

（3）卸载破损总包时，应注意保护内件，避免出现二次损坏快件的现象。

（4）使用机械或工具辅助卸载，应正确操作卸载机械或工具，禁止野蛮粗暴操作及其他任何有可能损坏快件的操作。

（5）遇到雨雪天气，卸载总包时应做好防水防潮及受潮物品处理工作。如遇有受潮快件，应当处理，严禁挤压、烘干受潮物品等。

（6）总包卸载后，应区分直达和中转路向、手工与机械分拣快件，并按堆位要求分别码放。

（7）码放时做到重不压轻、大不压小。码放的总包有序、整齐、稳固，总包袋口一律向外。

（8）偏大、偏重的总包单独码放或码放在底层，以防码放时砸坏轻件、小件；易碎物品、不耐压的快件放置顶层或单独码放；对标有不准倒置、怕晒、怕雨、禁止翻滚、堆码重量和层数受限的快件，应按操作标准进行作业。

（9）卸载在拖盘、拖车、拖板上的总包，码放高度一般不超过把手。

（10）不规则快件、一票多件快件、需特殊处理或当面交接的快件应该单独码放。

（11）水湿、油污、破损的总包应交专人处理。

（12）卸载结束后，接收人员应检查车厢和场地周围有无其他遗留快件。

4. 总包接收验视基本内容。接收总包时，应对总包做以下方面的验视：

（1）总包发运路向是否正确；

（2）总包规格、重量是否符合要求；

（3）包牌或标签是否有脱落或字迹不清、无法辨别的现象；

（4）总包是否破损或拆动痕迹；

（5）总包是否有水湿、油污等现象；

（6）核对总包数量与交接单载明信息是否一致；

（7）检查总包是否有破损等异常现象。

5. 总包接收注意的问题：

（1）按车辆到达的先后顺序接收总包，有特殊规定的除外；

（2）不同批次或车次的总包应该分别接收，不得混淆处理；

（3）总包接收处理要求两人或两人以上作业；

（4）接收总包时，收方负责逐包扫描，同时验视总包，复核总包数量、规格。交方负责监督总包的数量；

（5）对总包进行逐包扫描称重，完毕后上传信息比对扫描结果，或将扫描信息与交接单内容进行核对；

（6）发现总包异常，应及时、准确地做出处理或反馈；

（7）发现总包数量、路向等与信息不符，应及时、准确地做出处理或反馈；

（8）接收操作做到快速、准确，应在规定时间内完成总包的接收处理；

（9）交接结束时，在快件交接单上签名盖章。

6. 总包开拆。

（1）开拆总包的要求。开拆快件袋时，应从铅封处剪断一股扎绳，不可损伤铅志，保持扎绳、封志和袋牌连在一起。

从邮袋内取出快件和清单时，倒取快件的动作要轻，对易碎快件应轻拿轻放，并用三角撑袋法查看袋内有无遗留快件，不得将邮袋倒扣代替查看。

在开拆出的快件未点验、勾核之前，原总包的袋皮、袋牌连同铅志、扎绳等应单独放置。

（2）下载清单。持条码识读器扫描开拆的总包袋牌条码，将清单信息下载到快递信息系统的终端界面上。

（3）点验内件。清点拆出的快件数目，并与拆出的纸质清单及网上清单核对。逐件验视快件的外包装，查看有无破损或拆动痕迹。点验无误后，拆出的纸质清单按开拆台席位妥善保管，并将空袋按型号归放整齐。拆出的袋牌、铅志、扎绳放入回收盒内。

（4）内件勾核。快件分拣作业必须逐件进行散件打钩核对。下载网上清单成功后，持条码识读器逐件扫描内件条码，系统自动将扫描信息与清单信息进行勾核，并自动对快件的应收数和实收数进行核对。开拆后采用网络化分拣方式作业的，逐件进行快件扫描勾核，并核查系统界面中是否有相应的邮编信息，以确保快件能够正常上机分拣。

（二）分拣

1. 含义。分拣就是根据顾客的要求，迅速、准确地将快件从其储位拣取出来，并按照一定的方式进行分类、集中，等待配装送货的作业过程。快件分拣是快件处理过程中的重要环节。目前，国内快递企业分拣操作大多依据快件运单书写的地址、邮编、电话区号等进行分拣操作。

2. 分拣方式。

（1）按照分拣系统的先进性，分拣作业可以分为手工分拣、自动分拣、半自动分拣。

- 手工分拣，是指在分拣过程中所有环节都采用手工方式进行。
- 自动分拣，是根据收件人邮编将快件自动分拣给相应的派送中心，从而最大限度地避免人为的操作失误以及可能发生的快件延误或丢失。
- 半自动分拣，是采用手工和机械设备相结合的方式，将快件从运输车辆上卸往自动传送带，再由人工根据快件标识进行手工分拣的一种分拣方式。

（2）按照分拣时是否一次到位，可分为快件初分和快件细分。粗分是指因受赶发时限、运递方式、组织快件流向等因素的制约，在快件分拣时不是将快件一次性直接分拣到位，而是按照需要先对快件进行宽范围的分拣。快件细分是指对已经初分的快件按寄达地或派送路段进行再次分拣。

（3）按照分拣后是否还需中转，快件分拣分为快件直封和中转两种方式。快件直封是指快件分拣中心按快件的寄达地点把快件封发给到达城市分拣中心的一种分拣方式。快件中转是快件分拣中心把寄达地点的快件封发给相关的中途分拣中心经再次分拣处理，然后封发给寄达城市分拣中心的一种分拣方式。牢记中转关系和中转范围，对正确快速分拣快件至关重要。

3. 分拣格口和分拣区域。分拣格口是分拣基本单元，是根据分拣时传统使用的格口、格架而得名。分拣区域是一个分拣工作岗位所担负的一定分拣范围，是快件细分生产组织的作业单元。

4. 分拣依据。分拣操作分为按地址分拣和按编码分拣各省、直辖市、自治区、特别行政区的字简称、省会（首府）及其邮政编码、电话区号；国内主要城市航空代码；部分国家及港澳台地区中文、英文简称。

相关链接

快递自动分拣系统的优点

如今网购大有代替传统消费的趋势，互联网的发展，催生了一大批宅男宅女，他们喜欢一切都在网上解决。现在网购已经成为年轻人主要的消费方式，促进了快递行业的发展。为了提高配送效率，快递行业开始采用分拣机器人，一起来看看快递自动分拣系统。

快递自动分拣系统的优点：

1. 自动化分拣。分拣系统应用于设备中，可控制设备自动化分拣货物，不需要人工分拣。自动化分拣为企业减少了很多劳动成本，同时也加快了企业的工作进度，让企业更方便地管理存储货物。此外，企业也不需要花费更多的时间在分拣工作上，可以将精力放在其他工作上。

2. 数据存储。分拣系统在工作的时候可以存储数据，而这些数据都会存储在系统中。数据存储主要是确保货物分拣正确，能保证分拣的货物不会丢失。人工分拣货物的时候，常常会出现分拣错误，或者是出现货物丢失的情况，导致分拣工作出现各种各样的问题。因此，分拣系统数据存储能有效避免这样的问题。

3. 货物安全。使用设备分拣货物，能确保货物分拣安全，同时也能保证货物分拣正确。然而，人工分拣货物的话，会出现各种问题，尤其是货物安全无法保证。

4. 分拣效率高。分拣效率高是系统应用的最大优势，因此每一个企业都愿意使用分拣系统，实现高效分拣。

快递自动分拣系统的优势就和大家分享这些，如今在仓储工作中，自动分拣系统占有很重要的地位，能实现高效进行分拣工作，进一步提高仓储进程。在当今社会中，只有先进的设备，才能促进企业的发展，而自动分拣设备就是物流行业不可或缺的设备。

相关链接

先进的京东物流昆山无人分拣中心

京东物流昆山无人分拣中心是全球首个正式落成并运营成功的全程无人分拣中心。

占地数千平米场地的分拣中心，安静又忙碌，与传统的分拣中心不同，偌大的场地中见不到一个人的身影。分拣中心内各种机器在井井有条地工作，偶有自己充电的机器人。要知道，在整个仓配流程中，某个单一环节的“无人”模式已经逐渐成熟并开始投入使用，但像昆山分拣中心这种，整个分拣大环节的全流程无人操作，还不多见。

进入分拣中心一件件货物便开始了它们的“分拣”之路：从将包裹放入自动分拣设备开始，就是机器在工作，而且机器会对包裹进行六面扫描，无论面单贴在包裹的哪一侧，都能快速识别面单信息，智能程度堪比人类。而且这一技术也是京东首创。

当传送过来的货物将这个货笼装满的时候，机器就会识别将“它”带走，还会将空笼回归原位。自动装车、识别发货订单这种事情也不在话下。甚至会自动调配车辆……在分拣前后端无人 AGV 自动装车、卸车作业的操作在全国也是首例。所以，一件货物从进入分拣中心到被运走，真的是不用经过一个人的手，厉害了。

看看这样的“包裹分拣之旅”给人最大的感受就是效率高。因为相比传统的自动分拣系统，昆山无人分拣中心智能化程度更高，场内自动化设备覆盖率也达到 100%，因为智能管控系统显著提升运营效率。目前分拣中心的分拣能力已经超过 9 000 件/小时！

资料来源：百度文库，有修改。

（三）快件封发

快件封发是将同一寄达地及其经转范围的快件经过分拣处理后，进行分类装袋，建立总包，分类发往相关目的地。快件封发必须双人同时作业。当班已开拆的快件必须当班全部封发完毕。封发快件时，应严格按照封发计划的交车赶班时间进行作业。赶发时间在前的应先封，赶发时间在后的应后封。

注意总包每袋重量的限制，如国内特快专递快件总包每袋重量以毛重 42 千克为限，“红杯”快件每袋以毛重 17 千克为限。

封发一般包括以下环节：

（1）生成封发清单。封发清单是登列总包内快件的号码、寄达地、种类或快件内件类别等内容的特定单式，是接收方复核总包内快件的依据之一，也是快件作业内部查询的依据。它是快件传递处理的记录，各环节根据记录的内容接收和处理快件。

封发清单的种类有纸质清单和电子信息清单两大类，基本内容有清单号码、始发地、目的地、快件的号码、寄达地、种类和总数。

如分拣机具备称重和测体功能的，则由系统自动生成封发清单；如分拣机无称量和测体功能或由人工分拣作业的，应由封发员按封发格口扫描快件条码录入封发清单。

快件纸质封发清单必须打印有两个封发人员的姓名或加盖两个封发人员的名章，并应随快件一起装袋封发。

（2）快件称重。扫描录入封发清单后，将待封总包的快件置于电子秤上称重，由系统采集或人工输入重量信息。

（3）封装快件。封装快件时，必须使用专用邮袋，并选择与快件体积大小相适应的邮袋型号。不得使用有 2 厘米以上破洞、裂口为非机器缝补或破洞用绳捆扎等情况的邮袋，不得使用水湿、油污的邮袋，也不得翻用邮袋。

注意特殊件要挂标志牌。如特快传递的“红杯”快件封发时应另外拴挂“红杯”标志袋牌。“全夜航”快件封发时应加拴“全夜航”标志袋牌。“代收货款”快件必须单独封发，不得与其他快件混封，且封发清单和袋牌必须标注“代收货款”字样。

快件按文件类和物品类分别封装，当包裹类不足 3 件且重量合计不超过 5 千克或信函类不足 5 件时可混封。信函类和包裹类混封时，应将信函类单独捆扎。

（4）快件封袋。打印封发清单和总包条码包牌，快件装袋封发，系统生成总包快件信息。

快件封袋前，应进行快件、清单、袋牌“三核对”，核对快件寄达地址与清单寄达地址是否相符、核对散件数与清单内快件数是否相符、核对清单寄达地址与袋牌寄达地址是否相符，无误后再扎袋。

封发特快专递快件时，必须由双人会同扎袋，要用没有接头的棉质蜡绳按猪蹄扣捆扎法在贴近快件处将邮袋扎紧；扎紧后，在两个绳头上分别垂直拴挂相关总包的条码袋牌和标志袋牌，并穿上铅丸，将扎绳收紧，再将绳子交叉打结，然后用夹钳横夹铅志，使钢模上的刻字全部、清晰地轧在铅志上；轧好后在距铅志约 1 厘米处将多余的绳头剪去。

符合“全夜航”散件外走条件和规定的特快快件，只粘贴总包条码袋牌和附封发清单外走，无需装袋封发。

（5）封发检查。检查总包封发规格及条码质量，检查现场有无遗漏封发快件。封发人员应检查总包封发规格及条码质量，包括袋身、绳扣、封志等，持条码识读器扫描检验袋牌条码质量，检查现场有无漏封发快件；抽查封发总包有无超重现象，对超重总包应当立即予以纠正。

二、快件处理作业流程

操作流程各个环节如表 4－12 所示。实际操作时需要依次进行。

表 4－12　　操作流程环节

步骤	顺序	流程活动	流程活动说明
总包接收	01	引导到站车辆	引导快件运输车辆准确停靠，并核对车牌号码，查看押运人员身份
	02	验收车辆封志	检查车辆封志是否完好，核对封志上的印志号码
	03	拆解车辆封志	使用不同的工具，按照正确方法将车辆封志拆解
	04	装卸总包	把总包快件从运输车厢内卸出，注意安全，按序码放。可以手持靶枪，边卸车边做总包扫描勾核
	05	验收总包	查点总包数目，验视总包规格，对异常总包交主管处理
	06	扫描称重	对总包进行逐袋扫描对比，称重复核，上传信息并将扫描信息与交接单核对
	07	办理签收	交接结束后，交接双方在快件交接单上签名盖章，有争议事宜在交接单上批
总包开拆	08	拆解总包	解开总包，倒出包内快件，检查总包空袋内有无漏件
	09	逐件扫描	逐件扫描快件条码，检查快件规格，将问题件剔出，交有关部门
快件分拣	10	快件分拣	按快件流向对快件进行分类、分拣
发验处理	11	发验处理	记录快件处理过程中发现的不符情节和系统提供的各类差错信息
生成封发清单	12	快件登单	逐件扫描快件的完整信息，扫描结束及时上传信息，打印封发清单
快件封发	13	总包封装	制作包牌，将快件装入包袋并封口
	14	总包堆码	将总包按一定要求堆位、码放
	15	办理交运	将建好的总包，按发运车次、路向填制交接单并对比
	16	交发总包	交接双方共同核对总包快件数量，检查总包规格、路向
	17	装载车辆	按照正确装载、码放要求将总包快件装上运输车辆
	18	车辆施封	交接双方当面施加车辆封志，保证封志锁好，核对号码
	19	车辆发出	交接完毕，在总包快件交接单上签名盖章，引导车辆按时出发

三、快件分拣封发作业异常问题处理

（一）接收总包异常情况的处理

对于验收发现异常的总包，交接双方应当场处理，明确责任。

1. 发现总包的数量、重量、路向等信息与总包包牌不相符合时，应及时、准确地找出原因，并予以反馈。

2. 发现总包有其他异常时，交接双方应立即处理、明确责任归属，不可模糊处理。

（二）总包勾核异常情况处理

1. 总包条码无法识读。在扫描条码的过程中，如遇总包条码无法识读的，应根据带牌条码手工键入该总包的完整信息，执行扫描勾核。

2. 总包快件短少。接收的总包快件勾核完毕后，如系统下载的路单或纸质路单上仍有未勾核的总包信息，则将该总包信息做短少处理，同时批注路单。应在规定时间内向责任单位发验。

3. 总包快件多出。在勾核过程中，如扫描或勾核的总包快件无对应的总包信息，则在系统中将该总包信息做追加录入或批注路单，并在规定时间内向责任部门发验。

（三）开拆总包异常情况处理

1. 快件总包包牌缩写快件数量与总包袋内的快件数量不一致时，需要保存好总包装袋袋身和包牌，如实记录数量，及时向业务主管反映问题。

2. 封发清单出现更改处未签名、未盖章，快件数量与清单不符合。这时工作人员需要保存好清单，如实进行记录，并及时向业务主管反映问题。

3. 该退快件的批条或批注签出现脱落，改退签批注错误时，应当立即剔除处理，并按公司规定追究业务经办人的责任。

4. 拆出的快件有受潮、油污、破损、断裂、拆动的情况。这时需要按公司要求进行阴干、清洁和隔离处理，追究业务相应的封装、运送人员的责任。

5. 有内件受损并有渗漏、发臭、腐烂变质现象发生的快件。工作人员应当立即进行隔离，并由问题件处理人员与发件人沟通联系。

6. 快件运单地址残缺。应当即将该件做剔除处理，并由问题件处理人员与发件人联系确认。

7. 拆出的快件属误发寄错误。首先应将该件剔除处理，然后将该快件退回封发处进行处理。

（四）分拣异常情况的处理

1. 快件超越服务范围。快件超越服务范围是指本企业快递网络未覆盖快件指定的目的地区，或是某些特殊的业务在快件指定的目的地区未开通。

遇此类型的快件，分拣人员在接收时应直接予以拒绝，或在分拣发现后退回给拆解人员或快递人员。

2. 快件无法分拣或易出错。分拣人员遇到下列无法分拣或易出错的快件时，应根据具体情形采取针对性的措施，确保快件的安全、准确分拣，具体如表 4－13 所示。

表 4-13　　异常情况处理表

序号	异常情况	处理方法
1	快件原单脱落	拒绝接受该快件，请拆解人员找到运单后方可分拣
2	快件外包装有两张运单或一张运单填写有两个寄达目的地的地址	拒绝接受该件，待收寄网点（或中转站）请客户书面明确寄达地址
3	地址填写错误或邮编、电话区号、寄达目的地的地址填写错误	及时请收寄网点（或中转站）与客户取得联系，进行运单更正
4	所填写街道不清楚、只写街道而无门牌号，寄达地址用同音字代替或使用相似字	及时与收寄网点（或中转站）取得联系，与客户取得联系后进行运单更正
5	运单目的地栏填写或记号笔填写与收件人地址不符	返给拆解人员进行更正

实训练习

一、实训内容

1. 快件（到站）接收作业。
2. 快件解包作业。
3. 快件分拣作业。
4. 总包封装作业。
5. 快件发运作业。

二、实训目的与要求

1. 了解快递公司快件处理业务流程各个环节的操作要求，在工作过程中锻炼自己的快件处理业务能力。

2. 掌握快件接收、解包、分拣、封装和发运的操作要领，能够完成快件处理的各项操作任务。

三、实训场地、设备、仪器、工具、手段

1. 运用互联网软件模拟实习、实际快递企业见习、观看视频、请校外专家讲座等方法。
2. 校内快递和物流实训基地。

四、实训步骤

1. 观看快递企业快件处理作业视频。
2. 参观快递企业分拣中心作业流程，熟悉快递企业快件处理要求，企业专家现场授课。
3. 校内实训室现场任务操练。

（1）将同学分组，每 5 ~ 8 人分为一组，实训室模拟活动以组为单位进行。指定一名学生作为小组负责人，负责小组人员分工，完成各项快件处理操作任务。

(2) 对于教师提出的快件处理任务，小组指派一名同学按照操作要求完成各项分拣、包装等操作任务，小组其他同学对操作过程进行观察，对设备的使用及操作流程、方法进行记录，并对操作所用时间操作结果进行详细记录。

(3) 以小组为单位，教师组织学生共同对快件处理过程及效果进行分析，找出影响处理效率的原因，提出改进策略。

(4) 针对改进策略，对同一任务重新进行操作，比较改进前后的操作时间和操作效果。

(5) 教师组织学生对改进策略进行评价，归纳出不同操作方式的特点及适用场合。

(6) 学生根据实训过程、实训结果进行分析，撰写实训活动分析报告。

4. 快递企业实习。

(1) 准备工作。

(2) 接收快件。

(3) 卸车作业。

(4) 解包作业。

(5) 分拣作业。

提示：

卸车→解包→分拣→封发装车这四个主体步骤除了分拣不需要使用靶枪外，其他的三个步骤都需要靶枪对快件进行扫描记录。

五、成果展示

各小组长将本组的汇总结果，在全班面前展示，供同学查验，要求有实习场景的介绍、发现的问题、改进措施并说明其理由。

六、任务评价

（一）小组活动评价标准

组长负责分配不同的组员去完成任务，每个成员完成全部实习规定的各个环节的体验，有具体的情景描述。完成任务得 30 分，如果有漏错等情况分别扣减相应的分值。

小组成员评价标准如表 4－14 所示。

表 4－14　小组成员评价表

小组名称：__________　　组长：__________

小组成员	态度 12 分	互助与合作 8 分	倾听 5 分	展示与效果 5 分

（二）教师评价标准

教师负责评价每组的任务完成情况，量化评价标准。总分值最高为 70 分。教师对小组进行评价的标准如表 4－15 所示。

表 4－15　小组学习评价指标

序号	评价指标	分值
1	• 能在规定时间内小组合作完成工作任务，操作、服务规范 • 顺利展示，观点新颖，表述逻辑性强	60～70
2	• 能在规定时间内完成工作任务，操作、服务规范，能做展示 • 有自己的观点，表述清楚	50～59
3	• 获得老师或其他组的帮助能完成工作任务，有展示	40～49

（三）教师点评

教师进行点评时，汇总小组内评价，然后进行总结点评。每个学生最后得分为所在小组分值加上成员评价分值。

【拓展提升】

无论是在本土具有很高机械化程度的洋快递还是中国本土的国营、民营快递企业，在中国大陆都很难达到全自动分拣的最低要求，但是随着中国经济和快递业的发展，分拣业务慢慢成为制约企业发展的“瓶颈”。

据报道，2013 年底，位于新站区的安徽邮政速递物流集散中心一期工程将建成。一期工程完工后，集散中心引入能自动分拣的全自动处理设备，平均每小时可以分拣 4 万～5 万件邮件。

通常说的扔来扔去是第一代人工分拣；随着信息化普及，到了第二代就是传输带式的分拣；现在不少企业采取了翻斗式的第三代分拣；而目前安徽省邮政速递引入的是第四代分拣设备。第四代自动分拣设备会四维全方位扫描包裹，不管条形码在哪一面都能自动读取分拣，有望在运输的中心环节彻底告别“暴力分拣”。

资料来源：合肥在线，http：//www. hf365. com/。

【思考】

1. 快递分拣自动化的意义是什么？
2. 全自动化分拣作为提高效率的一个因素，对完全遏制暴力分拣能起多大的作用？

任务六　懂得派送服务

任务情境

学习了基本的接收派送的基本知识和要求后，王力在收派员的岗位上进行实习，每天除了完成收件任务以外，还要承担快件的派送任务。

工作流程：王力每天7：20准时上班，先把今天负责派送的快件按路程远近排列好，并且熟记每一票快件的地址。这些工作完成后，他的派件工作正式开始。骑上公司的电动车，把快件放到后备箱里面，按照排列的每一票回单顺序开始派送。下面是王力在派件时的经历。

当王力到达第一个目的地的时候，要先打电话给收件人，确定客户是否在家，然后把快件给客户送上楼（如果带有很多的快件，必须都得拿到楼上，因为经理说过：人货不能分离，这是公司的规定）。有的客户要求王力在指定的地点等他，当客户来了后，按照公司的要求要先核实其身份，在核实确认无误后，把快件递给客户，并让客户当面验货后签收。签收完毕，这个快件就成功送达给客户了。

在派完一票快件下楼的时间里，王力快速准备好下一票要派送的快件，并把它放到后备箱的最上层。

任务要点

理论要点：

- ☐ 快件配送知识
- ☐ 国内一般函件、包裹派送业务流程
- ☐ 快递特殊物品派送业务流程
- ☐ 滞留件处理流程

实践要点：

- ☐ 能独立完成同城一般函件、包裹的在途配送业务
- ☐ 能独立完成客户一般函件、包裹登门派送业务
- ☐ 能够处理滞留件
- ☐ 能完成各种特殊物品在途运输、配送业务
- ☐ 能完成客户各种特殊物品登门派送业务

任务实施

知识准备

一、派送工作常识

1. 派送的概念。派送是指快递服务组织将快件递送到收件人或指定地点并获得签收的过程。

2. 派送要求。

（1）派送时间。快递服务组织的投递时间应不超出向顾客承诺的服务时限，或按照约定的时间投递。

（2）派送员服务规范。

- 语言要求：

五词：请、您好、抱歉、谢谢、再见。

五语：称呼语、欢迎语、介绍语、征询语、问询语。

五声：问候声、请求声、道歉声、感谢声、告别声。

杜绝语：粗话、气话、玩笑话、否定的话、不耐烦的话。

标准语：您好！我是××快速公司的，有您的快件，请签收。

• 形象要求：①穿工作服，佩戴胸卡，整洁得体，精神饱满；②在客户面前，热情大方、姿势端正，举止稳重一；③与客户交谈，用心聆听、语气温和、词语文明；④进入客户公司前，雨具或头盔必须脱下才可进入；⑤工作时间，不准外面只穿背心，不准穿休闲鞋和拖鞋；⑥不许留长发、染异色头发、剃光头、蓄小胡子、戴墨镜。

3. 派送形式。派送形式主要包括按名址当面交付和自取两种形式，以当面交付为主，自取方式在特殊情况下采用。

自取是指收件人自行到快递企业设立的网店或派件处理点领取快件的方式，一般适用于快递企业与客户有特殊约定的情况。自取方式主要适用于以下几种情况：①投递两次仍无法投递的快件，可由收件人到指定地点自取；②相关政府部门（如海关、公安等）提出要求的，可由收件人到指定地点自取；③收件地址属于尚未开通快递服务的区域，通过与寄件人协商，可采用收件人到指定地点自取的方式。

4. 无法投递。快递服务组织应在投递前联系收件人，当出现快件无法投递情况时，采取以下措施：

（1）出现首次无法投递时，快递服务组织应主动联系收件人，通知再次投递的时间及联系方式。

（2）再次仍无法投递，可通知收件人采用自取的方式，并告知收件人自取的地点和工作时间；收件人仍需要快递服务组织投递的，应告知额外费用。

（3）若联系不到收件人，快递服务组织应在彻底延误时限到达之前联系寄件人，协商处理办法和费用，主要包括：①寄件人放弃快件的，应在快递服务组织的放弃快件声明上签字，快递服务组织凭函处理快件；②寄件人需要将快件退回的，应支付退回的费用。

（4）若联系不到收件人和寄件人，除不易保存的物品外，在对快件保存至少3个月后，快递服务组织可以按照相关规定处置快件。

5. 彻底延误时限。彻底延误时限是指从快递服务组织承诺的服务时限到达之时算起，到顾客可以将快件视为丢失的时间间隔。

根据快递服务的类型，彻底延误时限应主要包括：①同城快件为3个日历天；②国内异地快件为7个日历天；③港、澳地区快件为7个日历天；④台湾省快件为10个日历天；⑤国际快件为10个日历天。

二、派送作业过程

（一）装车前的准备

1. 检查车辆。不同车辆，检查要求、检查重点也不同。

2. 领单、领件。派送员接受任务，领取需要派送的快件和有关单据。

3. 检查异常：①查看货物与快件单，检查货物是否有破损或其他异常；②包装破损、地址错误、重量明显有误的货物严禁派送，将错货信息及时反馈给上级相关人员；③清点货物数量无误后，在交接单上签字确认。

4. 核实派送地址：①根据派送地址，结合自己所辖服务区域，合理安排派送路线；

②根据派送路线，将小件按顺序进行整理装袋；③对于非正规办公场所（宾馆、学校、私人住宅等）的收货地址，派送之前先电话联系客户，确认客户在此地址并约定配送时间。

5. 查看代收到付。检查工作单，并核对派送清单，查看货物箱单到付代收金额，同时查看箱单款项是否和系统一致。

6. 快件捆扎。为了防止快件在装运过程中散落、遗失，派送员须将一件或多件快件用捆扎材料扎紧，固定为一个集装单元，或者固定捆绑在运输工具上。捆扎快件时，应根据快件的数量、重量以及体积大小，结合装运快件的工具（如托盘、包袋、手推车等），合理确定捆扎方式。

（1）体积较小的快件。对于文件封或牛皮纸袋包装的快件，派送是应采用集装的方式，即将快件排序整理后装进随时携带的背包或挎包内。体积较小、能装进背包或挎包的其他包装快件，也应排序整理后与文件封包装的快件一起集装。注意背包或挎包的袋口应该封上，如袋口有绳子，将绳子拉紧，打上蝴蝶结或反手结，既便于解开，又可避免快件掉出、淋湿或被盗。

（2）体积小，但无法装进背包或挎包的快件。按照派送顺序整理，将派送到同一地址或相近地址的快件叠放在一起，使用布带等将其捆绑在一起，便于上门派送时携带。如业务员有较大的集装袋，可将快件排序后整齐地摆放在集装袋内。整理摆放快件时必须按照“先派后装、重不压轻”的原则，体积和重量相近的快件集装在同一袋内。体积很大或重量很大的快件须单独捆扎，避免压坏袋中其他快件。使用集装袋装载快件省去捆绑的麻烦，也便于快件的携带。如业务员的交通工具为摩托车，也可将快件放置在摩托车尾箱中。但必须注意：人离开车时要将尾箱锁好。

（3）体积大或重量较重的快件。这类快件无法集装，需要使用绑带直接将快件捆扎到交通工具。

相关链接

捆扎注意事项如下：

● 捆扎前，检查快件的重心是否偏移，如重心偏移，必须重新摆放快件再进行捆扎。捆扎时，也应注意对快件进行轻重搭配，保持运载工具平衡，避免重心偏移。

● 注意捆扎力度，须确保快件捆扎牢固，同时力度也不要太大，避免勒坏快件包装。

● 遇雨雪雾天气，捆扎快件时，注意在快件上加盖防雨用具，如雨布、雨衣、塑料薄膜等。

● 如为不规则快件，要注意捆扎方式，如快件较长，注意与车辆长度平行捆扎，不能横着捆扎，阻碍路人或车辆行走。

● 对于特别大、特别重的，超出业务员运载能力的快件，应由专门的派送车辆和人员负责。

● 表面有突出钉、钩、刺的快件，要单独携带，不得与其他快件捆扎。

● 对于不能装入包内、也不便于捆扎的快件，可使用集装袋集装快件，集装袋随身携带。如集装袋较重，可借助小推车等工具进行搬运。

● 对于体积较大、不能装入背包且无法随身携带的快件，如果交通工具也没有密封条件，则派送过程中要两人配合完成，一个人上门配送，一个人看管快件。

（二）装车

派件员在操作过程中应注意遵循作业规范和注意事项，确保人身安全和快件安全。装载量和物品的形状、大小、宽度等必须与所用运输工具相匹配。

派件员应当根据自己的服务区域，按照最佳投递路线将快件按序整理装车，用摩托车或单车进行投递的，用捆绑带将快件固定，小件装入背包内。

汽车派送时装车原则是“大不压小，重不压轻，先出后进，易碎件单独摆放”。快件装车时须先装大货和重货，先装后派送的快件，后装先派送的快件，易碎件单独摆放，避免其他快件挤压易碎的快件。

（三）出车须知

1. 带齐所有必备证件（驾驶证、身份证、工作证等）。
2. 行驶中不开快车、不逆行，禁闯红灯，遵守交通法规。
3. 遇到塞车、故障等情况，要冷静处理，及时报告公司。
4. 合理安排行驶路线，滞留件和特急件要优先派送。

（四）到达派送地点

1. 到达客户处，先向保安说明来意，征得同意后方可进入。
2. 在保安指引下，停放车辆、取下要送的快件、上锁。

- 使用带尾箱的摩托车派送时，离开前应检查摩托车是否锁好。
- 使用汽车、货车派送时，派件员（司机）上门送件时，应锁好汽车的门窗、车厢。离开汽车、货车之前，应用手再次确认车门手把或推动窗户，以确保门窗是否锁好。
- 派送员要做到件不离身，不能将快件放在自行车或者摩托车上转身离开，以免快件丢失。
- 对于体积较小的快件，严格按照捆扎或集装要求，将快件装入随身携带的背包或挎包内，确保件不离身。

3. 车辆，请保安代为看管。
4. 不知收件人的房间可向保安询问。

（五）寻找收件人

1. 进入客户办公区之前，先调整好气息，整理好工服、胸卡、头发。
2. 取出运单，把快件托在手里。
3. 如果是老客户，直接问好：“王先生，您好！有您的快件，请您签收。”
4. 如果是新客户，向身边人员询问收件人在哪儿，然后走近收件人：“李先生，您好！我是××快递公司的，有您的快件，请您签收。”
5. 如果收件人会很快回来，应在室外站立等候 10 分钟，若被允许在室内等候，须做到：不吸烟、不吐痰、不翻阅客户书籍或文件等。

（六）客户验收

快件交给客户时，应提醒客户当面验收，如果客户有异议，做如下解释和处理：

1. 如果快件外包装完好、封箱胶带无异常、重量同运单上一致，应向客解释：“我们是专业快递公司，运输全程都是内部网络，对快件全程监控。”请收件人同寄件人联系，客户提出无理要求时，不应与其争执，要沉着冷静，及时向公司汇报，请示处理意见。

2. 如果快件包装有破损、封箱胶带有异常，但重量同运单上一致，处理方法参照上述

第1条。

3. 如果快件包装有破损、封箱胶带有异常、重量比运单上的重量少；先请收件人同寄件人联系，确认重量不符后，要诚心诚意道歉，协商解决方案或赔偿办法；客户提出无理要求时，不应与其争执，要沉着冷静，及时向公司汇报，请示处理意见。

4. 如果快件物品被损坏，处理方法同上述第3条。

（七）客户签字

1. 客户验收无异议后，请客户在运单上签字；如果签名难以辨认，请客户重新写清楚。

2. 为确保派送的准确性，必要时要有礼貌地请收件人出示身份证。

3. 如果是他人代收代签，应提醒代收人签写全名后再写上“代”字。

4. 如果代收人只想在签收栏内盖公章，须请代收人写上本人姓名。

提示：

货物签收要求：

1. 货物签收前一定要仔细看工作单上“重要提示”的操作要求。有特殊操作要求的，严格按操作要求操作。

2. 提示客户检查货物外包装，若外包装无明显破损，请客户签收货物；同时将签收联撕下装好带走。

（八）代收代签

1. 如果收件人不能很快回来，可向他的同事询问，是否有人愿意代收。

2. 如果有人代收，应提醒代收人注意快件的状态（重量、价格、包装等），然后请其签全名。

3. 回到作业中心后，与收件人取得联系，告之快件已送达，由其同事某某人代收。

4. 如果同事不愿代签代收，要填写“派送通知单”，放在办公桌上显眼的地方，请求他的同事转告和转交，不得在无人知情的情况下随意将快件放在客户处。

提示：

签收注意事项

1. 查看证件。签收人必须出示本人身份证件，非本人签收，须电话联系客户确认，并由代签人出示身份证并签上代签人身份证号和姓名。居民身份证、户口簿、护照、驾驶证等是客户领取快件的有效证件。

2. 清点件数。派送货物时必须查看货物是否齐全，项目客户批量派送时不得分票派送，零散业务等根据客户要求操作。

3. 贵重物品交接。贵重物品（手机、电子产品等）在出库派送时，必须单独与出库人员进行交接签字确认。

（九）到付收款

1. 收取现金时，应双手接钱，仔细清点后，要说谢谢。

2. 如果客户称财务人员不在无法付款，应征求客户意见，能否先由个人垫付。

3. 如果无人付款，应向客户解释：“只能将快件暂时带回，何时付款另行安排派送。”

4. 如果客户拒付，应询问其理由，并说明：“可征求寄方客户意见，将到付改为寄付（由发件人付款），但要加收20元手续费，发件人付款后，另行安排派送。”

5. 如果客户索要发票，应向客户解释：根据财务规定，只能先开收据为凭，回到公司后才能开发票，送发票要另约时间。

6. 如果是月结客户，要在运单的月结栏内打钩，并填写月结账号。

（十）新客户开发

1. 如果收件人是新客户，收派员有责任做好开发工作。

2. 向客户介绍快件操作知识、服务范围和价格。

3. 发放价格表和公司服务卡，建立客户档案，再做登门拜访。

（十一）告辞返回

1. 派送完毕后，不准在客户处逗留，不准使用客户电话，不准接受客户馈赠。

2. 离开时应向客户致告别辞，同时向其他同事点头示意。

3. 离开时如果门是关上的，走到室外后应把门关好。

4. 到保安处取车时，应道谢并检查车上的快件。

（十二）交款交单

回到公司后，将收取的所有款项及时、如数上交财务部。派送未成的快件，须在派送清单上注明滞留件的原因。

发现运单公司留存联丢失，须在派送清单上注明情况和原因。将派送清单和滞留件交给仓管员，滞留件的数量应等于派送清单上的数量。

1. 交款。

（1）交款准备。派件员在交接营业款前，应将收款资料（包括快件清单）和营业款整理好。

（2）交接款项：①派件员与收款员交接款项时，应将收款资料一并交给收款员；②合并计算到付快件清单、代收款快件清单的营业款金额；③收款员在收取营业款时，分支票和现金进行当面清点，并分别将支票总金额、现金总金额、当日该派件员营业款总额报出来；④与派件员核对应收营业款、实收营业款是否一致；⑤派件员对某一项金额有异议时，收款员应再次清点、计算，直到双方确认为止。

（3）出具交款清单。在派件员没有异议的情况下，收款员收取当日的营业款，并向派件员出具交款清单。

（4）核对交款清单。派件员收到交款清单后，应核对清单上标出的金额与实际金额是否一致。如有差异，应及时与收款员联系。

（5）签收：①经核对无误后，派件员、收款员双方在交款清单上签字确认；②移交支票需在交款清单中登记支票号。

2. 款项差异处理办法。

（1）派件员造成营业款差异的，直接按照收款员交款清单标识的金额移交当日的营业款。

（2）收款员汇总或录入人员录入差错造成营业款差异的，派件员可申请延迟交款，待更正交款清单后再移交营业款。延迟交款须经部门负责人签字同意。

（十三）退单处理

1. 退单的类型。

（1）寄件人要求退回：根据寄件人书面要求，派件公司在指定工作日内予以退回。

（2）派件公司要求退回：因地址不详，收件人拒收，造成快件无法派送及与公司运营规则相冲突形成的退单。

（3）派件员擅自退回：因派件员服务态度不佳、玩忽职守、违规操作等原因所形成的退单。

2. 退单处理原则。

（1）派件员擅自退单的，或因派件员原因发生退单的，公司根据规定处罚或辞退。

（2）收件人、寄件人电话未接或关机的，应保留电话拨打记录，以便于确认。

（3）所有快件无论何种原因，做退单前必须联系寄件人，寄件人电话错误、无联系方式除外。

（4）任何退单必须注明详细的退单原因，如“无法联系客户”“客户拒收”“发件公司要求退货”等。

（十四）其他情况

1. 如果客户拒付、拒收或无人签收，收派员不得自作主张，更不得随意丢弃快件，必须带回公司交给仓管员，统一交客服部处理，并对问题件进行及时跟踪。

2. 如果客户拒付、又不让把快件带回，或者客户同意付款、但要长时间等候，此时要耐心解释，要不卑不亢、不温不火，不可与客户发生争执；如果客户有侵权行为，应及时与公司取得联系。

课堂讨论：

派送员在送件途中，因为下雨导致有的快件外包装箱有水渍，客户据此可以拒收吗？请说明理由。

相关链接

九号机器人布局人工智能　以后你的快递小哥可能是机器人

九号机器人是全球智能短交通和服务类机器人领域的领先科技企业。公司产品除了九号平衡车、九号滑板车、九号卡丁车等大众熟知的产品以外，还有 Segway 配送机器人和路萌机器人。

快递和外卖配送的末端环节——取件和投递，占每单配送时长的 30% ~60%。在城市中，有超过 1/3 的单量在白领所在的写字楼完成。写字楼取件和投递的场景比较容易被机器人替代，配送机器人可将快递或外卖从楼宇内送达到各楼层的白领用户手中。机器人在楼内和楼宇内的电梯联动，实现安全高效运行，正成为这个领域最亟待解决的痛点。

2019 年 5 月 21 日，在云南昆明举办的腾讯数字生态大会上，全球智能短交通和服务类机器人领域的领先科技企业九号机器人受日立楼宇邀请出席展示。对于在全国范围的指定电梯，Segway 配送机器人只需进行信号通信对接，无须对电梯进行二次开发，即可实现机器人自主使用电梯。

如今，国家尚未有成熟的法规条文约束机器人乘梯改造，有些机器人厂商会私自改造电梯。因此，机器人乘梯是否安全和电梯升级是否合规是楼宇方和楼内用户最关心的两个问题。2018 年，团队的电梯改造方案就已获得特种设备检验检测所认证及审批，这也是全国首个拥有此认证的案例。赛格威配送机器人通过与电梯原厂合作，使用梯控系统协议呼叫电梯，实现了低延迟和高安全的双重功效。

通过九号机器人的电梯改造方案，机器人可以自主上下电梯。当机器人到达电梯门口时，它会通过无线的方式给电梯中控下命令，“按”下电梯按钮，订单需要送到几楼它就会给电梯发相应指令。你不用担心机器人进入电梯后会调皮、捣乱，它会像我们普通用户一样，进入电梯后安静地等待到达的目的地。

Segway 配送机器人已在多个楼宇试运行，给楼内用户带来了有趣的体验。机器人进入电梯时和人进入电梯的行为一致，并会对自己的行为进行播报：“我正在进入电梯，很开心一起乘梯！”当电梯内人流过多时，Segway 配送机器人还能正确识别并放弃乘梯，自动呼叫下一班电梯。

智慧 AI 赋能九号机器人助力制造业产业升级。伴随 AI 时代的来临，传统电梯硬件制造商也面临着一场数字化的变革之路。Segway 配送机器人通过云端系统对接电梯制造商，让楼宇实现智慧无人配送，帮助电梯行业实现产业升级。

九号机器人研发的电梯云端系统，具备与各电梯厂商和业务平台对接的适用性。在与外卖平台美团合作中，Segway 配送机器人通过云端部署，以硬件 + 软件 + 云端的一体化开发，让产品快速接入服务场景。相较于传统运力的 SOP 流程，机器人一台上岗，全服上岗。接入 Segway 配送机器人，将为美团外卖降低人力成本，解决写字楼末端配送难题。

未来九号机器人仍将持续布局 IoT（物联网）领域，通过多元化的解决方案，服务与应用于更多场景。九号机器人也希望与更多电梯服务商合作，实现“电梯 + 机器人”一步到位，共同探索更具普适性的智慧楼宇解决方案。

资料来源：百度文库，有修改。

三、滞留件的处理

1. 定义：滞留件是指无法派送的快件。

2. 原因：客户、快件、其他、收派员四个方面的原因。

（1）客户：放假、出差、外出、下班、搬迁、拒付、公司无人、要求转寄、另约派送时间、要求退回原寄地、要求自取而未取。

（2）快件：破损件、错分件、有单无件、件数缺失、地址不详、地址错误、电话错误。

（3）其他：改送、查无此人、地方偏僻、门卫不让进、送多次而无人、双方拒付（快件作废）。

（4）收派员：时间不够（来不及派送）等。

3. 登记：填写问题原因时，应依据“内部服务手册”中的滞留件代码。

4. 处理办法如表 4 – 16 所示。

表 4 – 16　　不同情况滞留件的处理办法

序号	异常类型	处理办法
1	未找到收件人	交其他人代签收。在运单空白处注明代收人与收件人的关系；回公司后，打电话确认并做登记 若无人签收，填写派送通知单，交给门卫或放在显眼位置；回公司后，通知客服部另外安排

续表

序号	异常类型	处理办法
2	收件人推迟收货	如收货人推迟收货且日期在派送单位第一次入库后7日内的，派件人员记录再次派送时间，并将货物粘贴“异常记录卡”带回营业厅、点，调度或操作专员根据再派时间安排派送
3	派件途中遗失	派件人员在派送途中将货物遗失必须立即报警，并上报本厅、点负责人，时间允许的情况下到可能遗失的地方进行寻找，营业厅、点负责人立即报本单位安保、客服部备案并录入异常
4	派件地址不详	派件时发现地址不详，应立即与调度反馈，调度应立即与出港方受理联系，取得详细地址后进行派送
5	收件人拒付款	如遇到收件人拒交货款，应与客户做好沟通解释工作，并向调度反馈异常情况，派件人员需把快件带回公司，等待调度进一步联系后再次进行派送；如果客户要求改为寄付，在寄方客户同意前，快件也必须带回，不得交给客户
6	系统到付款金额与箱单不符	发现系统到付款金额与箱单不符时，派送方必须按照系统内显示金额收取，严禁按照箱单上显示金额收取
备注		特急件，应优先派送；错分件，第一时间派送

课堂讨论

1. 如果收件人是私人，应该出示什么证件？
2. 如果收件人是公司，应该出示什么证件？
3. 如果是他人代领，应该出示什么证件？

相关链接

无人分拣只需十几秒　快递机器人何日满城“跑”

几年来，在“互联网 +”和人工智能的浪潮中，不断升级的新技术深深地影响着一个与人们生活密切相关的传统产业——快递。尤其是从2017年开始，诸如智能分拣机器人、配送机器人、无人送货机等一批高技术含金量的快递“黑科技”蓬勃涌现，频频刷新人们的认知。无疑，种种“新生”力量的加持让物流尽显神速，也给收货人带来了效率与乐趣“比翼齐飞”的全新服务体验，着实“圈粉”无数。

目前在天津，快递中的几种“黑科技”已经流行开来，然而它们的走势却不尽相同。其中，一类已经得到效仿和推广，而另一类仍是小范围“试水”。那么，这背后究竟有何缘由？在这从“小”到“大”的成长期里，它们要迈过几道坎儿呢？

“快递黑科技”的五道坎儿

政策

在无人配送领域，无论是机器人还是无人机，都需要有国家政策的支持。但是目前，我国在这一方面还没有出台明确、完善的政策法规。毕竟能不能上路？能不能飞？都是相关政策落地后的事儿。

技术

无人配送服务对天气条件要求比较高，同时还受气候、地形等现实环境因素影响。特别是无人机，由于电池续航能力受限，还无法满足全天使用；同时，在目前的技术层面上，无人机对城市复杂路况的处理能力还相对薄弱，有待进行一场技术革新。

成本

无人机器的研发成本高在业内并不是秘密。以一个配送机器人为例，它在运行过程中通过车顶激光感应系统能自动检测前方路况，但这套系统，仅顶端的激光雷达价格就在6万~7万元，整车成本一般超过10万元，因此暂时还难以批量化生产。

地形

地形是一个根本问题。中国大部分城市地形复杂，各城市还有不少区域没有具体路名，经纬定位地点虽然能解决部分问题，但目前还不够，不排除无人机器在运行中会出现“跑偏”“迷路”的情况。

素养

无论是配送机器人、无人机，还是未来即将问世的“新秀”，非常考验国民素质。它们在“工作”过程中，是否会被人为破坏？机器设备安全如何得到保护？这些都有待无人机器运营和维护商加以考虑、追踪，以及更多相关法规细则的制定。

机器人：“快递小哥”园区“上岗”

除了申通，前不久，随着中新天津生态城管委会与京东集团签约合作，作为全球城市复杂环境下的试跑，京东配送机器人在生态城正式“上岗”运行。

记者当天在现场看到，机器人一上路，就引来不少路人的围观，这个“身高”与人齐腰的机器人，会自行拐弯、规避路障、礼让行人……而这一切操作都是在无人操控的情况下自动完成。京东×事业部自动驾驶研发部工作人员戴维介绍说：“机器人以自动驾驶为核心技术，包含人工智能技术、环境感知技术、高精度定位技术、决策控制技术等多领域多方面的‘黑科技’。”不过目前，机器人仅在生态城万通小区、万科小区、生态城管委会和动漫园四个区域内进行快件派送。

无人分拣：“小黄人”十几秒完成

当来自各地的快件集中到快递分拣中心，把快件按地点、按品类分拣，是一项耗费人力和精力的“大工程”。为了让快件分拣得更加精准，解放劳动力，2016年底，申通快递开始启用智能快递机器人分拣系统，在天津引进智能分拣机器人。

分拣机器人底座呈椭圆形，长48厘米，下方装有万向轮，上面置有用来盛放包裹的黄色托盘，因此也被称为“小黄人”，它是一种可以接收、执行指令的自动化装置，能自动称重、扫描快递单条码获取地址信息，还能有条不紊地载着包裹按照自动计算的路线快速运行，并准确地将快件分拣至指定区域格口，到达指定位置后托盘竖起，包裹被倒入格口，随后再顺着通道从二层操作平台滑到一层包裹装运区，整个过程约十几秒钟；完成后，“小黄人”会自动选择近放件区排队等待下一次分拣送件。

据测算，以往传统人工操作，每天多分拣5万个快件，而400个“小黄人”每天工作10小时至少可分拣20万个快件，并且能减少70%的人力，分拣准确率高；此外还避免了人工分拣差错率高带来的二次处理成本和车线资源的浪费，更降低了快件破损率。

无人机：10分钟飞10公里

在天津，还有一家研发无人机飞行控制系统的科技公司——一飞智控（天津）科技有限公司，这里生产的无人机已经在滨海新区乃至全国开始运送货物了。通常来说，一架物流无人机可运送数十公斤以内的货物，飞行高度在100～500米之间。到达目的地后，由于无人机需要在距离地面两三米高处“空投”，因此货物必须是不怕摔的一类。

从能源角度划分，物流配送的无人机分为油、电两种，目前使用较多的是电力无人机。据介绍，电力无人机价格相对便宜，售价在几千元到上万元不等，并且维修和保养成本也较低。而燃油无人机价格往往达到几万元甚至数十万元，并且体型较大，在物流领域还属于应用初期。电力无人机充电一次后，根据风向，10分钟可飞行10多公里，考虑到回程，电力无人机运送范围一般在10公里以内。

值得一提的是，无人机送快递并不会增加运费。业内人士预计，在未来3～5年，物流人力及交通成本会上涨20%～50%，而物流无人机正是为解决这样的问题而诞生。据介绍，送快递对于平原地区来说还算简单，但在山区，同样是10公里的路，开车不仅慢，还很危险。经测算，无人机与汽车相比，物流的成本基本持平，但效率却会高出很多倍。

迎接技术革命　企业纷纷上马

通过走访，记者了解到，目前，快递的“黑科技”主要分布在分拣、仓储和配送环节。其中，在分拣、仓储环节，各快递企业及自有物流运输的电商企业对“技术革命”都表现出了极大的热情，迅速布局谋篇，并成为疯狂的追逐者：2017年，一批“高精尖”物流设备纷纷上马，仿佛“忽如一夜春风来，千树万树梨花开”。

悉数成果：除了申通的“小黄人”，中通推出了自主研发的自动分拣机，这不仅可以节约70%的人力，提高80%的效率，还极大地提高了分拣的准确性；网易考拉在中国（杭州）跨境电子商务综合试验区仓库投放了6台智能仓储机器人，这可以承担20个人的工作量，负责大件货物在仓库内的运送、分拣和补货；京东物流研发出“竖亥”，这是一种能够自动测量商品的外观尺寸和重量的智能设备，由重力传感器、称重台、显示屏构成，被应用在仓储中心的入库环节；在菜鸟网络的仓库里，一群来自Geek+团队的“货到人”机器人也开始在各自“岗位”有条不紊地搬运着货架，这支高效的队伍能很好地融入工位工作，以高于普通物流8倍的速度效劳；顺丰速运、中国邮政等通过交叉带式分拣系统，进行快递运送和分拣……

“解放劳动力，开启智能化分拣模式是物流行业在智慧生活时代的发展前提，基于这个背景，多数物流企业为了不被智能化浪潮淘汰，同时也借势突破行业高成本、低效率的瓶颈，它们陆续与科研院所合作，致力于研发‘黑科技’产品，实现智能化作业，这也是它们现在的发展重心。”天津市邮政管理局负责人表示，由于这类产品大同小异，而且不受政策等客观因素所限，因此如雨后春笋般层出不穷，一年来，各企业所“秀”的新作越来越好看。据了解，目前，天津在快递领域正在实施智能化改造升级，各类智能分拣系统陆续启用，快件分拣效率屡上台阶。

机器人配送为何难以实现全覆盖　配送环节“春风”不暖

看罢分拣、仓储环节蒸蒸日上的局面，在配送环节，记者注意到，这阵“春风”就没有那么温暖了。一段时期内，这一类“黑科技”只能在小范围区域应用，无法大面积覆盖、推广，也就是说，不能满足人人“尝鲜”的需求。

机器人：政策受限是主因

以京东机器人“快递小哥”为例，京东物流配送机器人项目总监朱国强告诉记者：

"快递配送机器人目前只能在封闭的园区和小区运行，这主要是因为国家政策有限制，虽然我们称之为'机器人'，但是它仍然属于轮式载具，有车辆属性，而目前，国家政策规定无人驾驶车辆不能上路，所以配送机器人也就不能在开放的道路环境下运行。现在北京已经开放无人车路测道路，但是天津暂时还没有相关法律法规出台。"

资料来源：中国传动网，有修改。

小案例

顺丰无人机武汉首航！7 分钟直达金银潭医院

2020 年 2 月 12 日上午，一架顺丰无人机降落武汉金银潭医院，将重达 3.3 千克的医疗和防疫物资送到了医护人员手中。这是顺丰利用无人机首批运输的物资，从顺丰速运湖北区将军路点部到武汉金银潭医院，仅耗时 7 分钟。

界面新闻从顺丰集团获悉，当日共安排了 3 架无人机执行这条航线的防疫物资运输投送，无人机货物运输 18 架次（往返），总载重 70 千克，件数 27 件，所运输物资均为紧急医疗物资。

此次顺丰率先投入无人机到武汉地区的末端配送中，一方面，可以有效消除道路限行和小区封闭等因素的影响，降低配送时间，将紧急物资在最短的时间送达指定地点；另一方面，无人机的配送可以有效避免配送人员与医务人员的面对面接触，避免交叉感染。

顺丰集团表示，为配合武汉地区的救援物资配送，未来还将继续增加无人机的投放航线和无人机数量。

此次参与物资投放的无人机为顺丰方舟无人机，其任务荷载可达 10 千克，航程可达 18 千米。

这款方舟无人机采用八旋翼布局。它具有多冗余度导航系统、飞控系统、动力系统和电源系统，并且配备紧急迫降系统，可靠性和安全性达到行业顶尖水平。此外，气动优化的螺旋桨使其具有更高的飞行效率，通过机载视觉定位系统，还可完成精准降落。方舟无人机适用于中短距离的末端配送业务，超过 50 升的大容积货仓使该机型能够满足更多的运输任务需求。

早在 2018 年 3 月 27 日，顺丰就获得国内首张无人机航空运营许可证。为解决特色经济、医疗冷链、应急配送、特种物流等各种特殊场景下物流运输的末端配送问题，顺丰集团已成功研发出满足不同运营需求的多款机型和相关配套软硬件，包括多旋翼无人机、垂直起降固定翼无人机、运营管控系统、通信系统、无人机快递接驳柜等。

除了投入无人机，顺丰集团还投入了陆运、航空运力、全球供应链资源，全力支持医疗防疫物资运输。

1 月 24 日至 2 月 5 日，顺丰航空为国内疫情处置运输防疫物资近 900 吨。顺丰航空自 1 月 24 日起增开多个国内、国际航班，将波音 757、767 及 747 型全货机悉数投运，为防疫物资的运输备足运力。

1 月 22 日至 2 月 4 日，顺丰集团承运来自海外的各类医疗防疫物资累计达 225 吨，其中顺丰速运国际承运达 100 吨，分别来自日本、新加坡、韩国、马来西亚、泰国、印度尼西亚、美国、越南等国家及地区；顺丰航空开通的“东京—武汉”“仁川—北京”航线运输防疫物资超过125吨。

此前，京东物流宣布将一批智能物流无人车投入武汉疫区的末端配送中……

资料来源：百度文库，有修改。

实训练习

一、实训内容

1. 快件派送作业。
2. 代收费用作业。

二、实训目的与要求

1. 掌握收派快件的作业流程，学会派件作业。
2. 了解快递公司运作的基本模式。
3. 培养对待工作认真、负责的态度，适应工作基本作息制度。

三、实训场地、设备、仪器、工具、手段

1. 运用互联网软件模拟实习、实际快递企业见习、观看视频、请校外专家讲座等方法。
2. 校内快递和物流实训基地。

四、实训步骤

1. 将同学分组，每5~8人分为一组，实训室模拟活动以组为单位进行。
2. 成员到快递公司实习，跟随指导师傅进行派件观摩，熟悉负责区域的地理环境以及派件操作要领。
3. 体验派件作业流程。

五、成果展示

各小组长将本组的汇总结果在全班面前展示，供同学查验，要求有实习场景的介绍、发现的问题、改进措施并说明其理由。

六、任务评价

（一）小组活动评价标准

组长负责分配不同的组员去完成任务，每个成员完成全部实习规定的各个环节的体验，有具体的情景描述。完成任务得30分，如果有漏错等情况分别扣减相应的分值。

小组成员评价标准如表4-17所示。

表 4-17　　小组成员评价表

小组名称：________　　　　组长：________

小组成员	态度 15 分	互助与合作 5 分	倾听 5 分	展示与效果 5 分

（二）教师评价标准

教师负责评价每组的任务完成情况，量化评价标准。总分值最高为 70 分。教师对小组进行评价的标准如表 4-18 所示。

表 4-18　　小组学习评价指标

序号	评 价 指 标	分值
1	• 能在规定时间内小组合作完成工作任务，服务规范，流程无误 • 顺利展示，观点新颖，表述逻辑性强	60~70
2	• 能在规定时间内完成工作任务，能做展示 • 服务规范，流程无误 • 有自己的观点，表述清楚	50~59
3	• 获得老师或其他组的帮助能完成工作任务，有展示	40~49

（三）教师点评

教师进行点评时，汇总小组内评价，然后进行总结点评。每个学生最后得分为所在小组分值加上成员评价分值。

【拓展提升】

快递卖的不是服务，而是信任

营销大师菲利普·科勒的观点：星巴克卖的不是咖啡，是休闲；法拉利卖的不是跑车，卖的是疯狂的驾驶快感和高贵感；劳力士卖的不是表，是奢侈感和自信感；希尔顿卖的不是酒店，是舒适与安心；……快递企业卖什么呢？有人说是服务，其实服务是表象，一路成就所托和使命必达的核心价值是信任。

大家熟知的 UPS 快递“珍惜所托，一如亲递”；联邦快递“使命必达”；DHL“一路成就所托”；AAE“专递所托”，其广告语极其清晰而有力地向消费者传达着：我们谨怀着信托责任来为您提供快递服务。虽然这些国际快递公司每年变着花样玩广告，但其信托责任的核心宗旨一直未变，正是因为他们深知这是客户最想听到的承诺。

为了实现这一承诺，他们也着力于实际行动的方方面面，用言行一致来准确无误地诠释着其信托责任的行业本质。尽管他们的业务模式和表现形式各不相同，但西方世界的契约精神和完善的法律体制，使得这些快递公司坚定不移地履行着信托责任，也使得这些企业里的每个员工都被培养成具有信托责任的人。

【思考】

1. 你同意资料中的观点吗？

2. 为完成快递的使命和客户满意，派送环节应该注意的问题有哪些？

思考与练习

一、单项选择题

1. 车辆封志是固封在快件运输车辆车门的一种特殊封志，封志是快件运输途中（　　）的重要手段。

A. 提高时效强化责职　　B. 监视车辆保障时效

C. 加固车门防止遗失　　D. 保证安全明确责任

2. 总包拆解方式中不包括（　　）。

A. 验视内件，更改收件人信息

B. 问题件交主管处理

C. 扫描包牌条码信息，手工键入无条码信息

D. 验视总包路向，封装规格；剔除误发的总包

3. 对于运单的粘贴描述不正确的是（　　）。

A. 体积较小的锥形物体，可将运单条码内容部分粘贴在不同的侧面上

B. 挤出运单袋内的空气，再粘贴胶纸，避免挤破运单袋

C. 运单可以与内件不粘贴在一起，但是避免运单错贴在其他快件上

D. 使用胶纸时，不得使用有颜色或者带文字的透明胶纸覆盖运单内容

4. 按照快递业务运行顺序，快递流程主要包括四大环节，但不包括（　　）。

A. 快件组装　　B. 快件运输

C. 快件派送　　D. 快件处理

5. 关于快递运单，下面说法错误的是（　　）。

A. 快递运单是寄件人与快递企业之间的寄递合同

B. 快递运单是快递企业安排客户服务的依据

C. 快递运单不可能是报关单证

D. 快递运单是付费方和快递企业据以核收费用的账单

6. 下列关于快件派送流程说法正确的是（　　）。

A. 不接受自取件客户的送货上门要求

B. 客户自取件时无需检视快件

C. 业务员派送路线选择只遵循“先重后轻”原则

D. 送派到付件时应向收件人收取资费

7. 收寄流程是指业务员从客户处收取快件的全过程，包括验视、（　　）、运单填写和款项交接等环节。

A. 包装　　B. 揽收

C. 核对　　D. 称重

8. 封发作业必须使用（　　）建立总包。

A. 封装空袋、封志　　B. 封志、包牌

C. 封装空袋、封志、包牌　　D. 封装空袋、包牌

9. 以下（　　）不是快件信息的录入要求。

A. 全面性　　B. 真实性

C. 完整性　　D. 及时性

10. 上门揽收与网点收寄两种收寄方式的主要区别是（　　）。

A. 资费不同　　B. 接收快件地点不同

C. 接收快件流程不同　　D. 包装方式不同

二、多项选择题

1. 按照运输方式的不同我们可以将快件分为（　　）。

A. 公路运输快件　　B. 火车运输快件

C. 水运运输快件　　D. 航空运输快件

2. 接到客户查询电话或网络问询时，查询岗位的工作人员应做到（　　）。

A. 查询工作要求　　B. 记录工作要求

C. 确认工作要求　　D. 异常处理要求

3. 派件查询可以分为三个步骤，分别是（　　）。

A. 客户查询，包括来电、到访、电邮、网站查询等查询方式

B. 根据客户提供的运单号码，借助网站、系统进行查件

C. 查询快件当前状况，将查询结果反馈给客户

D. 与客服沟通，观察客户是否满意

4. 国内快递运单宜采用三联，由（　　）组成。

A. 快递服务组织存根联　　B. 快递监察组织存根联

C. 寄件人存根联　　D. 收件人存根联

5. 封发是指将封装后的总包按规定装码在运输设备和工具中的过程，具体作业如下（　　）。

A. 登单　　B. 总包包牌制作及放置

C. 总包装封　　D. 质量检查

三、判断题

1. 快递服务是快速收寄、分发、运输、投递（派送）单独封装具有名址的信件和包裹等物品，以及其他不需储存的物品，按照承诺时限递送到收件人或指定地点，并获得签收的寄递服务。（　　）

2. 处理流程是指快递业务员对进入处理中心的快件进行分拣封发的全过程，包括快件到站接收、分拣、总包封装、快件发运等环节。（　　）

3. 快件处理环节中的分拣是指按快件运单书写的寄达地址，将相关的快件分别汇集，分到规定格口内的处理过程。（　　）

4. 包装既有保护快件的功能，也有推广业务的功能。 (　　)
5. 快件一般可以按内件性质、寄达范围、时限要求、资费收取等对其进行分类。 (　　)

四、分析题

选择一家快递公司，以组为单位亲自给外地的同学邮寄一份包裹快件，结合网络跟踪查询和实地参观了解记录快件历经的各个环节，以及每个环节所花费的时间，并分析效率的高低和原因。

五、实训题

选择一家本地快递公司分拨中心参观其分拣流程，分角色做好操作观察记录；或在校内快递实训室（有条件的学校）分角色进行分拣操作。要求做到：

1. 结合样品寄送要求，熟悉快递企业情况。
2. 熟悉现有国际快递主要经营者、价格及其优势路线。
3. 熟悉寄送样品使用快递的选择方法。

项目五

体验国际快递作业流程

【学习导航】

国际快递，是快递业务中最重要的组成部分，它是DHL、UPS、FedEx等快递业巨头的主营业务，每年的业务量以30%的速度增长，在我国对外贸易工作中发挥了举足轻重的作用。

国际快递与国内快递虽然在某些操作环节上有一致性，但是由于国际快递跨越国境，涉及不同国家的文化、法律、习俗等，在运输操作环节、操作的方法步骤上要复杂得多，有着自身的特殊性。

本项目主要介绍基本的国际快件进出口基本知识、基本流程、地面作业和基本的口岸作业等内容。这些内容实务操作性强，需要结合实践中的操作来了解和逐步掌握。

知识目标

☐ 熟悉国际快递行业的政策与法规

☐ 熟悉国际快递中的客户服务

☐ 熟悉国际各类快递物品的分类、运单、保险、计费等基础知识

☐ 掌握国际快递运输、配送基础知识

☐ 掌握国际快递包装和分拣作业基础知识

☐ 掌握国际快递报关、报检基础知识

☐ 掌握国际快递业务中的客户查询、投诉理赔服务知识

☐ 了解快递销售和运营管理知识

能力目标

☐ 熟悉国际快件地面作业知识

☐ 掌握调度、取件、离站作业流程

☐ 掌握进站、派送作业流程

☐ 能独立完成国际快递地面业务中调度、收取、离站、进站、派送等环节的业务

☐ 熟悉国际快递报关作业知识

☐ 掌握进口清关、出口报关流程

- □ 熟悉国际快递报检知识
- □ 掌握出入境检验检疫流程
- □ 熟悉口岸交接流程
- □ 能独立完成国际快递口岸业务中进口清关、出口报关、出入境检验检疫、口岸交接等环节的业务
- □ 能独立承担国际快递服务界面上外勤、内勤、各种疑难件的作业活动

情感目标

- □ 乐于与客户交流、沟通的基本素质
- □ 团队合作意识
- □ 吃苦耐劳的精神
- □ 自我管理能力
- □ 服务意识、礼仪素养
- □ 灵活应变能力

任务一　掌握国际快递作业常识

任务情境

王力在前辈的帮助下顺利完成国内快递业务的实习，随后被安排到联合国际快递公司专门体验国际快递作业流程。

公司为使王力对国际快递业务有较为全面的认识，首先组织王力等同学参观了联合国际快递公司的地面作业部和口岸作业部的主要操作过程，随后要求王力等通过发国际快件和搜集资料的方式调查国际快件的流转过程以及国际快递公司的运作特点，并进行各方面的比较分析，找出本公司需要改进之处。王力等按照要求在参观国际快递的操作流程后，选择不同的国际快递公司发了国际快件，搜集资料，调查了四大国际快递（DHL、FedEx、UPS、TNT）业务流程和特点，提出了本公司改进的建议。

任务要点

理论要点：

- □ 知道国际快递地面作业基本知识以及流程、作业特点
- □ 知道国际快递报关作业基本知识以及流程、作业特点
- □ 知道国际快递地面作业与快件进出口作业的基本要求
- □ 知道国际快递报检知识

实践要点：

- □ 掌握调度、取件、离站作业流程
- □ 掌握进站、派送作业流程
- □ 掌握进口清关、出口报关流程
- □ 掌握出入境检验检疫流程
- □ 熟悉口岸交接流程

任务实施

知识准备

一、国际快递作业基本内容

（一）作业内容按操作对象分类

1. 快件操作。

（1）进口件作业：提货、清关/分拨、交接、转运/派送、签收、录入。

（2）出口件作业：取件、制单/录入、交接/报关、出境/提货、派送（国外代理）。

2. 单证操作：报关单、分运单、转运单（派送清单）、形式发票等。

3. 完美操作：单证检查、安全检查、包装要领、异常件处理等。

4. 数据处理：扫描、录入、检查、核对、查询等。

（二）作业内容按快件流向分类

1. 出口环节的主要作业内容：

（1）发件人打电话，委托快件公司发件。

（2）客服人员记录，并通知派送员取件。

（3）派送员取件后回公司，交给出口作业人员（内勤）。

（4）出口作业人员将货件按出口口岸进行分拣并装袋。

（5）口岸作业人员制作出口单证，将货物交给指定承运人（民航）。

（6）国际航班将货物运至跨国快递公司的指定分拣中心（世界各地）。

（7）该分拣中心将“来自不同地区、发往同一地区的”货物进行合并，转运至最终目的地。

2. 进口环节的主要作业内容：

（1）货物到达目的地口岸，进口作业人员清关提货后转送至进口分拣中心。

（2）分拣中心作业人员将货物进行分拣。

（3）本地快件交派送员，非本地快件再做转运。

（4）派送员完成派送，收件人在派送路单上签字。

（5）派送员将签收人姓名输入扫描枪，回到公司后将该信息传输到作业信息管理系统。

二、国际快递作业流程

（一）出口作业流程

1. 流程：取件——→分拣——→制单——→报关——→海关放行——→卫生检疫——→安全检查——→复磅入库——→民航交单——→出口预报。

2. 快递公司具体操作要点：接受取件记录——→调度通知取件——→派送员取件——→出口交接——→出口准备——→报关交运——→发预报。

（1）取件记录：记录客户信息、记录发件信息、确认发件要求、填写计件单。

（2）通知取件：传达取件信息、确认通知已否、确认取件已否。

（3）派送员取件：做好取件前的准备，按要求完成取件任务。

（4）出口交接：返回公司，将货物及取件路单交出口人员分拣，现金交财务。转运出口件提货后，将货物及转运清单交出口人员进行核对、分拣。

（5）出口准备：核对及查验、对分运单及发票进行扫描、输机、出口分拣与拼装、填写报关单、挂签/封包/称重、填写民航交接单、汇总报关文件、打印出口清单、打制总运单。

（6）报关交运：货发机场、报关、海关检查、安全检查、与民航完成货物及单据的交接。

（7）发预报：航班预报、货物预报。

（二）进口作业流程

1. 流程。

进口提货：进口航班预报——→民航调单——→进口检疫——→录入仓单——→民航仓库提货——→货入海关监管库（快件公司自己的仓库）。

进口清关：进口航班预报——→EDI 报关——→海关回执——→通知客户准备清关文件——→制单——→报关/转关（监管）——→放行/出库——→派送/转运。

2. 快递公司具体操作要点：接收预报——→预清关——→提货——→进库——→清关——→分拣——→中转——→派送。

（1）接收预报：填写每日进口航班预报表，完成每日航班日志。

（2）预清关：将货物名称译成中文，将数据传输到海关，接收海关反馈（放行、报关、查验）。

（3）提货：从民航窗口提取随机单据，从民航仓库提货。

（4）进库：到货扫描、核对货物、粗分拣、存放。

（5）清关：进口直运件，通知收件人准备清关文件；进口转运件，办理监管转运手续。

（6）分拣：做文件（DOX）的货物到达（AR）扫描；本地按路区分拣，外地按城市分拣；做准备派送（WC）、转交其他快件公司（FD）扫描；打印派送路单及外地转运清单；异常货物的处理。

（7）中转：选择便捷的运输方式，将货物转至目的地。

（8）送件：合理安排派送路线，收取相关费用（垫付的关税、到付运费等），客户签收。

（9）交接、核对：报告派送结果，上交派送路单及疑难件。

实训练习

一、实训内容

1. 在实训室利用软件平台模拟国际快递运作。
2. 在实训室模拟国际快递作业流程，并体验国际快递作业流程与国内快递流程的差别。
3. 实地参观国际快递企业操作流程。
4. 各组选择不同的国际快递公司邮寄国际快件，并跟踪查询快件的流程。

二、实训目的与要求

1. 加深对所学国际快递知识的理解，总体把握国际快递的操作流程和操作要点。
2. 了解国际快递的运营方式和管理模式。
3. 把所学知识与解决实际问题相联系，能够处理物流快递问题，培养自己发现问题、分析问题和解决问题的能力。

三、实训场地、设备、仪器、工具、手段

1. 运用互联网软件模拟实习、实际快递企业见习、观看视频、请校外专家讲座等方法。
2. 校内快递和物流实训基地。

四、实训步骤

1. 将同学分组，每 5 ~ 8 人分为一组，实训室模拟活动以组为单位进行。
2. 成员到国际快递公司参观，跟随指导师傅进行观摩，熟悉国际快递的流程、运作环节以及操作要领。

五、成果展示

各小组长将本组的汇总结果在全班面前展示，供同学查验，要求有实习场景的介绍、发现的问题、改进措施及说明其理由。

六、任务评价

（一）小组活动评价标准

组长负责分配不同的组员去完成任务，每个成员完成全部实习规定的各个环节的体验，有具体的情景描述。完成任务得 30 分，如果有漏错等情况分别扣减相应的分值。

小组成员评价标准如表 5－1 所示。

表 5－1　　小组成员评价表

小组名称：__________　　组长：________

小组成员	态度 10 分	互助与合作 5 分	倾听 5 分	展示与效果 10 分

（二）教师评价标准

教师负责评价每组的任务完成情况，量化评价标准。总分值最高为 70 分。教师对小组进行评价的标准如表 5－2 所示。

表 5－2　　小组学习评价指标

序号	评 价 指 标	分值
1	• 能在规定时间内小组合作完成工作任务，体验内容丰富，环节齐全，有建议 • 顺利展示，观点新颖，表述逻辑性强	60～70
2	• 能在规定时间内完成工作任务，体验内容较丰富，环节较齐全 • 能做展示，有自己的观点，表述清楚	50～59
3	• 获得老师或其他组的帮助能完成工作任务，有展示	40～49

（三）教师点评

教师进行点评时，汇总小组内评价，然后进行总结点评。每个学生最后得分为所在小组分值加上成员评价分值。

【拓展提升】

国际四大快递各有各的优势，有些是寄到西欧的价格有优势，有些寄到东欧的价格有优势，有些寄到非洲的价格有优势，有些是清关有优势，有些是速度有保证。在寄之前，最好打听清楚。

不同的国际快递企业的通关能力各有特点，不同地区速度等不同，例如，TNT 在西欧地区清关能力很强。

TNT 国际快递专线服务优势：强势地区为西欧国家；优势特点：时效快，价格低。TNT 的优势在于 TNT 无偏远地区附加费，服务质量优秀，受到世界各国客户的喜爱，但对所运货物限制也比较多。

资料来源：百度文库，有修改。

【思考】

1. 结合上述资料，分析选择国际快递公司发件考虑的因素。
2. 提高快递企业通关能力需要哪些条件？

任务二 认识地面作业

任务情境

王力随后被分配到公司地面作业部实习，带他的师傅是学兄张宏，这使王力心里感觉很踏实。

张宏带着王力先从调度业务环节开始实习。在每个环节上，都是先由张宏操作，王力观摩。一天上午刚上班，公司调度员张宏迅速浏览了一遍公司刚接到但还没有分派的快递任务，其中有一份是去中华路拿一份国际快件，张宏点击了公司快递信息系统中的“快递员”一栏。在快递员“文龙”的名下正是“中华路”，张宏顺手拿起对讲机找到文龙，将这份快件的收取工作分派下去，整个过程不到 5 分钟。王力跟随张宏看完一轮后，就开始了自己的地面作业实习体验。

任务要点

理论要点：

- □ 熟悉快递地面作业含义与内容
- □ 熟悉地面作业流程
- □ 掌握调度、取件、离站作业流程
- □ 掌握进站、派送作业流程

实践要点：

- □ 能进行国际快件调度业务
- □ 能完成国际快递取件、离站业务
- □ 能完成国际快递进站、派送业务

任务实施

知识准备

一、标准化作业的内涵

（一）标准化作业的含义

快递标准化作业是指快递行业或专业领域各工种、各部门或各单位之间为了有效协作、实现共同目标，在质量监管、生产过程、技术平台、服务水准等诸多方面制定统一遵守的规则和标准，以利于在这些行业或专业领域协调一致的行动和有效的沟通与整合，促进整个行业或领域的发展。

以物流服务为一个大系统，制定系统内部设施、机械装备、专用工具等的技术标准，包装、仓储、装卸、运输等各类作业标准以及作为现代物流突出特征的物流信息标准，并形成与全国和国际接轨的标准化体系。因此，必须对作业流程、作业方法、作业条件加以规定并贯彻执行，使之标准化。

（二）国际快递标准化作业流程

国际快递标准化作业流程包括如下环节：预订（Booking）⟶调度（Dispatch）⟶取件（Pickup）⟶离站（Out1bound）⟶出口（Export）⟶转运（Transfer）⟶进口（Import）⟶进站（Inbound）⟶派送（Delivery）。

（三）快递各作业部门分工

地面作业部：调度、取件、离站操作、进站操作、派送。

客户服务部：预订/接单（接收客户的取件信息并做记录）。

口岸作业部：除进出口常规作业外，主要负责关务及清关等工作。

转运中心：快件转运（收取各地快件、整体分拣、发往最终目的地）。

如上所述，快件从发件人到收件人手中要经过 9 个环节，每个环节都由不同的人员在不同的地点进行操作。其中，地面作业是核心作业，涉及调度、取件、离站/进站操作、派送五个环节。

二、地面作业的内容

（一）调度

1. 调度的含义。作业调度是指以一定的通讯方式，在第一时间将取件信息及时、准确、完整地通知派送员，确保派送员在服务时限内及时到达客户处收取快件。必要时，调度人员应协助派送员，在客户与公司之间进行联络与协调。

作业调度的主要职能是：从客户服务部获知客户的发件要求，再将取件信息传达给路区中的派送员（同时也是取件员）。客服人员在预订环节中（客户要求发件/预约取件），通过接听电话、查询网络记录等方式，获取客户发件信息，再把这些信息输入客户服务（CSM）系统，调度人员就是从这个系统中查询到取件信息。

调度工作对调度员的路区知识要求较高。在 CSM 界面中看到一个地址马上要做出反应：这个地址属于哪个派送员的负责范围？下达通知时，以“沟通迅速、传输质量高、反馈方便及时”为原则。一般是依托中国电信的 CSM 网络，以手机短信方式通知派送员取件。这一方式的优点是：传输快捷、操作简便、可双向通信、也节省费用。

调度人员在 CSM 系统中取得客户的发件信息后，将取件任务通知派送员，使用的通信工具包括寻呼机、对讲机、手机短信。根据调度人员对路区的熟悉程度，有时会发生错发路区的情况，此时派送员要及时提醒调度人员，以便重新发送给正确的路区。

在调度正确的情况下，派送员基于工作量、交通状况等原因，决定是否接受这个取件任务。如果接受任务，派送员会自行安排取件路线。如果派送员不接受任务，分为两种情况：一是派送员根本拒绝收取这票快件；二是希望与客户约定时间再取件。这一信息反馈给调度人员后，调度人员应重新分配取件任务。应将这一情况立即通知客服人员，并与客户商定（议妥）：是取消预定要求，还是同意改时取件？如果取消预定，调度人员应及时通知派送员；如果是改时取件，也应及时反馈给派送员。之后，调度人员开始一个新的调度过程。

2. 基本要求。①熟悉各快件中心和取件路区的划分；②熟悉各路区的运输工具配置情况；③熟悉各路区的客户情况；④全面掌握快件相关知识；⑤了解快件中心的作业流程。

3. 调度流程。接收取件信息——→通知派送员取件——→派送员完成取件——→确认取件完成。

- 从客户服务部，接收客户发件信息。
- 向派送员下达，收取快件的通知。
- 通知派送员，取件要求已更改或已取消。
- 从派送员那里接收“取件异常情况”的信息。
- 将取件异常情况的信息反馈给客户服务部。

4. 作业标准。

（1）预约取件。

- 提前的预定要在出车之前通知派送员。
- 接到电话取件要求 5 分钟之内，在约定取件时间 30 分钟之前通知派送员。
- 在接到更改或取消取件信息的 5 分钟之内，在约定取件时间之前通知派送员。
- 派送员收到取件任务后要通知调度人员是否接受这一取件任务。
- 如发生任何可能影响约定取件时间的事件派送员要及时通知调度员。
- 派送员要在取件发生异常情况的 5 分钟之内通知调度人员。
- 差错率：控制在 3‰以内。
- 完成率：100%。

说明：①提前预定是指如下情况：有些客户在派送员出车之前，就已经打电话预约取件；要求固定取件的客户（如要求每周三 10 点来取件），没有必要等到派送员在路区当中再通知。因此，派送员要将每个取件任务的进展情况通知调度人员，使调度员能够详细掌握派送员在路区中的情况，便于综合调配可利用的资源。②对于新的取件任务，或者取消/更改取件的任务，调度员的操作时限如下：客户预订——→通知派送员——→约定收件（30 分钟以内）；更改或取消——→通知派送员——→约定时间（30 分钟以内）。

（2）通知取件。调度员向派送员发送的取件信息包括以下内容；发件人名称、联系人、联系电话、取件地址（具体地点）、最迟取件时间、快件就绪时间、快件重量、快件尺寸、快件件数、目的地、货物品名、货物价值、服务种类、保险需求、特殊要求、增值服务、预付赊销账号或现金支付信息等。

说明：调度员向派送员下达取件任务时必须考虑的问题是：应当向派送员提供哪些信息？信息不足，会影响派送员顺利完成任务；信息过多，会增加不必要的工作量，并有可能影响信息传送质量。上述所列信息是根据操作标准的要求，提供给派送员的必要信息。

（二）取件

取件员接到取件任务后，要根据当时的工作量、交通等状况来决定：是否能够及时到达客户的处所收取快件？收取快件时，还必须遵循作业标准，履行常规的检查手续。

1. 取件提示。

（1）检查。根据承运标准，进行快件的安全检查；检查快件的包装，确认是否可以安全运输。

快件在网络中流动，始于取件员从客户手中收取快件。取件工作是鉴别快件是否可以承运（拒收危险品）的第一关。一般情况下，要求现金客户提交尚未包装的物品，要在取件员的监视下进行包装，或带回公司作业部再包装。务必做到正确包装并贴好标签。

提示：

国际快件检查要比国内快件检查复杂。收寄国际快件包裹时，营业员要熟悉并执行三个方面的规定：一是我国邮政禁限寄物品规定；二是我国海关对进出口邮递物品监管办法的规定；三是寄达国对进口邮递物品禁限寄规定。

（2）完整填写并签署运单。为了保证运单内信息的准确性，要求由客户当面完整填写运单。

国际快件收件人地址一般用英文填写。英文地址的翻译要注意中文地址的排列顺序是由大到小，如×国×省×市×区×路×号，而英文地址则刚好相反，是由小到大，如上例写成英文就是：×号，×路，×区，×市，×省，×国。例如：河北省邯郸市中华路42号应翻译为Room 42，Zhong－hua Road.，Handan City，Hebei Prov.，China。

（3）按规定收取费用。收取费用也是取件工作的重要内容；派送员应随身携带称重设备、价格计算表和发票，以便准确、规范地收取费用。

（4）产生收件检查点或异常情况检查点。

检查点指一票（或一件）快件在某一特定时刻的运动状态的信息，通过快件扫描、上传记录而创建产生。取件要后立即将取件状态的信息输入扫描枪中，回到作业中心后，再传输到公司内部网络中。

（5）信息反馈。根据实际及时通知调度人员取件任务完成或取件异常情况。不论取件任务是否完成，都要及时通知调度人员，以便对客户要求做出相应处理。

2. 取件流程。

（1）取件准备：接到通知──→确认时间──→准备物料──→安排路线（按时间标准准）──→填写路单。

（2）上门取件：三确认（客户身份、相关单据、发件物品）──→收取运费（现销客户）──→货件签收──→回执返还。

（3）完美操作：单证核对──→快件检查（问题处理）──→计重复查──→标准包装──→公司签收──→取件员获得回执。

3. 作业标准。

（1）取件时。

①快件的运单与发票必须符合“完美快件”的填写要求，并以英文书写。

②快件的包装与单证必须满足可发送的要求。

③检查收件人的地址有效，并确认可以派送。

④运单的填写必须完整，适用情况下必须贴有安检及其他标签。

⑤需核对所有的发票、文件和特殊许可证。

⑥必须要求客户，在运单和发票上签字。

⑦需将运单的客户留存联交给客户，将其他运输单证贴附在快件上。

⑧需将运费发票交给客户。

⑨必须产生收件完成检查点，并记录快件的详细资料。

⑩必须拒收所有的危险品。

说明：现金支付运费，从宾馆、旅店中发快件的客户因是短期行为，都有潜在发送危险品的可能性；因此，对所有现金、宾馆和汽车旅店的快件必须进行100%的安全检查。

相关链接

收件操作要领

- 收取快件时，首先要判定是文件还是包裹。包裹快件需要检查发票、产地证明等清关必须的文件。文件快件不需要清关，没有必要准备上述文件。
- 对于收件人地址的检查，不可能完全保证其有效并可以派送，只要保证这是一个完整的地址就可以了，比如城市、街道、门牌号码都要完整。
- 对于现金客户的快件必须进行安全检查，要判定这票快件是否属于危险品的范围。也就是说，必须当面包装，如果客户已经包装好，也必须打开检查，检查后才可以决定是否接受这票快件。
- 账号客户因有长期业务关系，一般信誉较好，从取件效率角度考虑，可以把安全检查的工作留给内勤人员完成。
- 检查完现金客户的快件后要贴上标签，表示经过安检，还要收取现金。
- 填写运单的工作要在确定快件可以承运后进行，要扫描PU检查点，表示取件成功。
- 在一个出车周期之后，派送员收取的所有快件都要与内勤人员进行交接。

（2）取件后。

①必须将现金交给主管或出纳并签收。

②必须在卸载快件前下载扫描枪中的数据。

③必须将所有不能上流水线的快件卸载到NCY区域。

④必须将可上流水线的箱装快件直接卸载到流水线上。

⑤必须保证快件贴有运单的一面朝上，并面向操作员。

⑥必须将封装包裹快件放到专用的筐/袋中，并放于流水线之上。

⑦必须保证所有一票多件快件的件数齐全。

⑧必须保证一票多件快件的每一件上都附有运单的复印件。

⑨必须卸载所有的快件并分别放到文件与包裹的流水线上。

⑩必须将所有一票多件快件的所有货物放在一起。

（三）前台收件

快件进入快递网络的第一环节一般始于取件员到客户处收取快件，但也有另外的情况，不需要取件员介入快件也会进入快递网络。这就是前台收件。客户自己拿着快件亲自来到快件公司的营业中心，交给前台要求发件。在这种情况下，也要严格履行标准流程：确认是否可以承运──→检查清关文件──→安全检查──→贴标签──→收取现金──→填写运单──→完美包装──→产生检查点。

1. 收件流程。确认是否可以承运──→检查清关文件──→安全检查──→贴标签──→收取现金──→填写运单──→完美包装──→产生检查点。

2. 作业标准。

（1）在前台收取的快件，必须100%进行安全检查。

（2）在前台收取的快件必须称重，并在必要时获取体积重量。

（3）在前台收取的快件必须立即送到地面作业部进行出口操作。

（四）快递代理（月结客户或大客户）送件

本地或附近的快件代理送件上门，快递企业安排操作部门进行理货操作。接件前，计算资费，检查快件代理账户余额是否足以支付本次资费。如不足，应向快件代理说明，补足资费或某些快件暂时不走货，待补足资费以后再走货；或在快件代理要求下退货拉回。现结客户需要到财务部门缴付资费，操作部门凭财务部门收据或发票进行操作，发运快件。

距离较远的快件代理采用航空、陆运等不同方式运输到国际快递企业操作部门所在城市的机场或货运站，由国际快递企业操作部门负责提货，运到公司作业部门进行操作。

国际快递企业一般在深圳、上海、北京及某些中心城市设立分拨中心，快件代理把快件发到分拨中心所在城市机场或货运站，由国际快递企业操作部门负责提货，操作完毕后，内地中心城市空运或陆运至深圳、上海、北京分拨中心，从深圳、上海、北京清关出境。

为保证快件准确、及时地操作转运，国际快递公司一般要求快件代理务必在发货前将快件分成专线件、全球件、香港件三类并挂上吊牌。为防止因吊牌脱落而造成无法区分快件类型的情况出现，用黑色大头笔在编织袋外面注明“专线件”“全球件”或“香港件”字样，并写明收件公司。务必将专线件、全球件和香港件的交接清单分别放在相应的编织袋内，并在发货预报中注明该编织袋袋号。

快件代理发出快件后，要填写发货预报表，以传真或电子邮件的形式通知公司。预报上请写明发件的快件代理6位电脑代号及名称、始发城市、国内运单号码、航班号、总重量、总件数、香港到付快件的票数、号码及金额等。

相关链接

成为快递代理的途径

国际快递企业的国际快件进出口业务面对的客户分为月结客户（快件代理或大客户）和现结客户（零星客户），而以面向月结客户的业务为主。代理关系按照如下途径确立：

1. 报价。有意月结的代理商，应首先联络国际快递企业市场部，一般要求提供工商营业执照副本复印件等经营资料和准确的相关信息。市场部根据所收集到的资料和信息，结合该公司的业务量情况，给予相应的快件报价。

2. 签订合作协议。报价被确认后，该公司还应提供公司地址、电话、传真、电子信箱及业务联络人姓名等详细资料，由市场部为其编制代理账号，开通互联网查询密码，印制快件合作协议（范本），交月结客户签署。

3. 缴费、开始合作。月结客户签署合作协议后即成为公司的正式快件代理。快件代理可以向国际快递企业申请购买国际快件操作物料，在预缴资费到达企业指定账户后，即可开始使用国际快递企业提供的国际快递服务。

一般所有与国际快递企业签约的快件代理都将被要求预付快件资费，国际快递企业的电脑系统会每日计算快件资费（如没有电脑系统，财务部负责每天核算快件资费），在快件代理预交资费只能支付一周左右预计业务量的情况下，将及时提醒补足，一旦发生实际资费金额超过预交资费金额，国际快递企业将暂停服务，或改为现金预付结算方式。

每月相同时间，所有快件代理都会收到国际快递企业打印的上月全部快件的资费结算明细清单和正式的收款发票，快件代理应尽快核对。如有异议，在收到资费结算明细清单和正式的收款发票后10个工作日内提出。快件代理应按时支付快递企业快件资费，如有索赔，也必须全额支付应付资费后再处理索赔事故。无故拖欠快件资费将严重影响双方的合作关系。

（五）离站操作

1. 离站描述。在快件的地面作业中，离站操作是标准最严、分工最细、环节最多、工作量最繁重的作业，对人员素质和现场管理的要求也最高。一票快件能否顺利进入快递网络并安全运送，离站操作起到了至关重要的作用。

2. 离站提示。取件员取回快件后交给内勤人员。首先，要判断是否需要特殊操作。比如，超大超重、不能上流水线的货物。其次，要知道某票货物目的地的航班是否立即就要离港，“非急送件”可以先放在一旁，以减轻高峰时间的工作量。再次，要对快件的文件、包装质量进行检查，并将文件的影像信息上传到网络。最后，是数据录入，按目的地分拣后，将快件装袋，就可以运往口岸出口清关了。

3. 离站流程。

（1）从取件部门收取快件。

（2）数据录入：把运单上的快件信息输入网络中，以便日后查询。

（3）快件质量检查（MPS操作）：对快件的危险性、相关文件的完整性及包装进行全面检查。

（4）按目的地分拣：保证快件发往正确的目的地。

（5）重新称重、测量体积重量、贴标签。

（6）装包装袋：一是确保快件运送的安全性、不致遗失；二是将运单号码与集装袋号码建立起连接。

（7）文件影像扫描：将清关文件尽快传送到目的地，以便预清关。

（8）发送预报：将航班的信息通知目的地，做好接收准备。

（9）将快件运送到出口地口岸。

4. 作业内容。

（1）国际出口快件分拣前的复核。国际出口快件为了顺利清关，在对国际出口快件分拣前应重点复核快件详情单袋内的快件详情单、形式发票及相关的报关单据，同时对每票快件复核。复核内容包括：

- 报关相关单证是否齐全。

文件类快件相关报关单证：KJ1报关单、总运单（副本）和海关需要的其他单证。

个人物品类快件相关报关单证：个人物品申报单、每票快件的分运单、进境快件收件人或出境快件发件人身份证影印件和海关需要的其他单证。

货物Ⅰ类快件相关报关单证：KJ2报关单、每票快件的分运单、发票和海关需要的其他单证。

货物Ⅱ类快件相关报关单证：KJ3报关单、每票快件的分运单、发票和海关需要的其他单证。

其他货物类相关报关单证：合同（加工贸易提供纸质手册或电子账册打印件）、发票、装箱单、代理报关委托书、正本快件详情单，部分货物可能需提供代理报检委托书。

• 快件的品名是否详细。英文品名格式为“sample of + 名词”或“名词 + sample”，如塑料盒样品的英文品名书写为“sample of plastical box”或“plastical box sample”。

• 与海关或者相关规定是否相符。对于不符合海关或者相关规定的异常快件，查清具体情况后，结合海关的相关规定以及实际情况给予相应处理。

• 申报价值是否违规。申报的品名与价值是否与实际情况相符，是否有高价值低报的情况。

• 快件外包装有无破损、油污、水湿等异常情况。对破损、油污、水湿等异常情况快件，应会同主管，在监控下开拆快件，视情况重新包装，确认牢靠后再出口。

• 快件内物品是否是禁寄品。利用 X 光机的帮助，通过快件物品名称的了解，判断快件内物品是否是海关禁寄品。

（2）国际出口快件分拣原则。口岸中心的分拣取决于直封总包的建立和发运路由的订制。分拣是否准确，对快件出口起着关键作用。分拣时一定要看清国名、地名，有时往往因一字之差，谬之千里。如澳大利亚（Australia，AU）与奥地利（Austria，AT）的书写只差个别字母，但一个在大洋洲，一个在欧洲，相隔万里，分拣出错将导致快件遭受极大延误。

国际出口快件分拣原则：

• 凡寄达国某个口岸中心有直封总包关系的，都应当直封；如果同寄达国多个口岸中心同时有直封关系的，应当按照寄达国划分的中转范围，将快件发往指定的口岸中心。

• 本口岸中心分拣发现寄往同本中心没有直封总包关系的口岸中心的快件时，应根据发运路由的规定，转发本国其他同寄达国有直封总包关系的口岸中心。

• 若与寄达国没有直封总包关系的，可采取散寄中转方式，散寄给指定的外国快递企业转发。

（3）分拣建立总包。生成电子数据，传输电子数据，发到货预报，根据公司规定把快件按不同的目的地或营运商进行分拣、分装到不同的编织袋里。多票快件装到一个编织袋里；一票多件的快件只能装到一个编织袋里，不能分装，在编织袋外面用大头笔书写运输唛码。

案例阅读

新加波专线的某一总包内容为：总包袋号 B10000105，12 票 20 件，重量 20 千克，日期为 2012 年 8 月 21 日。则该专线总包唛码为：

TO SG
袋号：B10000105
共 12 票 20 件
重量：20 千克
2012. 8. 21

一般情况下，国际快件按照国家二字代码进行分拣，采用的工具方面，文件一般采用分拣格架进行分拣，包裹一般采用周转箱或标牌分拣。

5. 快件交接清单。快件交接清单应包括中转渠道、运单号码、快件类型（“文件”还是“包裹”）、件数、重量、目的地国家、品名、付款方式（“预付”还是“到付”）等内容。轻泡货还应注明材积尺寸。中转渠道是指代理选择的产品和服务类型，例如：专线件、DHL件、DHL美国大货（XL）、UPS件、TNT件、香港派送件等；资费到付的香港件必须在备注栏内注明到付金额，资费到付的国际快件请在备注栏内注明“资费到付C. Q. D.”和具体到付金额。填写快件交接清单时，不同中转渠道、不同类型的快件应分开填写。

除快件业务必需的信息资料外，快件代理应在清单上标明其在公司的六位电脑代号（在快递公司的档案号码），盖上代理公司的业务章，以便识别。

相关链接

国际快件的装袋操作要点

1. 选择颜色大小适宜的包袋。

2. 封发国际快件考虑报关需求，文件与包裹、重货与轻货分开封袋，可批量报关的低价值快件与单票报关的高价值快件分袋封装。一票多件单独报关的快件应集中堆放。

3. 按“重不压轻，大不压小，结实打底，方下圆上，规则形状放下，不规则形状放上”的原则将快件装袋。

4. 同一张封发清单的快件装载一个总包中，寄达地清关要求随附单据，与详情单一起放入特制的封套粘贴在快件上，详情单向上摆放快件。对有标志的快件要单独封袋，加挂相应特殊件包牌或标志。

5. 快件、清单、包牌相互核对后，在封发清单上盖章或签字。

6. 总包袋盛装不能过满，装袋不宜超过整袋的2/3，连同袋皮重量不宜超过32千克。

（六）进站操作

1. 进站描述。进站操作是快件转运中的重要环节。快件到达目的地口岸、清关完毕后，被运送到最终目的地的服务中心，按路区和类别进行分拣。进站操作的核心任务是为派送做好各项准备，确保成功派送。

2. 进站提示。快件到达目的地服务中心时必须产生一个检查点，表示快件在网络中的移动位置。此外，对非常规快件（带有异常信息）和运费到付快件还要进行特殊操作。随后，将快件分拣到相应路区。接下来的工作由派送员来完成：用扫描枪扫描WC检查点，下载后打印出派送路单，装车后就可以出车派送了。

3. 进站流程。

①从目的地口岸接收快件。

②将快件分拣到派送路区。

③区分并操作须转交第三方的快件。

④获取所有快件的到货时的状态。

⑤确认并操作异常处理快件。

⑥制作派送路单。

⑦为派送人员提供快件和快件信息。

⑧处理无法派送的快件。

⑨收取相关费用。

4. 作业标准。

（1）到货与卸货。

①所有车辆到达服务中心时必须保证车门上锁，且封条完好。

②所有到达服务中心的快件都必须装袋。

③打开车门前，必须使用靶枪扫描封装标志，产生货物到达检查点。

④必须将封装快件放置在封装快件分拣区。

⑤必须卸载无法上流水线的快件，并放置在 NCY 区域。

⑥必须将箱装快件卸载到流水线上。

（2）分拣要领。

①必须清空所有的袋子和筐，必须将所有的袋子翻转，使内部朝外。

②所有分拣工作不可直接在地板上进行，应在台板上进行。

③操作员必须确保快件运单朝上，以方便分拣工作。

④流水线下方的操作员必须就位，以顺畅地完成操作流程。

⑤操作员必须“放置”快件，而不是“抛扔”。

⑥如果有异常处理信息显示，必须将快件放入特殊处理区。

⑦所有没有异常处理信息的快件必须安排在下一派送时段派送。

⑧操作员必须根据快件运单和标签，区分需特殊操作的快件，并将其放入特殊操作区域。

（3）路区分拣。

①必须将按照路区分拣好的快件进行装袋，并注明路区。

②必须根据每件货物运单上的地址和路区代码，将货物从流放到地台板上。

③在车辆可以驶入的作业车间，封装快件时，必须在车厢或地台板上进行排序。

④在车辆不可驶入的作业车间封装快件时，必须在桌子上主桌子上进行排序。

⑤负责多个路区的派送员，必须在桌子上给封装快件排序。

⑥必须按照排序，对快件进行 WC 扫描，扫描后要全部进行派送。

⑦必须将扫描后的快件，装入车厢或笼车中。

⑧必须下载扫描信息，并使用激光打印机，打印派送路单。

⑨必须在服务中心，打印所有的发票和特殊操作指示。

⑩在派送快件前，必须根据运单，确认正确的收件人。

⑪必须按派送员路区分配快件。

⑫必须按派送路区分拣快件。

（七）派送

1. 派送描述。派送是快件在快递网络中移动的最后环节。派送之后，收件人会签收，表示收到了完好的货物，这一票快件的服务到此为止，不再承担任何责任。这一环节的工作是由派送员在路区中完成的，主要包括：向客户收取关税、运费等费用，把派送结果（无论是成功派送还是发生异常情况）记录在扫描枪中；如果没有按时派送，要及时通知客户。回到作业部后，派送员要将收到的现金和派送路单交给相关的内勤人员。

2. 正常件的派送流程。国际快件派送与国内快件的派送流程大体类似，个别环节如涉及关税之处略有区别。

（1）派前准备流程。

• 理仪容仪表：在派送出发前，按照企业要求做好个人准备。整理好个人的仪容仪表，调整好自己的心态，保持良好的精神风貌。

• 单证准备：国际快件派送前出需准备好工作牌、派送通知单、零钱、身份证、行车证等。快递业务员还需到制定部门领取本人派送段内的相关单证。

• 发票准备：有代缴关税快件派送时，无法向客户提供单独的税单，需要业务员向客户提供收款发票。

• 收款信息准备：从信息系统下载本人派送段内的当班派送快件的相关信息，具体包括关税、到付代收款信息等，以便提前通知客户做好准备。

• 设备准备：检查手持终端、刷卡机、电子称等是否处于正常状态。

• 接受验视：业务员在规定时间内领取所派送范围的快件，要核实快件的数量、重量，检查快件的外包装，将异常快件交给相关人员处理。

• 审核详情单：核对快件是否属于本区域。

• 快件排序：根据派送的顺序进行排序整理，要遵循优先快件优先派送的原则。

• 扫描快件：传输数据，产生出库检查点。

• 制作派送路单：登记快件的派送顺序、派送地点以及客户姓名等。

• 信息对比：核对路单信息与快件信息是否一致。

• 装运快件：根据运输工具特点装载合适的快件量以及合适的大小形状的快件，并按照科学的装车方式装车。

（2）派送服务流程说明。

• 送件上门：将快件按照派送顺序妥善捆扎，装载在运输工具上，安全送达客户所在地点。确认收件人地址，妥善放置交通工具以及车上的快件。

• 向客户确认快件：派件前，核实收件人的身份，名址，一票多件还需确认件数。如果收件人不在，电话联系收件人，经收件人同意由指定人员代收。

• 向客户提示验收快件：将快件交付客户时，提醒客户在签收前确认快件的外包装，如果是一票多件的，还需提醒客户验收快件总数。

• 指导客户签收：请客户在详情单上手工签收或在电子终端进行电子签收。

• 派送信息记录：客户签收完毕，将派送信息上传到企业信息系统。

3. 征税件派送流程：客户签收⟶客户确认税单⟶按税单收取关税⟶异常情况处理。

4. 到付件派送流程：客户签收⟶客户确认到付运费⟶提供发票/收取运费⟶异常情况处理。

向客户收取快件进口清关时代客户垫付的关税、检验检疫费、仓储费及到付等款项，将税单交付客户，或开具收款发票。

5. 客户自取件。根据客户要求或习惯，可在机场或作业中心安排客户自取快件。

6. 二次派送件：①收件人不在时，须留下“快件到达通知单”，并安排二次派送。②记录派送失败的具体原因，登记后将快件带回公司。

课堂讨论：

国际快件与国内快件的收件和派件有哪些主要的区别？

实训练习

一、实训内容

1. 在实训室利用软件平台模拟国际快递地面作业不同岗位的各项操作。
2. 在实训室模拟国际快递地面作业，并体验国际快递地面作业操作要领。
3. 到国际快递企业实习地面作业。

二、实训目的与要求

1. 熟悉国际快件地面作业知识。
2. 掌握调度、取件、离站作业流程。
3. 掌握进站、派送作业流程。

三、实训场地、设备、仪器、工具、手段

1. 运用互联网软件模拟实习、实际快递企业见习、观看视频、请校外专家讲座等方法。
2. 校内快递和物流实训基地。

四、实训步骤

1. 将同学分组，每 5 ~8 人分为一组，实训室模拟活动以组为单位进行。
2. 成员到国际快递公司实习。

五、成果展示

各小组长将本组的汇总结果在全班面前展示，供同学查验，要求有实习场景的介绍、发现的问题、改进措施及说明其理由。

六、任务评价

（一）小组活动评价标准

组长负责分配不同的组员去完成任务，每个成员完成全部实习规定的各个环节的体验，有具体的情景描述。完成任务得 30 分，如果有漏错等情况分别扣减相应的分值。

小组成员评价标准如表 5 -3 所示。

表 5 -3　　小组成员评价表

小组名称：________　　　　组长：________

小组成员	态度 10 分	互助与合作 10 分	倾听 5 分	展示与效果 5 分

（二）教师评价标准

教师负责评价每组的任务完成情况，量化评价标准。总分值最高为 70 分，教师对小组进行评价的标准如表 5－4 所示。

表 5－4　　小组学习评价指标

序号	评价指标	分值
1	能在规定时间内小组合作完成工作任务，规范操作。顺利展示，观点新颖，表述逻辑性强	60～70
2	能在规定时间内完成工作任务，操作较规范。能做展示，有自己的观点，表述清楚	50～59
3	获得老师或其他组的帮助能完成工作任务，有展示	40～49

（三）教师点评

教师进行点评时，汇总小组内评价，然后进行总结点评。每个学生最后得分为所在小组分值加上成员评价分值。

【知识提升】

联邦快递在上海拥有一个位于浦东国际机场的国际快递口岸操作中心、五个国际快递地面操作站、一个国内服务集散中心和两个国内服务地面操作站。联邦快递地面操作站配备了先进的货件分拣系统，提高了操作效率。

分析：

1. 地面作业的主要操作内容。
2. 国内服务地面操作站与国际快递地面操作站设施的区别。

任务三　认识口岸作业

任务情境

王力经过努力，在公司师傅的帮助下顺利完成了地面作业的实习，随后来到口岸作业部，开始进出口业务的实习。

在报关员张师傅的带领下，主要体验了快件出口报关业务的操作流程和快件进口的清关作业流程，包括各种单证的提供和填制、电子报关等业务。每项业务都由张师傅亲自操作，王力观看一轮后，在张师傅的指导下自己动手进行操作体验。

任务要点

理论要点：

- □ 熟悉国际快递报关的知识
- □ 熟悉国际快递报关、报检的知识
- □ 掌握进口清关、出口报关流程
- □ 掌握出入境检验检疫流程
- □ 熟悉口岸交接流程

实践要点：

- □ 能完成进口清关业务
- □ 能完成出口报关业务
- □ 能完成出入境检验检疫作业
- □ 能完成口岸交接业务
- □ 能够进行电子报关

任务实施

知识准备

一、快递报关知识

1. 中国电子口岸。中国电子口岸是国家进出口统一信息平台，是国务院有关部委将分别掌管的进出口业务信息流、资金流、货物流电子底账数据集中存放的口岸公共数据中心，为各行政管理部门提供跨部门、跨行业的行政执法数据联网核查，并为企业提供与行政管理部门及中介服务机构联网办理进出口业务的门户网站。现在，各地一般都有地方的电子口岸。

2. 滞报金规定。进出境货物在超过正常申报期限（14 天）后申报（含 14 天），每日需缴纳完税价格的万分之五的滞报金。

3. 进口快件的完税价格。进口快件的完税价格，以到岸价格为审定基础。到岸价格（CIF）包括货物的价值、运费、保险费。

4. KJ3 申报中，完税价格计算方法如下：

完税价格 = 发票中价格 × 汇率（当发票中价格的成交方式为 CIF 时）

完税价格 = 发票中价格 × 汇率 ×1.15 ÷0.997（当发票中价格的成交方式为 FOB 时）

完税价格 = 发票中价格 × 汇率 ×1 ÷0.997（当发票中价格的成交方式为 C&F 时）

说明：以上计算均保留整数。

关税 = 完税价格 × 关税税率（保留两位小数）

增值税 =（完税价格 + 关税）× 增值税率（保留两位小数）

案例阅读

关税计算

某快件，品名：光盘；价值：USD50

成交方式：FOB；商品编号：85243920

关税税率：0；增值税税率：17%；当天汇率为8.277

完税价格 $=50\times8.277\times1.15\div0.997\approx477$（人民币元）

关税 $=477\times0=0$

增值税 $=(477+0)\times17\%=81.09$（人民币元）

总的关税 = 关税 + 增值税 $=0+81.09=81.09$（人民币元）

应收关税金额 = 总的关税 $\times1.05=81.09\times1.05\approx85$（人民币元）

取整数，1.05元包括5%手续费。

5. 总关税和其他费用。

总关税：关税、增值税、消费税、反倾销税等。

其他费用：手续费、滞报金、商检费、海关监管费等。

6. 海关对监管库的管理。监管库是指经海关批准，设在国际机场口岸的，存放海关监管货物的仓储区。海关的管理规定包括：

（1）监管库必须严格划分区域，进出口仓储区必须严格隔离，并划定堆放的库位号。

（2）经营监管库业务的企业，应当经海关注册，按照海关规定，办理收存、交付手续。

（3）在海关监管区域外存放海关监管货物，应当经海关同意，并接受海关监管。

（4）监管库内的监管货物，未经海关同意，任何人不得开拆、提取、交付、发运、调换、改装、抵押、转让，或更换标志、移作他用，或者进行其他处理。

（5）监管仓库所存货物不得超过规定期限（一般为3个月）。

（6）逾期货物管理：要求特别堆放，存入海关指定仓库，每月清理上报海关。

（7）监管库须设有特别区域，用于存放商检监控货物。

违反海关监管规定，或者在保管海关货物期间造成海关监管货物损毁或灭失的（不可抗拒力除外），企业经营者须承担纳税义务和法律责任。

7. 货物被查验的主要原因。海关在进出口货物的单证审核中，在货物的原产地、性质、状况、数量、价格等方面产生异义时（单证与货物不一致），即进行查验。

8. 查验的主要方式：彻底查验、一般抽查和外形查验。

二、进出境检验检疫制度

1. 检验检疫管制的内容。

（1）商品的质量、规格、完整性，以及是否符合安全、卫生要求。

（2）商品的装载容器、包装物，以及来自疫区的运输工具。

2. 快件报关方式的商检所需单证：报检单、报关单、每一进境快件的分运单、发票和海关需要的其他单证。

美、日、韩三国的进口货，不需提供非木质包装证明复印件或熏蒸证明正本。

3. 国家检验检疫法规禁止进境的货物：土壤；动物干体；动植物病原体（包括菌种、毒种）；害虫及其他有害生物；动植物疫情流行的国家和地区的有关动植物、动植物产品及其他检疫物。

三、进口清关

1. 进口清关程序：商检申报——→商检查验——→海关申报——→海关查验——→征税——→放行——→结关。

2. 操作要点。

（1）报关报检。快件进口报检报关相对出口报检报关需要时间长，海关、商检要求很严，要特别细心制作和准备报关、报检单证。进口快件品名、数量、材质、报价必须符合海关、商检规定，以免快件进口清关花费过多时间，影响进口快件时效。

根据收到的国际快件到件预报在报关系统上制作电子报关单，进行电子预申报。海关电子审单，如准确无误则系统返回接受申报的提示，否则需修改重新申报，直到海关接受电子申报为止。然后打印纸质报关单，准备好报关相关单证。

（2）海关查验。海关查验是指为确认进出口货物的性质、原产地、货物状况、数量、价格等是否与货物申报单所填内容相符，海关依法对货物进行的例行检查。

①查验过程。快件到达海关监管中心，报关员先检查一下总包，核对一下快件，在交接单上签字完成快件交接，特别注意价值昂贵快件的交接要查内件数量。

交接完毕后到海关交单查验（如属于“法检目录”商品，应先报检后报关），快递公司报关员或操作员配合海关查验，海关查验后，签章放行。

海关查验放行后，快递企业提取、装运快件运输至分拨中心，然后分拨派送，派送环节与国内快件派送操作相同。

②查验形式：一是彻底查验，对货物逐件开箱查验。二是按一定比例，对货物有选择地开箱查验核对。三是外形查验，对货物唛头进行核对，利用地磅和 X 光机进行查验。

进口货物查验后一旦被扣关，不得抽单交由代理报关，不得退运。

四、出口报关

1. 出口报关要求及规定：①出境的快件，应当在运输工具离境 3 小时之前，办理报关手续。②快件报关及查验，应在运营人所在地海关办公时间和专门监监管场所内进行。

2. 出口检验检疫的分类：①出口商品的检验。②出境动植物检疫。③卫生检疫。

3. 出口商检流程：接单——→制单——→审单——→换证凭单（换证凭条）——→预录入——→接收回执——→现场审单——→付检疫费——→打印通关单。

4. 出口报关一般所需的单证：报关单、发票、报关委托书、核销单、装箱单，以及其他单证：手册、合同、出口许可证、中外双方协议、出品商品检验检疫通关单、正本进口报关单、正本保证金收据。

5. 报关流程。

（1）操作步骤：接单——→制单——→客户联络——→审单（商检）——→打单——→电脑审单（大通关）——→现场报关——→查验——→放行——→核销。

（2）操作要点。

①制单要项：录入单证信息；审核单证是否齐备；根据客户提供的原始资料填写报关单证；如有疑问，及时联络；单证无误后，交报关员打制报关单。

②根据客户提供的原始资料填写报关单证。报关单需填写如下内容：总运单号、分运单号、经营单位名称、备案号、贸易方式、结汇方式、指运国、运抵国、核销号、件数、毛重、净重、商品编号、商品名称、数量单位及总价。

如有单证不详或需要查验，要及时通知客户货物不能准时出运的原因。

③整理并装订报关单证。准备、整理报关所需要的各种单证，按监管海关的要求进行装订并加盖骑缝章。一般的装订顺序为：载货清单、KJ1 报关单、KJ2 报关单、随附单证（运单、形式发票等）。

④申报。电子预申报后，按监管海关的要求将报关单证递交给现场审单关员。海关审单关员接到申报资料后进行审单作业，包括下达指令：如查验、扣仓、放行。

⑤快件运载车辆进场。凭审单关员已签章的报关单证向快件监管中心申请车辆进场，并根据监管中心的安排停靠查验平台。

⑥协作海关查验。根据现场海关的查验指令及查验要求，将需查验的快件整齐地摆放在查验区，报关员协助海关关员对快件进行查验。查验时，海关凭 KJ 报关单和查验清单对快件进行开箱检查，核对申报的资料是否与实际货物一致。

⑦海关放行。海关关员查验没有发现问题且已签字确认放行后，向现场海关申领关锁，在海关的监管下对快件车辆进行加锁，然后向海关办理快件运载车辆的转关手续。

五、民航交接

1. 民航交接的作用。在进出口作业流程中，民航交接是整个货物流中最重要的环节之一，它将当地快件公司与外地分公司、口岸公司的进出口作业连接在一起，成为整个网络操作的关键一环。

2. 订舱的含义：①它是航空运输操作中的第一环节。②订舱工作是代理人向航空公司预订装载货物所需空间的过程。③通常在航班起飞前 24 小时或者更早时间进行。④需向航空公司说明：日期、目的地、航班号、货物性质以及体积。

3. 订舱重要性：①通知航空公司有货出运，便于操作准备。②确保货物出运时有足够的容纳空间。③确保特殊货物（超大超长、需要温控、贵重品、危险品等）的安全和顺利出运。

4. 参与订舱的部门主要有：

（1）口岸作业部：收集舱位需求信息，提供舱位需求预报。

（2）口岸转运部：处理舱位需求信息（转换成订舱数据），向航空公司预订舱位。

（3）各分公司（服务网点）：提供特殊货物信息（超大、超长、超重件等）。

5. 运费种类。

（1）航空运费：货物计费重量 × 相应运价 = 费用（元为单位，元以下四舍五入）。

（2）声明价值附加费：托运人向承运人特别声明的、其托运货物在目的地交付实际价值、向托运人收取的费用。

（3）地面运费：地面运输工具在机场范围以外，运送货物而收取的费用。

（4）其他费用：印花税、燃油附加税等。

6. 民航交接的进口操作流程。

（1）民航交接员，持网络组预报（航班号、总运单、板箱号），将交接航班信息传真至机场货站。

（2）民航交接员，协同其他人员，现场核对货物、清点数量、查验板箱号是否相符，到抽单处查询是否有总单及舱单记录。

（3）将快件提回快件中心，与地面作业人员交接。

（4）查询正本运单的海关监管章是否回盖完毕，若完毕则抽回。

（5）将接货信息反馈给口岸作业部网络组。

（6）每日所有航班交接完毕后，将所有正本运单放入指定地点，由次日上班人员登记后交给理单组。

7. 民航交接的出口操作流程。

（1）民航交接员整理好出口交接所需单证，包括运单、交接单、清单、安检单、报关单复印件等。

（2）协助地面代理，将出口集装袋装车。

（3）到货站交货，记录实称重量，与运单核对，相符后将出口单证交给配载员，并在交接单上签字。

（4）航班起飞前30分钟打电话到配载处，查询航班出运情况，若有不正常情况，立即向主管汇报。

（5）将出口交接单交给口岸作业部网络组。

相关资料

人工智能在快递行业的应用

全球物流业的领导者和面向世界的物流企业DHL联合IBM发布了《人工智能在物流行业的应用》报告。报告既介绍了AI在多个应用领域中的发展，也探讨了AI技术在物流产业内的应用。

一、物流货物的可视化、互动化和智能化

AI应用在现代物流工作的物理需求方面也能提供诸多方便。AI机器人、计算机可视系统、会话交互界面以及自动运输工具等都是AI在物流运营中的实际体现，这一系列新工具的应用充实壮大了现有的工作力量。

综合“看、听、说”的物流作业——智能机器人分拣

对信件、包裹甚至码垛货物进行高速有效分拣，是现代包裹和快递运营商最重要的本职工作之一。近期中外运—敦豪国际航空快件有限公司获得专利的“小型高效自动分拣装置”就利用了部分图像识别技术，在进行快件分拣的同时，自动获取数据，并对接DHL的相应系统进行数据上传。

在中国快递的作业过程中，已经运用到了一些AI相关技术

未来，面对数以百万计的货物，我们不再需要传送机器、扫描设备、人工处理设备和工作人员进行一道道分拣，而是可以利用人机协作机器人。通过AI引擎，不同的摄像头和传感器可以抓取实时数据，继而通过品牌标识、标签和3D形态来识别物品。机器和人从而可以同时对移动传送带上的可回收物品进行分类和挑拣。

AI 驱动的可视化监测技术也是物流操作环境下 AI 应用的一支潜力股。在物流行业，货物灭失或磨损是无可避免的问题。IBM Watson 通过对货运列车进行追踪拍摄，成功实现了对货物损坏情况的识别和分类，并能够采取适当措施进行修复。具体来说，首先将照相机沿火车轨道安装，以收集经行火车车厢的图像，然后自动上传到 IBM Watson 图像存储区，由 AI 图像分类器识别损坏的货车组件。

二、作业过程中的 AI

当今世界瞬息万变，AI 能够助物流业一臂之力，推动其从根本上转变运作模式——从反应式行动和预报转变为智能预测下的主动式行为。

使用 AI 进行预测性运输网络管理可显著提高物流业务的运营能力。准时保量运输是空运业务的关键，虽然空运业务仅占全球运输总吨数的 1%，但其贸易价值占比却高达 35%。

预测业务峰值可以帮助企业提高网络效率

DHL 开发了一种基于机器学习的工具来预测空运延误状况，以预先采取缓解措施。通过对其内部数据的 58 个不同参数进行分析，这一机器学习模型能够提前一周对特定航线的日平均通行时间进行预测。此外，它还能确定导致运输延误的主要因素，比如是出发日之类的时间因素，或是航空公司准时率等方面的运营因素，有助于空运代理商提前进行科学计划，而不是只能靠主观猜测。

DHL 全球贸易晴雨表是一个非常独特的工具，可对全球贸易当下状况和未来发展进行前期预测，即基于其应用庞大的运营物流数据、先进的统计模型和 AI 来对全球经济前景进行月度展望。

模型采用自下而上的方法，汇总了来自 7 个国家的商品空运和集装箱海运进出口数据作为基础。系统对来自占全球贸易 75% 的 7 个国家（中国、德国、英国、印度、日本、韩国和美国）的 2.4 亿个变量进行评估，运用 AI 引擎和其他非认知分析模型，总结出一个单一的指数来表示当前贸易增长和未来两个月全球贸易的加权平均值。历史数据测试显示，DHL 全球贸易晴雨表与实际集装箱贸易量之间存在高度相关性，表明其能够对全球贸易进行 3 个月为周期的有效预测。

更多的 AI 功能将会应用到物流管理中

预测型风险管理对于确保供应链的连续性至关重要。DHL Resilience 360 平台是基于云计算的供应链风险管理解决方案，专为满足全球物流企业的需求而量身定制。对于许多行业（汽车、技术、工程和制造业等）的供应链上游企业来说，管理来自全球数千家供应商的零部件流转是家常便饭，而供应商一旦出现问题，无论是原材料短缺、不当劳动措施，还是法律调查，都可能给整个供应链带来严重干扰。

Resilience 360 平台的 Supply Watch 模块便是 AI 帮助供应商压降风险的范例之一。通过使用先进的机器学习和自然语言处理技术，Supply Watch 可监控来自 30 多万个在线和社交媒体信息源的 800 万篇内容，并且能够理解在线对话这种零散文本中的态度和观点，以预判风险指标。这反过来也使得供应链管理者能够提前采取措施，以免供应链中断。

员工使用平台的机器学习和自然语言处理技术识别供应商侧风险

三、行政办公中的AI

在企业生存环境复杂多变的大背景下，大量细致且重复任务的行政工作给全球企业的内部运行带来巨大压力。在这一点上，AI技术能够帮助企业节省时间、降低成本，从而提高生产力和工作准确度。

1. 认知自动化技术。AI和机器人过程自动化技术（RPA）相结合下的自动化智能业务处理技术。这一技术通过将软件机器人整合至现有的商务应用和IT系统中，实现传统人工文书工作的替代。RPA并不等同于AI，AI能够自我学习，并从杂乱无章的数据中去芜存菁，而RPA往往只是代替人工，在固定框架下执行基于规则的工作流命令，它的学习能力也受到自身程序设计的限制。

2. 财务异常情况检测。物流企业核心业务正常运转往往高度依赖于公共运输业者、分包商、包机航空公司等第三方供应商，因而其财务会计团队每年需要处理上百万张来自供应商及合作伙伴的发票，背负着巨大的业务压力。自然语言处理技术能够从成堆的发票中抽丝剥茧，提取发票金额、账户信息、日期、地址等关键信息。RPA机器人可以将数据进行分类，然后输到现有的财会软件中，就可以生成订单、执行付款并向客户发送确认电子邮件，整个过程无须人工干预。

3. 认知型海关申报。使用AI对海关申报流程进行优化和自动化也是一个趋势。以往海关申报的主要问题在于过度依赖复杂的人工处理，相关工作人员需要熟知法律法规，并且十分了解行业及客户信息，以事无巨细地对各类内容和条文进行交叉验证和反复确认。

中国在2018年4月20日实行关检合并新政策，从根本上对海关申报流程进行了优化与革新。中外运—敦豪背后的DHL全球快递网络采用了部分AI技术进行细致的地址管理，从而提高了运送效率，并保证了送达准确性。

AI技术可以帮助物流供应商进行细致的地址管理，保证准确送达

在清关可视化方面，中外运—敦豪也将AI技术融入工作流程中。流程可视方面，客户可通过清关关键进程检查点，了解货物清关状态，时刻掌握清关进展。而在交互可视方面，系统可以将现有各类系统信息整合，进行分析，根据既有清关信息及清关习惯提出建议，提升清关效率。

资料来源：百度百科，有修改。

相关链接

外勤人员与内勤人员的分工合作

外勤人员主要从事派送和取件工作，为客户提供优质快捷的门到门服务；内勤人员主要从事分拣、录入、数据传输、转运交接等工作，为外勤人员提供内部服务。

外勤工作从事取件和派送，是内勤工作的延伸和继续；内勤工作从事分拣、录入、数据传输、转运交接等，为外勤工作提供内部服务。外勤和内勤好比作业一线的两支协同作战的“主力部队”，任何一方“延误战机”的失职行为，都会造成另一方的被动局面，最终导致服务失败，给公司和客户带来损失。因此，外勤和内勤的密切沟通与通力合作，成为进出口操作服务成败的关键。

实训练习

一、实训内容

1. 在报关综合实训室利用软件平台对国际快递口岸作业进行软件模拟。
2. 在综合快递实训室利用硬件设施对国际快递口岸作业流程做硬件模拟。
3. 到国际快递企业口岸作业部进行口岸作业实习。

二、实训目的与要求

1. 熟悉国际快递报关的知识。
2. 掌握进口清关、出口报关流程。
3. 熟悉国际快递报检的知识。
4. 掌握出入境检验检疫流程。
5. 熟悉口岸交接流程。

三、实训场地、设备、仪器、工具、手段

1. 运用互联网软件模拟实习、实际快递企业见习、请校外专家讲座等方法。
2. 校内快递和物流实训基地。

四、实训步骤

1. 将同学分组，每 5 ~ 8 人分为一组，实训活动以组为单位进行。
2. 观看视频，听讲座，注意操作要领和安全事项。
3. 到实训室进行口岸作业软件模拟。
4. 到实训室进行口岸作业硬件模拟。
5. 成员到国际快递公司现场实习。

五、成果展示

各小组长将本组的汇总结果在全班面前展示，供同学查验，要求有实习场景的介绍、发现的问题、改进措施及说明其理由。

六、任务评价

（一）小组活动评价标准

组长负责分配不同的组员去完成任务，每个成员完成全部实习规定的各个环节的体验，有具体的情景描述。完成任务得 30 分，如果有漏错等情况分别扣减相应的分值。

小组成员评价标准如表 5－5 所示。

表 5－5 小组成员评价表

小组名称：__________ 组长：__________

小组成员	态度 10 分	互助与合作 10 分	倾听 5 分	展示与效果 5 分

（二）教师评价标准

教师负责评价每组的任务完成情况，量化评价标准。总分值最高为 70 分。教师对小组进行评价的标准如表 5－6 所示。

表 5－6 小组学习评价指标

序号	评价指标	分值
1	• 能在规定时间内小组合作完成工作任务，服务规范，操作无误 • 顺利展示，观点新颖，表述逻辑性强	60～70
2	• 能在规定时间内完成工作任务，服务较规范，操作无误 • 能做展示，有自己的观点，表述清楚	50～59
3	• 获得老师或其他组的帮助能完成工作任务，有展示	40～49

（三）教师点评

教师进行点评时，汇总小组内评价，然后进行总结点评。每个学生最后得分为所在小组分值加上成员评价分值。

【拓展提升】

EDI 报关系统又称为海关通关 EDI 申报系统，是为了方便进出口企业向海关办理进出口货物报关手续的专业报关和报关单处理系统。它采用世界流行的 EDI 报关方式，使外贸企业得以在自己的办公地点使用 EDI 网络进行远程报关处理，EDI 报关是外贸业务无纸化的一个重要环节。

资料来源：百度文库，有修改。

【思考】

1. 使用 EDI 报关系统对提高报关速度的好处是什么？
2. 掌握 EDI 操作需要哪些计算机知识？

思考与练习

一、单项选择题

1. 不属于快件信息录入要求的是（　　）。

A. 真实性　　B. 及时性

C. 有效性　　D. 完整性

2. 上门取件与前台收件（网点收件）的主要区别是（　　）。

A. 资费不同　　B. 收件地点不同

C. 收件流程不同　　D. 包装方式不同

3. 轻泡件依照国际航空运输协会规定的轻泡物计算公式折算（　　）。

A. 毛重　　B. 体积重量

C. 净重量　　D. 实际重量

4. 在我国寄往东亚地区的国际快件，运单地址要用（　　）书写。

A. 英文　　B. 中文

C. 目的国文字　　D. 日文

5. 快递调度流程是（　　）。

A. 从客服部门接收取件信息⟶通知派送员取件⟶派送员完成取件⟶确认取件完成

B. 接听客户发件电话⟶确认发件信息⟶通知取件⟶确认完成

C. 从客服部门接收取件信息⟶安排快件处理⟶安排车辆转运⟶派送完成

D. 从处理中心取得派送信息⟶安排派送⟶派送完成⟶确认派送完成

6. KJ3 申报中完税价格等于发票中价格乘以汇率时，其中发票中的价格成交方式为（　　）。

A. CIF　　B. C&F

C. FOB　　D. COF

7. 国际快递企业一般在（　　）及某些中心城市设立分拨中心。

A. 深圳、上海、北京　　B. 北京、上海、天津

C. 深圳、上海、天津　　D. 北京、上海、广州

8. 各快递企业根据自身运单的特性采取不同的粘贴方式，（　　）是其中最常见的方式。

A. 运单袋封装　　B. 塑料桶封装

C. 木箱封装　　D. 纸盒封装

9. 正常情况下自海关监管开始（　　）个工作日内办结放行手续。

A. 1　　B. 2

C. 3　　D. 7

10. 体积重量大于实际重量的物品又常称为（　　）。

A. 体积物　　B. 轻泡物

C. 重量物　　D. 大体物

11. 通常首重的费用相对（　　）较高。

A. 净重费用　　B. 毛重费用

C. 续重费用　　D. 起重费用

二、多项选择题

1. 下列属于报关单填制内容的有（　　）。
A. 总运单号　B. 分运单号
C. 运抵国　D. 货物的质量级别
2. 海关查验的主要方式有（　　）。
A. 彻底查验　B. 一般抽查
C. 外形查验　D. 质量查验
3. 快件按照规定分为（　　）。
A. 文件类　B. 个人物品类
C. 货物类　D. 包裹类
4. 到岸价格（CIF）包括（　　）。
A. 货物价值　B. 运费
C. 关税　D. 保险费
5. 快件标识粘贴包括（　　）。
A. 正面粘贴　B. 侧面粘贴
C. 三角粘贴　D. 沿骑缝线粘贴
6. 按照国际快递标准，前台收件必须做到（　　）。
A. 100%进行安全检查　B. 称重或获取体积重量
C. 立即送地面作业部进行出口操作　D. 交外勤人员，并立即订舱
7. 快件交接清单应包括（　　）内容。
A. 中转渠道
B. 运单号码
C. 快件类型（“文件”还是“包裹”）、件数、重量
D. 目的地、国家、品名、付款方式
8. 随运单证包括（　　）等。
A. 代签回单　B. 代收货款证明
C. 形式发票　D. 报关单、转运单
9. 禁止邮寄以下物品进出境（　　）。
A. 人民币、外币和有价证券　B. 卷烟、酒
C. 国家明令禁止进出境物品　D. 属于国家秘密的文件、资料和其他物品
10. 国际快递公司一般要求快件代理务必在发货前将快件分成（　　）几类。
A. 专线件　B. 全球件
C. 欧美件　D. 香港件
11. 标识的粘贴位置是（　　）。
A. 正面粘贴　B. 侧面粘贴
C. 三角粘贴　D. 沿骑缝线粘贴

三、判断题

1. 国际快件分拣扫描时，对一票多件的快件，必须对每个包装上的复印条码进行扫描。（ ）

2. 快件承运人不是危险品鉴别专家，但可以向专业机构咨询和确认。（ ）

3. 海关查验快件前，运营人应对快件分类，发现有违禁运品，不得擅作处理，应立即通知并协助海关进行处理。（ ）

4. 前台收件与业务员取件只是取件地点不同。（ ）

5. 快件离站就是快件进入快递网络并安全传送。（ ）

6. 海关查验时，海关凭报关单以及查验清单等进行开箱检查，核对申报的资料是否与实际货物一致。（ ）

7. 现代快递是传统航空货运的发展和延续，是从航空货运代理业派生出来的。（ ）

8. 进境邮包运抵海关指定监管场所后，海关进行监管。（ ）

9. 海关查验放行后，快递企业提取、装运快件运输至分拨中心，然后分拨派送，派送环节与快件派送操作有所不同。（ ）

10. 运单应粘贴在快件外包装下面适当位置。（ ）

11. 为保证快件准确、及时地操作运转，国际快递公司一般要求快件代理务必在发货前将快件分成专线件、全球件、香港件三类。（ ）

四、简答题

1. 简述快件进口操作。

2. 简述快件出口操作。

五、实训题

1. 实训目的：了解快件进出口操作。

2. 过程：实地调查了解当地快递公司经营国际快件业务情况，比较不同公司的服务特色，分析优缺点，写出调查报告。

综合练习题

一、单项选择题

1. 快递服务的根本特点是（　　）。

A. 快速准确　　B. 热情服务

C. 团结协助　　D. 诚实守信

2. 快递服务是快速收寄、分发、运输、投递单独封装、具有名址的信件和包裹等物品，以及其他不需储存的物品，按照承诺时限递送到（　　）并获得签收的寄递服务。

A. 收件人　　B. 指定地点

C. 收件人或指定地点　　D. 收件人和指定地点

3. 寄件人和收件人在国内同一城市的快递服务称为（　　）。

A. 国际快递　　B. 国内快递

C. 国外快递　　D. 同城快递

4. 快递信息网发挥作用的内在原因是快递具有（　　）合一的特点。

A. 实物流与资金流　　B. 实物流与信息流

C. 资金流与信息流　　D. 包裹与信件

5. 下列（　　）项不属于快递合同的特征。

A. 是民事合同，而非行政合同　　B. 是涉及第三人的合同

C. 属于格式合同　　D. 是双方协商签订的合同

6. 快递业务员为少数民族客户提供快递服务时，应当尊重少数民族的风俗习惯，维护消费者的（　　）权。

A. 习惯受尊重　　B. 公平交易

C. 知悉真情　　D. 依法求偿

7. 如快递函件的投送给寄达国邮政带来有关收件人地址或函件到达寄达局的日子或钟点方面的特殊负担时，函件的投送和附加费的收取，应按各寄达国邮政对同类（　　）函件的规定办理。

A. 国际　　B. 国内

C. 同城　　D. 特殊

8. 收派网点与分拣中心之间使用的交接单，登列的内容主要有快件封发时间、发出站、接收站、封发人员、快件号码、（　　）。

A. 收寄件人信息、重量、体积、件数

B. 收寄件人信息、种类、车辆牌号、驾驶人员

C. 重量、体积、件数、种类、车辆牌号、驾驶人员

D. 收寄件人信息、重量、体积、件数、种类、车辆牌号、驾驶人员

9. 以下不是车辆封志作用的选项是（　　）。

A. 能保证快件运输途中的安全

B. 能保证已封车辆完整地由甲地运到乙地

C. 防止车辆在运输途中被打开

D. 能保证交通安全

10. 卸载易碎物品总包时如果需放在拖盘、拖车上，码放高度一般不要超过（　　）。

A. 半身高度　　B. 全身高度

C. 车辆高度　　D. 把手高度

11. 卸载使用的机械或工具，（　　）载人。

A. 可以　　B. 无法

C. 不确定可不可以　　D. 不可以

12. 总包拆解作业，就是开拆已经接收的进站快件总包，将快件由（　　）。

A. 散件转换为总包　　B. 单包转换为散件

C. 单包转换为总包　　D. 总包转换为散件

13. 《快递服务》邮政行业标准规定，除了与客户有特殊约定之外，国内异地快递不超过（　　）个小时。

A. 24　　B. 48

C. 72　　D. 96

14. 以下四项中，（　　）不是航空运输的局限性。

A. 投资大　　B. 运量小

C. 容易受天气影响　　D. 装卸麻烦

15. 按照国家法律法规的规定，以下（　　）物品可能传播淫秽内容。

A. 皮鞋、球鞋　　B. 衬衫、裤子

C. 胶卷、光盘　　D. 奶粉、牙膏

16. 总包接收操作错误的是（　　）。

A. 不同批次或车次的总包应该分别接收

B. 总包接收处理要求两人或两人以上作业

C. 发现总包异常，应及时、准确地做出处理

D. 总包接收处理要求一人作业

17. 轻泡件要依照国际航空运输协会规定的轻泡物计算公式折算为（　　）。

A. 毛重量　　B. 体积重量

C. 净重量　　D. 实际重量

18. 体积重量是快递和物流运输等行业的一种计算轻泡货物重量的方法。体积重量是将货物体积，利用折算公式（体积除以一个折算系数），就可以获得的货物重量。重量单位为公斤（千克）。比较体积重量和实际重量，体积重量（　　）实际重量的快件一般称为轻泡件。对于轻泡件，要取体积重量作为计费重量。

A. 大于　　B. 小于

C. 等于　　D. 不一定

19. 总包交接单的作用是（　　）。

A. 真实记录了两作业环节交换总包时实际发生的相关内容，是快件业务处理的证明

B. 快递企业与托承运部门或企业进行运费结算的依据

C. 是明确两作业环节之间总包交换责任界限，并促成互相监督制度执行的重要措施

D. 明确车辆的到达时间是否延误的依据

20. 卸载作业的安全要求错误的是（　　）。

A. 应该在车辆停靠稳妥后进行卸载作业，进出车厢应使用防护扶手，避免摔伤

B. 着装规范，防护用品佩戴齐全，避免身体受到伤害，如佩戴专用护腰带、穿好防护鞋

C. 卸载金属包装或表面不光滑、带有尖锐包装的快件，或者其他任何有可能造成伤害的快件，应戴专用防护手套

D. 卸载体积偏大、偏重的总包快件，可单人装

21. 分拣格口不可以是（　　）。

A. 电子秤　　B. 有形格架

C. 托盘　　D. 周转箱

22. （　　）不是快件信息的录入要求。

A. 全面性　　B. 真实性

C. 完整性　　D. 及时性

23. （　　）不是标识的粘贴方法。

A. 正面粘贴　　B. 侧面粘贴

C. 三角粘贴　　D. 反面粘贴

24. 航空运输，非宽体飞机载运的货物，每件货物重量与体积应符合（　　）的要求。超过以上重量和体积的货物，承运人可依据机型及出发地和目的地机场的装卸设备条件，确定可收运货物的最大重量和体积。

A. 每件货物重量一般不超过 100 千克，体积一般不超过 50 厘米 ×60 厘米 ×100 厘米

B. 每件货物重量一般不超过 80 千克，体积一般不超过 40 厘米 ×60 厘米 ×100 厘米

C. 每件货物重量一般不超过 50 千克，体积一般不超过 40 厘米 ×60 厘米 ×100 厘米

D. 每件货物重量一般不超过 20 千克，体积一般不超过 40 厘米 ×60 厘米 ×80 厘米

25. 航空运输，宽体飞机载运的货物，每件货物重量与体积应符合（　　）的要求。超过以上重量和体积的货物，承运人可依据机型及出发地和目的地机场的装卸设备条件，确定可收运货物的最大重量和体积。

A. 每件货物重量一般不超过 300 千克，体积一般不超过 100 厘米 ×120 厘米 ×150 厘米

B. 每件货物重量一般不超过 250 千克，体积一般不超过 100 厘米 ×100 厘米 ×140 厘米

C. 每件货物重量一般不超过 200 千克，体积一般不超过 80 厘米 ×100 厘米 ×120 厘米

D. 每件货物重量一般不超过 100 千克，体积一般不超过 80 厘米 ×100 厘米 ×110 厘米

26. 限寄物品是对（　　）寄递到物品限定在一定数量的范围内。

A. 收件人　　B. 寄件人

C. 收寄部门　　D. 处理部门

27.（　　）是指对已经初分的快件按寄达地或派送路段进行再次分拣。

A. 收件初分　　B. 快件细分

C. 快件分拣　　D. 快件处理

28. 快件直封就是快件分拣中心按快件的寄达地点把快件封发到达城市（　　）的一种分拣方式。

A. 收寄点　　B. 运输部门

C. 分拣中心　　D. 派送点

29. 信件类快件分拣的操作要求：一次取件数量在（　　）件左右。

A. 10　　B. 20

C. 30　　D. 40

30. 封发作业必须使用（　　）建立总包。

A. 封装空袋、封志　　B. 封志、包牌

C. 封装空袋、封志、包牌　　D. 封装空袋、包牌

31. 深圳到上海的快件（　　）通过直封到达。

A. 一般可以　　B. 可以

C. 绝对不可以　　D. 不确定

32. 一票多件的快件要（　　）。

A. 集中装车码放　　B. 滞后封发处理

C. 优行封发处理　　D. 封发处理

33. 取件时，较轻快件（　　）抓住快件两侧，较重快件双手托住底部或抓牢两侧的抓握位，贴近身体顺快件运动方向拣取。

A. 左手　　B. 右手

C. 双手　　D. 单手

34. 系统自动登单，是通过快件分拣系统的扫描装置，对快件（　　），发出指令封锁格口，自动打印出封发清单。

A. 手动检索　　B. 手动输入

C. 自动检索　　D. 手动核对

35. 常用的包袋有棉质、（　　）等。

A. 金属　　B. 木质

C. 尼龙　　D. 纸质

36. 航空运输出站快件应符合航空运输的（　　）要求。

A. 报关　　B. 卫生检疫

C. 质量检查　　D. 安全检查

37. WTO 与（　　）明确规定快递服务属于通信服务。

A.《服务贸易总协定》　　B.《万国邮政公约》

C.《国民经济行业分类》　　D.《快递市场管理办法》

38. 保价快件是指从（　　）的角度对快件进行的分类。

A. 业务方式　　B. 内件性质

C. 结算方式　　D. 赔偿责任

39. 代收货款业务是快递企业的（　　）。

A. 网购业务　　B. 核心业务

C. 基本业务　　D. 增值业务

40. 全程时限是指（　　）。

A. 快件完成处理、运输、派送等环节所规定的最大时间限度

B. 快件完成处理、运输、派送等环节所规定的最小时间限度

C. 快件在两地之间由收寄到派送的全程所花费的最小时间限度

D. 快件在两地之间由收寄到派送的全程所花费的最大时间限度

41.《快递服务》标准规定，快递服务组织的（　　）人员应符合相应的资格条件，取得相应的国家职业技能资格证书，持证上岗。

A. 散件转换为总包　　B. 单包转换为散件

C. 单包转换为总包　　D. 总包转换为散件

42. 机械拆解总包（　　）。

A. 不能减轻拆解人员的劳动强度　　B. 能提高劳动效率

C. 不是普遍使用的方式　　D. 不能降低企业成本

43. 拆解铅封时，保持（　　）在绳扣上不脱落。

A. 包装材料　　B. 标志

C. 铅封　　D. 包牌

44. 对不规则物品的体积测量，取物品的（　　）量取。

A. 最短、最高、最宽　　B. 最长、最低、最宽

C. 最长、最高、最宽　　D. 最长、最低、最窄

45.（　　）是快件派送完毕的依据。

A. 寄件人存根联　　B. 快递企业派件存根联

C. 收件人存根联　　D. 快递企业收件存根联

46. 在（　　）的时候，业务员应该注意的一些基本要求和规范。

A. 确定收件物品类型　　B. 运输

C. 运单填写　　D. 业务操作

47. 对于体积特别小，不足以粘贴运单的快件，建议将快件（　　）。

A. 直接寄送　　B. 环绕整个快件包裹再送

C. 不送　　D. 装在文件封或防水胶袋中寄递

48. 快件包装，错误的是（　　）。

A. 禁止使用一切报刊类物品作为快件的外包装

B. 对于价值较高的快件，建议客户使用保险或保价服务

C. 一票多件快件，可以多件捆扎寄递，同时必须在连体快件上批注运单号码，并将连体快件捆扎牢固

D. 对于重复利用的旧包装材料，无须清除原有运单及其他特殊的快件标记即可使用

49. 快件细分是对已经初分快件进行（　　）分拣。

A. 首次　　B. 再次

C. 四次　　D. 五次

50. 分拣中心最少需要设置（　　）个分拣区域。

A. 1　　B. 2

C. 3　　D. 4

51. 以下（　　）现象会导致无法分拣。

A. 快件运单整洁

B. 填写的街路不清

C. 邮编、电话区号、寄达目的地填写正确

D. 运单目的地栏填写清楚

52. 在快件处理作业中实现快件信息联网共享，并以（　　）实现信息记录传递。

A. 手工清单　　B. 明细表

C. 电子数据　　D. 原始数据

53. 按照国家法律、法规的规定，以下属于易腐蚀性物品的是（　　）。

A. 蓄电池　　B. 肥皂

C. 洗衣粉　　D. 洗手液

54. 总包接收操作错误的是（　　）。

A. 不同批次或车次的总包应该分别接收

B. 总包接收处理要求两人或两人以上作业

C. 发现总包异常，应及时、准确地做出处理

D. 总包接收处理要求一人作业

55. 从内容上分，快件封发清单分为（　　）。

A. 纸质清单和电子清单

B. 收件清单与派送清单

C. 报关清单与验收清单

D. 普通快件清单、保价快件清单、代收货款清单等

56. 对需要赶发时限的快件是否（　　），赶发指定的航班或航次。

A. 同等封发处理　　B. 滞后封发处理

C. 优先封发处理　　D. 封发处理

57. 关于快件信息安全的基本要求叙述错误的是（　　）。

A. 快件在处理过程中，所有工作人员都可以查看快件信息

B. 快递从业人员不得私自抄录或向他人泄露收、寄件人名址、电话等快件信息

C. 严禁将快件私自带回与工作无关的任何场所

D. 发现包装破损并有可能暴露内件信息时，应立即报告主管人员

58. 契约运输，是指按照快递企业与（　　）签订运输契约，按照契约的规定进行快件的运输。

A. 托运人　　B. 发件人

C. 收件人　　D. 承运人

59. 体积重量的计算方法（　　）。

A. 长（cm）×宽（cm）×高（cm）÷6000（kg/cm^3）＝体积重量（kg）

B. 长（cm）×宽（cm）×高（cm）＝体积重量（kg）

C. 长（cm）×宽（cm）×高（cm）÷6000（kg/cm）=体积重量（kg）
D. 长（cm）×宽（cm）×高（cm）÷6000（kg/cm^3）=体积重量（kg）
60. 快件运单粘贴注意事项不正确的是（　　）。
A. 运单粘贴必须保持平整；运单不能有褶皱，或折叠，或破损
B. 挤出运单袋内的空气，再粘贴胶纸，避免挤破运单袋
C. 使用不干胶运单直接粘贴时，应张贴在骑缝线上
D. 运单要与内件一致，避免运单错贴在其他快件上
61. 以下（　　）禁寄物品属于危害公共卫生的物品。
A. 鸦片、吗啡、可卡因、海洛因、大麻、冰毒、麻黄素及其他制品等
B. 如尸骨、动物器官、肢体、未经硝制的兽皮、未经药制的兽骨等
C. 如国家秘密文件和资料、国家货币、有价证券、仿真武器、珍贵文物、濒危野生动物及其制品等
D. 淫秽出版物、宣传品、照片、唱片、影片、录像带、激光视盘、计算机存储介质及其他物品
62. 快件包装的原则描述错误的是（　　）。
A. 外表美观　　B. 适合运输
C. 便于装卸　　D. 适度包装
63. 铁路运输单件货物实际重量一般不超过（　　）千克。
A. 30　　B. 50
C. 60　　D. 80
64. 快件的单件包装规格任何一边的长度不宜超过（　　）厘米，长、宽、高三边长度之和不宜超过（　　）厘米。
A. 100　　B. 150
C. 200　　D. 300
65. 对快件运单描述错误的是（　　）。
A. 快件运单又称快件详情单
B. 收件人或其代理人填写并签发的重要的运输单据
C. 是快递企业与寄件人之间的寄递合同
D. 快件运单对企业和客户双方都具有法律约束力
66. 快件运单粘贴注意事项说法正确的是（　　）。
A. 使用不干胶运单直接粘贴时，应尽量贴在骑缝线
B. 胶纸应覆盖快件运单，以免磨损使其破损
C. 使用胶纸时，可以使用有颜色或带文字的透明胶纸覆盖运单内容
D. 运单应粘贴在最大平整的表面
67. 以下说法正确的是（　　）。
A. 纺织类物品，用纸质或塑料袋包装
B. 小件物品以泡垫等材质较软的材料进行全部或局部包装
C. 粉末状物品，用容器包装并做好衬垫
D. 特产类物品必须进行保护性包装

68. 以下不属于快件处理作用的是（　　）。

A. 集散作用　　B. 控制作用

C. 协同作用　　D. 仓储作用

69. （　　）快件应当优先派送。

A. 路程远的

B. 首次派送不成功，客户要求第二次派送的

C. 寄至业务员较为熟悉的路段的

D. 必须经过人流量大的区域的

70. 业务员如要放下易碎快件，离地面（　　）厘米方可脱手。

A. 10　　B. 20

C. 30　　D. 40

71. 下列说法正确的是（　　）。

A. 快件外包装不牢固将导致车辆重心偏移

B. 尾板上的快件如左右不平衡将影响自行车的重心

C. 任何交通工具在执行完派件工作后都要检查一下交通工具重心在哪

D. 重心偏移，不影响行车安全

72. 利用汽车派送时，下面做法错误的是（　　）。

A. 快件重量可以适当超过车辆核定载重

B. 装车时遵循“大不压小、重不压轻、先出后进、易碎件单独摆放”的原则

C. 快件装车时，须先装载重货和大货

D. 所有体积小的快件需先统一装在集装袋内再装车

73. 下列说法错误的是（　　）。

A. 呼叫中心服务也会在顾客服务质量、技术支持能力和推动促销活动中起关键作用

B. 收派集散点的设置在我国东部地区一般多于西部地区，城市多于郊区

C. 处理中心对于快件的处理，直接关系到快件在一个城市运行的质量，尤其是传递速度

D. 运输线路按所需运输工具可分为航空运输线路和汽车运输线路两种

74. 包裹类快件不包括（　　）。

A. 各种馈赠品　　B. 商业货样

C. 日用品　　D. 商务文件

75.《快递服务》标准规定，快递服务组织的岗位应根据（　　）科学合理地进行设置。

A. 快递作业组织　　B. 生产流程

C. 生产人员　　D. 快递作业组织和生产环节

76. （　　）是快递业务员不正确的服饰礼仪。

A. 工装要熨烫整齐，不得有污损　　B. 天气热时可以适当将衣服敞开

C. 衣服袖口须扣上，衣领要摆好　　D. 不得穿着拖鞋或高跟鞋上班

77. 下面关于派送路线描述正确的是（　　）。

A. 派送路线是业务员派件所走的路径

B. 业务员只需考虑快件正确送达，无需考虑路线选择
C. 派送路线实际上是各个派送目的地的总和
D. 派送路线与业务员的快件排序无关

78.《刑法》规定，邮政工作人员利用职务上的便利（　　）邮件、电报的，处二年以下有期徒刑或者拘役。
A. 私自开拆或者隐匿、毁弃
B. 私自开拆并且隐匿、毁弃
C. 私自开拆并且盗窃
D. 盗窃

79. 上门揽收与网点收寄两种收寄方式的主要区别是（　　）。
A. 资费不同　　B. 接收快件地点不同
C. 接收快件地点相同　　D. 包装方式不同

80. 粘贴快递运单，下面说法正确的是（　　）。
A. 粘贴不干胶运单要补粘透明胶纸　　B. 不干胶运单粘贴在底面
C. 将不干胶运单平整地粘贴在快件表面上
D. 如果是国内快件，要将相关的报关单据与运单装进运单袋内

81. 快件保险是指客户在寄递物品之前直接对物品向（　　）购买保险。
A. 快递公司　　B. 保险公司
C. 客户　　D. 业务员

82.（　　）的情况下快递企业应当给客户赔偿。
A. 经业务员指导后，客户填写运单错误导致误送延时
B. 因车辆原因导致具有时效性的快件未按时到达
C. 快件出境时被海关查验没收
D. 自快件交寄之日已过一年，客户提出赔偿

83. 在未派送给收件人之前，快件应归（　　）所有。
A. 收件人　　B. 寄件人
C. 提供服务的快递企业　　D. 处理该票快件的业务员

84. 标识表示该物体为（　　）。
A. 有毒固体　　B. 有毒气体
C. 有毒液体　　D. 氧化物

85. “外包装表面没有突出的钉、钩、刺”属于快件包装的（　　）。
A. 适合运输原则和便于装卸原则　　B. 便于装卸原则
C. 适度包装原则　　D. 适合运输原则

86. 用胶纸封箱，下列做法正确的是（　　）。
A. 将箱缝部分粘合以节省胶纸
B. 无论物品重量如何都严格按照“×”型的封箱方法进行操作
C. 只粘贴纸箱封口的这一表面即可
D. 胶纸沿缝口粘贴后再压紧，使得胶纸和箱体充分粘合

87. 体积重量是根据快件的（　　）按一定公式计算得出。

A. 总长度　　B. 体积
C. 表面积　　D. 重量

88. 某航空快件为轻泡件，实际重量为 20 千克，则它的体积重量不可能是（　　）千克。
A. 15　　B. 25
C. 35　　D. 45

89. 下面属于快件派送要求的是（　　）。
A. 遥控　　B. 美观
C. 快速　　D. 整齐

90. 制作电脑打印清单，不做（　　）的要求。
①信息完整；②信息准确；③书写工整
A. ①②③　　B. ①②
C. ③　　D. ①③

91. 下面关于快递代收款描述错误的是（　　）。
A. 代收款不接受记账或第三方支付方式结算
B. 代收款是快递企业向收件人提供的特殊服务
C. 快递企业进行代收款前，必须获得委托单位出具的相关单据
D. 代收款必须当场现付

92. 以下不属于快递流程四大环节是（　　）。
A. 快件收寄　　B. 快件处理
C. 快件分拨　　D. 快件派送

93. 快递服务大体上分为国内快递业务和国际及港澳台快递业务两类。这两类业务除了覆盖地理范围、进出口要求不同外，在另外三个方面大致相同，不包括（　　）原则。
A. 业务流程　　B. 服务模式
C. 付费方式　　D. 赔偿方式

94. 快递业务员在服务的时候，手势是一种无声的语言，使用手势需要把握三个原则，其中不包括（　　）原则。
A. 规范　　B. 贴切
C. 适度　　D. 合理

95. 快件时限要求标准同城快递服务时限不超过（　　）小时。
A. 12　　B. 24
C. 18　　D. 20

96. 不属于交接单制作的基本要求（　　）。
A. 信息完整　　B. 信息准确
C. 双方签字　　D. 字迹工整

97. 快件包装的作用（　　）。
A. 保障功能　　B. 推广功能、保护功能
C. 便于装卸　　D. 适合运输

98. 快件包装的检查方法（　　）。

A. 看、听、感、搬　　B. 听、感、搬
C. 看、听、搬、晃　　D. 听、感、搬、嗅

99. 对于轻泡货物，量取快件各边长度时，最小单位为（　　）厘米。
A. 1　　B. 2
C. 3　　D. 4

100. 读取实际重量或计算体积重量最小计量单位为（　　）千克
A. 0.5　　B. 1
C. 1.5　　D. 2

101. 快件信息录入要求（　　）。
A. 真实性、完整性和及时性　　B. 真实和及时
C. 真实和全面　　D. 完整、及时和全面

102. 以下不属于快递业务推介的方法是（　　）。
A. 发放宣传资料　　B. 利用客户向客户进行推介
C. 通过宣传媒体推介　　D. 主动询问客户要求

103. 不属于客户维护常用的方法是（　　）。
A. 客户拜访　　B. 定期请客户吃饭
C. 书信电话联络　　D. 妥善处理客户异议

104. 快件信息在录入时要注意保持（　　）、完整性和及时性。
A. 安全性　　B. 真实性
C. 快速性　　D. 时效性

105. 下面不是拆卸封志方法的是（　　）。
A. 施封锁钥匙拆卸法　　B. 剪刀/专用钳拆卸法
C. 扫描对比拆卸法　　D. 电子密码锁拆卸法

106. 一票从深圳寄往广州的快件（陆路运输，系数为 12000），使用纸箱包装，纸箱的长、宽、高分别为 60 厘米、40 厘米、30 厘米，快件实重为 8 千克，其计费重量为（　　）千克。
A. 5　　B. 6
C. 8　　D. 12

107. 装载易碎件时放置快件底部距下落点小于（　　）厘米。
A. 30　　B. 20
C. 10　　D. 5

108. 危害物品的种类不包括（　　）。
A. 雷管　　B. 动物器官
C. 蓄电池　　D. 古董

109. 以下是限制出境物品种类是（　　）。
A. 金银　　B. 货币等有价证券
C. 通信保密机　　D. 以上都是

110. 客户签收快件的方法中，错误的是（　　）。
A. 手工签字　　B. 盖章签署

C. 电子签收　　D. 门卫签收

111. 国内快递按照服务时限划分为三种，其中不属于服务时限快递的是（　　）。

A. 标准服务快件　　B. 承诺服务时限快件

C. 普通服务快件　　D. 特殊要求时限快件

112. 承诺服务时限快件不包括（　　）。

A. 当日达快件　　B. 次日达快件

C. 保价快件　　D. 隔日达快件

113. 财产所有权可以分为动产所有权和不动产所有权，属于不动产所有权的是（　　）。

A. 车辆　　B. 房屋

C. 机器设备　　D. 成熟采摘的桃子

114. 快递企业中，快件派送可分为（　　）。

A. 按址派送网点自取　　B. 按址派送待客上门

C. 电话通知待客户自取　　D. 随意安排

115. 客户签收快件时，要验看面单填写数量是否与（　　）数量一致。

A. 实际物品　　B. 到件

C. 发运　　D. 物品

116. 快件在交接的时候，必须遵守（　　）签字确认的原则 。

A. 当面交接　　B. 清点数量

C. 核对区域　　D. 查看快件

117. 检查交接快件时要注意包装是否完好，（　　）是否正常、有无撕开后重新粘贴的痕迹。

A. 封口胶带　　B. 快件

C. 数量　　D. 保价封贴

118. 派件清单的制作方式有手工抄写和（　　）打印 。

A. 自行制作　　B. 核查

C. 电脑系统　　D. 发放

119. 一票从上海寄往广州的快件（航空运输，系数为 6000），使用纸箱包装，纸箱的长宽高分别为 60 厘米、40 厘米、30 厘米 ，快件实重为 5 千克，其计费重量为（　　）千克。

A. 5　　B. 6

C. 8　　D. 12

120. 联合包裹运送服务公司英文简称是（　　），其总部所在地为美国西雅图。

A. UPS　　B. DHL

C. FedEx　　D. TNT

121. 德国邮政全球网络的英文简称是（　　），其总部所在地为比利时布鲁塞尔。

A. UPS　　B. DHL

C. FedEx　　D. TNT

122. 联邦快递公司的英文简称是（　　），其总部所在地为美国田纳西州。

A. UPS　　B. DHL

C. FedEx　　D. TNT

123. 2016 年被联邦快递收购为子公司的荷兰邮政集团英文简称是（　　），被收购后其总部所在地仍为荷兰。

A. UPS　　B. DHL

C. FedEx　　D. TNT

124. 中外运—敦豪国际航空快件有限公司简称是（　　）。

A. UPS　　B. DHL

C. FedEx　　D. TNT

125. 大田联邦快递有限公司的简称是（　　）。

A. UPS　　B. DHL

C. FedEx　　D. TNT

126. 中外运—联合包裹运送服务公司的简称是（　　）。

A. UPS　　B. DHL

C. FedEx　　D. TNT

127. 超马赫国际运输代理有限公司的简称是（　　）

A. UPS　　B. DHL

C. FedEx　　D. TNT

128. 世界上最早出现的航空公司是（　　）

A. UPS　　B. DHL

C. FedEx　　D. TNT

129. （　　）是指在任何情况下，都是无条件地不受理不承运的物品。

A. 禁运品　　B. 限运品

C. 可运品　　D. 承运品

130. （　　）是指在特定情况下，有条件地受理和承运的物品。

A. 禁运品　　B. 限运品

C. 可运品　　D. 承运品

131. 信件类快件分拣的操作要求错误的是（　　）。

A. 分拣时操作人员站位距分拣格口的距离要适当，一般在 60 ~ 80 厘米左右

B. 一次取件数量在 20 件左右

C. 分拣后的快件，保持运单一面向上并方向一致

D. 分拣出的其他非本分拣区域的快件应及时互相交换

132. 以下说法错误的是（　　）。

A. 对一票多件的快件进行集中扫描

B. 如果扫错快件，应及时在操作系统中执行数据删除

C. 条码污染、受损无法扫描时，应手工键入条码信息

D. 扫描条码时，距快件条形码 10 ~ 50 厘米，使激光束覆盖条形码

133. 以下属于常见的分拣种类的是（　　）。

A. 按地址分拣　　B. 按简称分拣

C. 按邮编分拣　　D. 按区号分拣

134. 快件处理包括（　　）两个主要环节。
A. 快件分拣，快件封发　　B. 快件验视，快件包装
C. 快件包装，快件计费称重　　D. 快件包装，快件交件交单

135. （　　）是快件传递网络的节点，主要负责快件的分拣、封发、中转任务。
A. 营业网点　　B. 集散中心
C. 快件处理中心　　D. 中转中心

136. 下列属于限制出入境物品的是（　　）。
A. 枪支　　B. 香烟
C. 毒品　　D. 国家重要文物

137. 下列属于违规禁寄物品的是（　　）。
A. 国家货币、外币　　B. 吗啡
C. 药品、名贵药材　　D. 香烟

138. 下列关于我国海关对限制寄递物品的限量和限值规定的陈述错误的是（　　）。
A. 在国内范围互相寄递的物品，如卷烟、雪茄烟每件以两条为限，两种合寄时在 800 支以内
B. 寄递烟丝、烟叶每次均各以 5 千克为限，两种合寄时不得超过 10 千克
C. 寄往中国香港、澳门、台湾地区的个人物品，每次价值以不超过人民币 800 元为限
D. 寄往国外的个人物品，每次价值以不超过人民币 1 000 元为限

139. 根据我国海关规定，（　　）限制出口。
A. 纺织品　　B. 钒
C. 汽车　　D. 皮鞋

140. 寄往中国香港、澳门、台湾地区的个人物品，每次价值以不超过人民币（　　）元为限。
A. 400　　B. 600
C. 800　　D. 1 000

141. 寄往国外的个人物品，每次价值以不超过人民币（　　）元为限。
A. 400　　B. 600
C. 800　　D. 1 000

142. 下列关于快递企业对快件赔偿属于免责条件的情况陈述错误的是（　　）。
A. 由于顾客的责任或者所寄物品本身的原因造成快件损失的
B. 由于不可抗力的原因造成损失的
C. 寄递的物品违反禁寄和限寄的规定，经主管机关没收或依照有关法规处理的
D. 顾客自交寄快件之日起满 6 个月未查询又未提出赔偿要求的

143. 以下（　　）不是包装的作用。
A. 保护产品　　B. 推销产品
C. 便于搬运　　D. 提高产品质量

144. 下列关于快件包装检查方法不正确的是（　　）。
A. 检查外包装，若有明显破碎或撕裂，应按规定程序进行检查
B. 用手晃动包装箱，感觉寄递物品与包装物壁之间有无摩擦和碰撞

C. 检查只要外包装破碎，必须进行重新包装

D. 将包装箱举过头顶摔落地面，查看是否牢固

145. 一球状快件半径为 12 厘米，净重 30 千克，放进边长为 30 厘米的正方体纸箱内封装，物品、纸箱、填充物总重为 32 千克，则其最终计费重量为（　　）千克。

A. 5　　B. 4.5

C. 30　　D. 32

146. 下列关于保价的陈述错误的是（　　）。

A. 一般来说，快递企业不规定保价物品的最高赔偿价值

B. 快递企业一般对保价快件的重量精确度做出较高要求

C. 保价快件最高赔偿额不超过客户投保的声明价值

D. 保价快件通常用特殊的标识提醒各操作环节注意保护快件

147. 由快递企业代为收取的款项，不包括（　　）。

A. 税款　　B. 资费

C. 海关签贴费　　D. 商检费

148. （　　）是指通过持续满足客户的需求，及时妥善解决双方合作过程中出现的各类问题，从而与客户建立长期稳定的伙伴关系。

A. 客户维护　　B. 客户开发

C. 客户推广　　D. 业务推介

149. 礼仪内容的四要素不包括（　　）。

A. 礼仪的主体　　B. 礼仪的客体

C. 礼仪的效果　　D. 礼仪的环境

150. 根据（　　）权，客户可以要求快递企业准确告知快递服务的资费标准。

A. 维护尊严　　B. 公平交易

C. 知悉真情　　D. 依法求偿

151. 某深圳客户打算快递一部数码相机去沈阳，最佳的运输方式是（　　）。

A. 水路运输　　B. 公路运输

C. 航空运输　　D. 铁路运输

152. 关于快递运单，下面说法错误的是（　　）。

A. 快递运单是寄件人与快递企业之间的寄递合同

B. 快递运单是快递企业安排客户服务的依据

C. 快递运单不可能是报关单证

D. 快递运单是付费方和快递企业据以核收费用的账单

153. 下列关于快递运单描述错误的是（　　）。

A. 快递运单填写应保持真实性，业务员不能代替客户签名

B. 业务员收取完快件回到营业网点时再在运单上填写资费

C. 客户因私人寄件而不填写寄件人公司名称

D. 业务员应将自己工号写在运单上

154. 下列属于不干胶运单优点的是（　　）。

A. 因为裸露在外，容易造成运单污损　　B. 容易被他人直接在运单上涂改

C. 运单不易脱落　　D. 运单的准确性较难保证

155. 客户电话查询时，快递企业应在（　　）分钟内告知客户。

A. 30　　B. 60

C. 90　　D. 45

156. 客户有快件更址或撤回的需求时，可以向（　　）提出要求。

①业务员；②快递企业客服部门；③快递企业老板；④快件处理人员

A. ①②　　B. ①②③④

C. ①②④　　D. ②③

157. 下列符合规定的是（　　）。

A. 单件快件重量不超过 50 千克　　B. 单件快件重量不超过 80 千克

C. 单件快件重量不超过 250 千克　　D. 单件快件重量不超过 60 千克

158. 下列不属于限制出境物品的是（　　）。

A. 1970 年的中国画　　B. 金银贵重金属制品

C. 虎骨　　D. 濒危的和珍贵的动物、植物

159. 根据我国海关相关规定，（　　）是限制出口的。

A. 家用电器　　B. 汽车

C. 古董　　D. 服装

160. 需要用胶纸封箱的是（　　）。

A. 木箱　　B. 纸箱

C. 编织袋　　D. 包装袋

161. 派件时客户未签字，业务员回到营业网点后，（　　）代替客户签字。

A. 肯定可以　　B. 一般可以

C. 有时不可以　　D. 不可以

162. 体积重量，下面说法正确的是（　　）。

A. 电子计重秤可以计算出体积重量

B. 体积重量是指物品净重

C. 体积重量是指物品毛重

D. 体积重量是按照实际体积的一定比例折算而来的

163. 某客户从深圳寄一台精密仪器到新疆，重量为 2 千克，使用 60 厘米 ×30 厘米 ×40 厘米规格的纸箱封装，加上缓冲材料总重为 3 千克，则其计费重量为（　　）千克。

A. 2　　B. 1

C. 12　　D. 3

164. 某客户寄一航空快件，使用 40 厘米 ×60 厘米 ×40 厘米规格的纸箱包装，快件实重 12 千克，快递企业的资费标准为首重 1 千克 20 元，1 千克以上 10 元/千克，则该客户需要支付运费（　　）元。

A. 170　　B. 130

C. 150　　D. 160

165. 客户运单填写，下面做法错误的是（　　）。

A. 当客户对资费有异议时业务员耐心讲解

B. 业务员在运单上填写工号和姓名
C. 业务员要求客户在运单上填写全名
D. 客户在多次指导下仍填写错误，业务员主动帮助客户完成运单填写并代客户签字
166. 下面不属于现结营业款方式的情况是（　　）。
A. 客户收到快件时不给业务员现金而是给支票
B. 客户完成交寄快件后，在寄件现场支付业务员营业款
C. 网点收寄时客户在现场记账
D. 客户自取件时现场交付营业款
167. 下列交接复核出现异常时，正确的处理方法是（　　）。
A. 如发现运单数量与物品数量不符，则将运单上的数量修正
B. 包装破损但物品无恙，则应按规定将物品重新包装
C. 发现运单未填写客户联系电话，则将快件退回重新填写运单
D. 工作人员在拆开破损包装的过程中无需拍照、摄像取证留底
168. 下列关于快件派送流程说法正确的是（　　）。
A. 不接受自取件客户的送货上门要求
B. 客户自取件时无需检视快件
C. 业务员派送路线选择只遵循“先重后轻”的原则
D. 送派到付件时应向收件人收取资费
169. 处理人员一般根据到件的（　　）信息将快件交接给相应业务员。
①快件数量；②收件人名址；③快件的重量；④快件类型
A. ①②③　　B. ①②④
C. ②③　　D. ①③
170. 下面关于快件排序描述正确的是（　　）。
A. 派送时效低的快件，派送优先级别低
B. 保价快件价值高，应该最后才派送
C. 由近及远的派送方式会延长派送总时长
D. 有约定时间要求的客户提前派送
171. 下列关于邮袋的登记统计的说法错误的是（　　）。
A. 邮袋登记簿按邮袋的种类分别建立
B. 邮袋破袋缝补做到按月登记
C. 邮袋月报表做到数字准确，平衡合拢
D. 普通、专用邮袋分别登记
172. 快件流程的基本要求是：有序流畅、优质高效、成本节约和（　　）。
A. 安全快捷　　B. 礼貌运送
C. 微笑服务　　D. 追求卓越
173. 下列哪项不是航空运输的经营方式（　　）。
A. 自有飞机运输　　B. 包机运输
C. 集中托运　　D. 货代运输
174. 手工分拣时为提高分拣速度，业务员在运单上用独特的编码明显标记该快件应流

向的（　　）。

A. 物品属性　　B. 物品类型

C. 物品名称　　D. 省份、城市名称

175. 派送信息的录入要求包括（　　）。

①真实性；②完整性；③及时性

A. ①②③　　B. ①②

C. ①③　　D. ②③

176. 总包的发运计划包括发运时间、路由、运量、（　　）、停靠交接站点以及到达时间等方面的内容。

A. 车队　　B. 车况

C. 车次　　D. 车型

177. 不干胶快件运单粘贴时，把运单的打孔边先贴到运单粘贴的位置，然后（　　）抚平运单，使运单平整地粘贴在快件表面上。

A. 自左向右　　B. 自右向左

C. 自上向下　　D. 自下向上

178. 依据《邮政法》及其实施细则的规定，对于没有保价的普通包裹类邮件按照实际损失的价值进行赔偿，但最高赔偿额不超过本次邮寄费的（　　）倍。

A. 3　　B. 5

C. 6　　D. 8

179. 依照《刑法》第三百零四条规定，邮政工作人员严重不负责任，故意延误投递邮件，致使公共财产、国家和人民利益遭受重大损失的，处（　　）。

A. 二年有期徒刑或者拘役　　B. 一年有期徒刑或者拘役

C. 二年有期徒刑或者拘留　　D. 一年有期徒刑或者拘留

180. 在标准服务快件中同城快件时限不超过（　　）小时。

A. 12　　B. 18

C. 24　　D. 36

181. 易碎物品、不耐压的快件应放置（　　）。

A. 顶层　　B. 底层

C. 外层　　D. 内层

182. 非语言修养内容主要包括以下方面：（　　）。

A. 衣着要得体，仪表要大方，举止要文明，心境要良好

B. 衣着要得体，仪表要大方，举止要文明，心态要良好

C. 衣着要得体，仪表要大方，语言要得体，心境要良好

D. 衣着要得体，仪表要大方，语言要得体，心态要良好

183.（　　）灭火器适用于扑灭油类、易燃液体、可燃气体、电器和机械设备等的初起火灾，具有结构简单、容量大、移动灵活、操作方便的特点。

A. 二氧化碳系列灭火器　　B. 泡沫灭火器

C. 干粉灭火剂　　D. 细沙

184. 快递业务员职业道德规范中所规定的（　　）内容，既体现了作为一般服务业所

需具备的职业态度和精神面貌，又体现了快递服务业务所需要具备的特殊职业操守。

A. 团结协作，准确快速；保守秘密，确保安全；衣着整洁，文明礼貌

B. 热情服务，奉献社会；爱岗敬业，勤奋务实；遵纪守法，诚实守信

C. 保守秘密，确保安全；衣着整洁，文明礼貌；爱岗敬业，勤奋务实

D. 爱岗敬业，勤奋务实；遵纪守法，诚实守信；团结协作，准确快速

185. 分拣区域设置是根据各快递企业的（　　）、车次、流量进行划分的。

A. 收件路线　　B. 人员

C. 资金　　D. 发运路线

186.（　　）适用于扑灭可燃固体、可燃液体、可燃气体以及带电设备的初起火灾。

A. 二氧化碳系列灭火器　　B. 泡沫灭火器

C. 干粉灭火剂　　D. 细沙

187. 快递服务是（　　）的便捷服务。

A. 门到门，桌到桌　　B. 门到门，户到户

C. 桌到桌，人到人　　D. 人到人，户到户

188. 摩托车载物，高度从地面起不得超过（　　）米，长度不得超出车身（　　）米。两轮摩托车载物宽度左右不得超出车把（　　）米。

A. 1.5，0.15，0.3　　B. 1.8，0.2，0.25

C. 1.5，0.2，0.15　　D. 1.8，0.15，0.3

189. 使用干粉灭火剂通过化学作用，破坏燃烧的链式反应，使燃烧终止。这种方法属于（　　）。

A. 冷却法　　B. 窒息法

C. 隔离法　　D. 化学抑制法

190. 下列不属于快件的包装原则的是（　　）。

A. 适合运输原则　　B. 便于装卸原则

C. 适度包装原则　　D. 轻拿轻放原则

191. 国内特快邮件短少缮写验单后，下列不能作为随验单附寄的相关证物的是（　　）。

A. 相关内件短少邮件　　B. 封志

C. 绳扣　　D. 清单复印件

192. 使用不干胶运单直接黏贴时，应尽量避开（　　），以防箱子被挤压时爆开，导致运单破损或脱落。

A. 中心线　　B. 骑缝线

C. 边线　　D. 对角线

193. 根据《快递业务员国家职业技能标准》的基本要求，快递业务员的职业守则不包括（　　）。

A. 遵纪守法，诚实守信　　B. 爱岗敬业，勤奋务实

C. 衣着整洁，文明礼貌　　D. 及时派送，迅速准确

194.（　　）服务是快递服务较为普遍的一种形式，也是我国快递业务中最多的一种。

A. 异地快递　　B. 同城快递

C. 同省快递　　　　D. 承诺服务时限快件

195. 交接单是登记交接总包的相关内容，以下不是交接单需要登记的内容的是（　　）。

A. 交接单号码　　　　B. 收寄员工号

C. 发寄地、寄达地　　　　D. 总包数量、重量

196. 代收货款业务是快递企业的（　　）。

A. 网购业务　　　　B. 核心业务

C. 基本业务　　　　D. 增值业务

197. 下列不属于总包交接单作用的是（　　）。

A. 真实记录了两作业环节交换总包时实际发生的相关内容，是快件业务处理的证明

B. 是快递企业与托承部门或企业运行运费结算的依据

C. 是明确两作业环节之间总包交换责任界限，并促成互相监督制度执行的重要措施

D. 明确车辆的到达时间是否延误的依据

198. 违背快件运单填写的总体要求的是（　　）。

A. 国内快件运单使用蓝、黑色笔书写或打印，禁止使用铅笔或红色笔书写

B. 书写要求有力，字迹工整

C. 运单内容填写规范、完整

D. 运单上可以写有“秘密”“机密”“绝密”以及部队番号、代号和暗语等

199.　半自动机械分拣操作过程中，（　　）挂式工牌。

A. 允许使用　　　　B. 不许使用

C. 随意　　　　D. 不做要求

200. 车辆到站后，总包交接验收应注意：（　　）。

A. 工作人员要站在车的正后方引导车辆停靠在指定的交接场地

B. 检查交接单的内容填写是否完整，不用强调章戳签名是否规范

C. 检查车辆封志是否完好

D. 可根据情况决定是否在交接单上批明接收时间

201. 下列属于违规禁寄物品的是（　　）。

A. 国家货币、外币　　　　B. 珍贵文物

C. 药品、名贵药材　　　　D. 仿真武器

202. （　　）是整个快递服务的生命线。

A. 有序流畅　　　　B. 优质高效

C. 成本节约　　　　D. 安全便捷

203. 快件分拣分为直封和（　　）两种操作模式。

A. 中转　　　　B. 转封

C. 往返封　　　　D. 转拨

204. 分拣传输设备运行中出现危急情况，应（　　）。

A. 过后处理　　　　B. 不做处理

C. 立即停止设备运行　　　　D. 继续运行

205. 快递服务业务种类，按照运输方式划分不包括（　　）。

A. 航空　　B. 公路
C. 铁路　　D. 水路

206. 装载易碎件时放置快件底部距下落点小于10厘米；装载普通件时放置快件底部距下落点小于（　　）厘米。

A. 30　　B. 20
C. 10　　D. 5

207. 按照快递业务运行的顺序，快递流程主要包括快件收寄、快件处理、快件运输和（　　）四大环节。

A. 快件派送　　B. 快件捆扎
C. 快件包装　　D. 快件分拣

208. 自动分拣说法错误的是（　　）。

A. 实现连续、大量地分拣　　B. 信息采集准确
C. 分拣误差较小　　D. 所有快件都能够实现自动分拣

209. 扫描条码时，扫描机应与条形码条符（　　）。

A. 垂直　　B. 平行
C. 弯曲　　D. 倾斜

210. 确保安全，要求快递业务员在工作过程中必须确保（　　）抓住快件两侧，要贴近身体顺快件运动方向拣取。

A. 手臂　　B. 手指
C. 单手　　D. 双手

211. 以下不属于危害公共卫生的物品是（　　）。

A. 未经硝制的兽皮　　B. 肢体
C. 动物器官　　D. 经药制的兽骨

212. 以下不属于国家法律、法规、行政规章明令禁止流通、寄递或进出境的物品的是（　　）。

A. 濒危野生动物及其制品　　B. 国家秘密文件和资料
C. 管制刀具　　D. 家用电器

213. 快件赔付的对象应为（　　）。

A. 寄件人或寄件人指定的受益人　　B. 收件人或寄件人
C. 只能是寄件人　　D. 只能是收件人

214. 以下不属于在我国快递市场提供服务的快递企业三大主体的是（　　）。

A. 国有快递企业　　B. 个体快递企业
C. 民营快递企业　　D. 外资快递企业

215. 营业窗口受理查询方式是指用户到交寄特快专递邮件的营业网点办理（　　）特快专递邮件查询手续。

A. 进出口　　B. 进口
C. 出口　　D. 本口

216. 使用手持终端录入投递信息的，回班后要对录入信息数量与（　　）进行复核，发现遗漏及时补录上传。

A. 投递结余数量　　B. 投递局存留联
C. 未投出数量　　D. 投递数量

217. 以下关于投递特快专递邮件验视有效证件的表述错误的是（　　）。
A. 若收件人提供的是本人港澳居民往来内地通行证，可以投交邮件
B. 若收件人提供的是本人驾驶证，可以投交邮件
C. 若收件人提供的是本人学生证，可以投交邮件
D. 若收件人提供的是本人户口簿，可以投交邮件

218. 20 世纪 80 年代，国际快递公司开始通过（　　）形式涉足我国国际快递服务。
A. 全资　　B. 加盟
C. 控股　　D. 合资

219. 国际及台港澳特快专递邮件寄递中，下列不可作为文件资料寄递的是（　　）。
A. 证书　　B. 单据
C. 照相复制品　　D. 无记名支票

220. 以下属于国内特快专递邮件禁止寄递物品的是（　　）。
A. 保鲜袋　　B. 衬衣
C. 烟花　　D. 帽子

221. 以下关于国内特快专递邮件封面收、寄件人地址书写的表述正确的是（　　）。
A. 收、寄件人为个人的，地址写明街道名称即可，不必写明门牌号码
B. 寄件人的地址不可以使用简称、缩写或暗语
C. 收件人的地址可以使用简称、缩写或暗语
D. 收、寄件人为单位的，详细书写单位全称即可，不必写明街道名称和门牌号码

222. 在窗口办理国内出口特快专递邮件一般查询时，下列说法错误的是（　　）。
A. 查询人应出示详情单第三联
B. 查询人填写国内特快专递邮件撤回/查询申请书一份
C. 单式上应注明特快专递邮件号码、原寄局、寄达局及交寄日期
D. 邮件的查询人必须是寄件人

223. 国内标准快递“红杯”邮件的每件最高限重为（　　）千克。
A. 5　　B. 10
C. 20　　D. 40

224. 以下关于快递的表述错误的是（　　）。
A.《快递市场管理办法》规定了快递的定义
B. 快递是指在承诺的时限内快速完成的寄递活动
C. 快递服务包括收寄、分拣、运输、投递等四大环节
D. 快递是指将信息、包裹、印刷品等物品按照封装上的名址递送给特定个人或者单位的活动

225. 以下关于禁寄物品的说法正确的是（　　）。
A. 包装不妥，可能污染其他邮件的物品，可以寄递
B. 医药用废弃物不可以寄递
C. 各种货币，可以寄递

D. 寄递鲜水果无需特殊包装

226. 投递特快专递邮件时，若遇未书写寄、收件人电话或电话错误，造成无法投递的邮件，以下处理方法错误的是（　　）。

A. 给收件人贴留“特快专递邮件投递告知单”，并逐项填写清楚

B. 做无着邮件处理

C. 在规定时限内，若收件人要求上门投递的，要按约定时间上门投递

D. 超出规定时限的做退回处理

227. 国内标准快递信函、文件类邮件无法装入专用封套的，应封入（　　），尺寸限度同物品型邮件。

A. 纸质包装箱、盒　　B. 塑料袋

C. 档案袋　　D. 编织袋

228. 特快专递投递人员回班后，以下关于邮件稽核的说法正确的是（　　）。

A. 稽核查看是否与出班投递邮件总数相符

B. 稽核查看是否与派揽邮件总数相符

C. 稽核查看是否与派投邮件总数相符

D. 稽核查看是否与收寄邮件总数相符

229. 国内特快专递邮件封面书写，对于邮件详细说明的“总件数”“实际重量”“计费重量”“总体积长×宽×高”一栏，应由（　　）填写。

A. 寄件人　　B. 收寄人员

C. 复核人员　　D. 分拣人员

230. 中国邮政速递物流股份有限公司是经国务院批准，中国邮政集团于（　　）年6月联合各省邮政公司共同发起设立的国有股份制公司。

A. 2008　　B. 2009

C. 2010　　D. 2011

231. 邮政通信网的节点是（　　）。

A. 收寄端　　B. 邮件处理中心

C. 邮路　　D. 投递端

232. 内装易碎物品或流质物品的国际特快专递邮件，每件最高重量限度为（　　）千克。

A. 10　　B. 20

C. 30　　D. 40

233. 国内特快专递邮件主要禁寄物品清单中，下列不属于有毒物品的是（　　）。

A. 水银　　B. 生漆

C. 咖啡　　D. DDT

234. 投递员出班派送前打印或手工填写“快件投递派送单”，一份交由总台人员留档，一份作为（　　）。

A. 财务人员备档　　B. 道段邮件投递派送单

C. 出纳人员保存　　D. 大客户查询单

235. 在利用汽车投递时，下列做法错误的是（　　）。

A. 离开车辆时必须拉手刹、熄火、锁闭门窗
B. 如遇投递量大，为节省时间，投递员离开车辆时可以不熄火
C. 离开车辆或车辆开启前，检查车门附近是否有遗漏邮件
D. 下车后在邮件取放过程中，禁止随意放置，以免造成遗忘丢失
236. 投递员出班前录入邮件信息出现异常时，以下操作不正确的是（　　）。
A. 邮件上条码模糊或破损的，采取手工输入
B. 发现录入信息错误时，及时对错误数据加以修正
C. 直接退回邮件
D. 统版系统出现故障，要手工登单处理
237. 下列不属于国内特快专递邮件袋管理“四有”标准的是（　　）。
A. 管理有专人　　B. 使用有计划
C. 处理有手续　　D. 存放有专处
238. 无法装入标准信封且厚度不超过 10 毫米的国际文件资料类特快专递邮件，可使用两层以上坚韧的包装袋，其长度不得小于 215 毫米，宽度不小于（　　）毫米。
A. 100　　B. 110
C. 120　　D. 130
239. 特快专递投递人员回班后，要将未妥投的物品类邮件与所剔下的投递详情单，按照（　　）进行包、单贴合。
A. 邮件内件性质　　B. 邮件时限
C. 邮件内件性质及时限　　D. 邮件号码及地址
240. 第十一届全国人大常委会第八次会议审议通过了新修订的《邮政法》，施行日期是（　　）。
A. 2008 年 12 月 1 日　　B. 2009 年 4 月 24 日
C. 2009 年 7 月 1 日　　D. 2009 年 10 月 1 日
241. 首次投递时，“收件人为单位名称，单位放假”的邮件应作为（　　）处理。
A. 再投邮件　　B. 退回邮件
C. 无着邮件　　D. 存局邮件
242. 特快专递邮件内件为（　　），封装时应在内件之间及内件与箱板之间用柔软、轻质的填充物填塞妥当，以防在运输途中损坏。
A. 硬质物品　　B. 文件信函
C. 易碎物品　　D. 金属物品
243. 投递（　　）时，“迁移新址，收件人无法电话联系的”邮件要作为（　　）处理。
A. 待查邮件　　B. 退回邮件
C. 无着邮件　　D. 存局邮件
244. 下列关于投递作业出班前邮件调段的说法正确的是（　　）。
A. 邮件接收后，为保证时限，揽投员不必再做检查，直接出班投递
B. 邮件接收后，在第一时间对道段错分邮件相互之间进行调段处理
C. 邮件接收后，揽投员要对无着邮件，相互之间进行调段处理

D. 邮件接收后，揽投员要对投递退回邮件，相互之间进行调段处理

245. 下列关于投递人员投递特快专递邮件的表述错误的是（　　）。

A. 在收件人要求投递员代为签字时，投递员可以代签

B. 妥投后，投递员应将详情单投递局存联撕下带回，作为妥投凭证

C. 投递完毕后，要仔细检查投交现场，特别是揽投作业交叉的现场，查看有无遗漏邮件

D. 应查核有无错投，以便发现问题及时补救

246. 以下不属于国内特快专递邮件禁止寄递物品的是（　　）。

A. 气雾剂　　B. 油布

C. 松节油　　D. 干香菇

247. 下列属于邮政通信的性质的是（　　）。

A. 服务性　　B. 广泛性

C. 时效性　　D. 传递性

248. 下列不属于《邮政法》第三十七条规定不得寄递物品的是（　　）。

A. 国内互寄的户口簿

B. 散布谣言扰乱社会秩序，破坏社会稳定的

C. 煽动民族仇恨、民族歧视，破坏民族团结的

D. 宣扬邪教或者迷信的

249. 快递运单是（　　）与快递企业之间的寄递合同。

A. 收件人　　B. 寄件人

C. 承运人　　D. 业务员

250. 客户可联系（　　）提出快件撤回的要求。

①业务员；②客服部门；③统计部门；④营销部门

A. ①②③④　　B. ①②③

C. ①②　　D. ①④

251. 从 19 世纪起，（　　）进入中国，极大地危害了中国民众。

A. 鸦片　　B. 可卡因

C. 吗啡　　D. 大麻

252. 移交无法派送快件，描述错误的是（　　）。

A. 运单数量和无法派送快件数量不符，则可能是快件丢失

B. 检查外包装发现破损，业务员自行将物品取出重新包装

C. 处理人员发现快件重量与运单上的重量有明显差距，则须与业务员当面复核确认

D. 业务员在派件清单上登记每一票无法派送快件的信息，处理人员检查填写的内容是否完整

253. 下列不属于限制出境物品的是（　　）。

A. 人民币　　B. 无线电收发信机

C. 过期的公司债券　　D. 贵重中药

254. 一个长方形物品的长、宽、高分别为 80 厘米、40 厘米、50 厘米，寄递国内异地标准快件的体积重量为（　　）千克。（基数按 8 000 算）

A. 20　　　　B. 25
C. 40　　　　D. 50

255. 投交特快专递邮件时，收件人签收后方可开拆邮件的前提是（　　）。
A. 邮件外包装完好　　　　B. 邮件外包装破损
C. 邮件外包装变形　　　　D. 邮件外包装水湿

256. 一个寄往英国的国际 EMS 长方形物品邮件，其长、宽、高分别为 70 厘米、40 厘米、50 厘米，体积重量为（　　）千克。（基数按 8 000 算）
A. 15　　　　B. 17.5
C. 30　　　　D. 60

257. 以下关于国内经济快递的表述正确的是（　　）。
A. 国内经济快递单件重量限度为 30 千克
B. 国内经济快递单件重量限度为 40 千克
C. 国内经济快递支持一票多件，最多支持 10 件
D. 国内经济快递支持一票多件，最多支持 5 件

258. 下列不可按物品类国内特快专递邮件寄递的是（　　）。
A. 毛绒玩具　　　　B. 帽子
C. 空白报表　　　　D. 衬衫

259. 以下不属于投递员装车出班采用的车辆的是（　　）。
A. 汽车　　　　B. 出租车
C. 电动车　　　　D. 自行车

260. 以下关于快递服务的表述错误的是（　　）。
A. 快递服务是“门到门”“桌到桌”的便捷服务
B. 快递服务需要具有完善、高效的服务网络和合理的覆盖网点
C. 快递服务只对保价快件提供业务全程监控和实时查询
D. 快递服务要求快件须单独封装、具有名址、重量和尺寸限制，并实行差别定价和付费结算方式

261. 投递员回班后应会同总台人员对各业务种类的投递派送单、妥投详情单及未妥投邮件的件数、签收规格进行审核。无误后，总台人员在（　　）上登记。
A. 进口投递邮件平衡合拢交接登记表　　B. 详情单
C. 交接清单　　　　D. 缴款单

262. 特快专递邮件内件为（　　），封装时应在内件之间及内件与箱板之间用柔软、轻质的填充物填塞妥当，以防在运输途中损坏。
A. 硬质物品　　　　B. 文件信函
C. 易碎物品　　　　D. 金属物品

263. 以下关于邮政物流业务的说法错误的是（　　）。
A. 邮政物流作为中国邮政的新兴业务，是围绕客户供应链提供的一体化、综合性服务
B. 邮政物流包括生产物流、合同物流（一体化物流）、中邮快货和功能性物流四大主要产品
C. 邮政物流采用先进物流运作模式和技术手段，努力为客户提供个性化、量体裁衣的

各类完善的物流解决方案

D. 邮政物流提供基于供应链管理，包括仓储、封装、配送、加工、理货、运输和信息等服务于一体的综合物流服务

264. 以下关于包装原则的表述正确的是（　　）。

A. 适合运输原则，安全原则，适度包装原则

B. 适合运输原则，便于装卸原则，适度包装原则

C. 安全原则，便于装卸原则，美观原则

D. 适度包装原则，安全原则，美观原则

265. 下列不属于手工分拣方式的是（　　）。

A. 快件的初分　　B. 快件的细分

C. 分拣格口和分拣区域　　D. 快件的粗分

二、多项选择题

1. 快递服务组织的信息主要包括：名称、标识及联系电话。快件信息主要包括：品名、数量和重量、价值和体积；快件的时限信息主要包括（　　）时间。

A. 收寄　　B. 投递

C. 分拣完成　　D. 封发完成

2. 快递服务的安全性指的是（　　）。

A. 快件不应对国家、组织、公民的安全构成危害

B. 快递服务组织应通过各种安全措施保护快件和服务人员的安全，同时在向顾客提供服务时不应给对方造成危害

C. 除依法配合国家安全、公安等机关需要外，快递服务组织不应泄漏和挪用寄件人、收件人和快件的相关信息

D. 采用与普通物流运输不同的特别结实的包装，确保快件不受损伤

3. 卸载作业的安全要求（　　）。

A. 应该在车辆停靠稳妥后进行卸载作业，进出车厢应使用防护扶手，避免摔伤

B. 着装规范，防护用品佩戴齐全，避免身体受到伤害，如佩戴专用护腰带、穿好防护鞋

C. 卸载金属包装或表面不光滑、带有尖锐包装的快件，或者其他任何有可能造成伤害的快件，应戴专用防护手套

D. 卸载体积偏大、偏重的总包快件，可单人装

4. 对于邮件的赔偿标准，下面（　　）说法是正确的。

A. 如保价邮件价值高于邮章规定的最高保价金额，发生部分损毁，且损毁的价值又不低于保价金额，也按实际保价金额予以赔偿

B. 未保价邮件发生丢失时，不予赔偿

C. 保价邮件最高赔偿金额不超过该邮件所申报的保价金额

D. 因非用户责任使特快专递邮件逾限造成寄件人申告时，应按所收邮费予以赔偿

5. 接收总包邮件时，发现封志有（　　）情况应视为不合规格。

A. 铅志横夹　　B. 不能辨别封发局名

C. 有撬动、锤砸等痕迹　　D. 袋绳可从封志中抽出

6. 投交给据邮件，如果（　　），则投交时要当面开拆查核内件。

A. 封皮损坏　　B. 封志损坏

C. 重量短少　　D. 内件相符

7. 装有（　　）物品的信函，必须按保价信函或特快专递交寄。

A. 国库券　　B. 书面通信

C. 存折　　D. 居民身份证

8. 直递包裹只受禁限寄规定的限制，（　　）由各地视封装容器情况及运递安全的需要自行确定。

A. 费用　　B. 重量

C. 封装要求　　D. 尺寸

9. 寄给（　　）等单位的邮件，除写清单位全称外，还应当写明单位的详细地址。

A. 机关　　B. 企事业单位

C. 团体　　D. 厂商

10. 当用户走近柜台时，快递服务营业人员应做到（　　）。

A. 不必过问　　B. 起立迎接

C. 热情招呼　　D. 表情严肃

11. 用户的通信秘密包括是否使用邮政进行通信，通信的对象是谁，通信的内容是什么，以及（　　）等。

A. 通信时间　　B. 通信方式

C. 通信地址　　D. 用邮频次

12. 下列邮件中能作为国际挂号函件收寄的是（　　）。

A. 信函　　B. 明信片

C. 航空邮简　　D. 印刷品

13. 《邮政法》对邮政企业的法律规定包括（　　）。

A. 确定邮政企业性质

B. 赋予邮政企业对信件寄递业务的专营权

C. 规定邮政企业履行普遍服务的义务

D. 赋予邮政企业对邮件的验视权、无着邮件和无着汇款的处理权

14. 平衡合拢时，如（　　），应采取措施查明。如查无结果，应即向主管人员如实汇报，并作详细记录备查。

A. 结存数与实存数不符　　B. 总数不平衡

C. 发运路线错误　　D. 发运频次错误

15. 窗口受理特快专递邮件查询时，审阅相关收据无误后，要将“国内特快专递邮件撤回/查询申请书”交与查询人填写，并审阅填写是否（　　）。

A. 完备　　B. 准确

C. 清晰　　D. 整齐

16. 封发就是将分拣处理好的邮件，按照（　　）、时限的规定和（　　）、（　　），交运输部门发运的生产过程。

A. 发运频次　　B. 发运路线
C. 寄达局　　D. 发运计划

17. 开拆保价信函袋、套时应（　　）。
A. 双人开拆　　B. 单人开拆
C. 检查登注节目有无涂改　　D. 查验封志、封皮有无异常

18. 信箱、信筒中开出的信件和窗口接收的各类平常函件，收寄前应认真验视，内容包括（　　）。
A. 是否符合准寄范围　　B. 是否夹寄禁限寄物品
C. 封装规格、封面书写是否符合规定　　D. 邮票是否贴足

19. 开拆邮件袋套时，应当查核的事项包括（　　）。
A. 内装袋有无破损和拆动痕迹
B. 包裹是否附有详情单
C. 保价信函封皮、封志有无破损
D. 袋牌所标邮件种类、号码与内件所登清单是否相符

20. （　　）自收到查单之日起计算，应在查单上分别填列该查单收到和寄发日期，作为查考依据。
A. 收寄局　　B. 经转局
C. 投递局　　D. 封发局

21. 邮件根据寄递方向不同可以划分为（　　）。
A. 出口邮件　　B. 进口邮件
C. 转口邮件　　D. 本口邮件

22. 以下关于国际特快专递邮件业务开办局的表述正确的有（　　）。
A. 只负责本局范围内国际特快专递邮件业务的邮件处理工作
B. 必须在确保特快专递邮件频次、时限的前提下合理地设置代办处
C. 不可以兼办国内特快专递邮件业务
D. 主要负责国际特快专递邮件的收寄和投递工作

23. 下列关于特快专递邮件揽收作业规范的表述正确的有（　　）。
A. 交寄人交寄高额保价邮件时，自行封装，不配合共同拆开验视的，不予揽收
B. 交寄人交寄内件价值高于最高声明价值额时，应向交寄人详细说明，如出现问题只能以保价金额为基数，按损失价值占总价值的比例给予赔付
C. 交寄人交寄高额保价邮件时，对于不配合验视，不出示销售发票，不提供装箱单的，不予揽收
D. 交寄人交寄高额保价邮件时，揽收员应与交寄人共同确认内件状况，并与交寄人共同清点内件

24. 代收货款业务邮件的（　　）中转处理按标准快递和经济快递业务规定执行。
A. 分拣　　B. 封发
C. 运输　　D. 内部投交

25. 窗口办理国内特快专递邮件出口一般查询时，下列说法正确的有（　　）。
A. 查询人必须出示详情单第三联

B. 查询人填写国内特快专递邮件撤回/查询申请书一份
C. 单式上应注明特快专递邮件号码、原寄局、寄达局及交寄日期
D. 查询人必须提供与邮件封面名址联相似的单式一份
26. 关于全国速递邮件查验平台系统的查询时限规定，下列说法正确的有（　　）。
A. 直查答复时限为 4 个工作小时
B. 递查每一查询环节答复时限为 8 个工作小时
C. 索取签收证明资料被查局答复时限为 16 个工作小时
D. 紧急查询答复时限为 4 个工作小时
27. 下列代收货款业务费用中，（　　）由签约客户负责支付。
A. 货款金额　　B. 结算手续费
C. 偏远服务费　　D. 退回费用
28. 以下关于国内特快专递代收货款邮件投递的说法正确的有（　　）。
A. 代收货款邮件要直投收件人，特殊情况可隔日收款
B. 收件人拒收邮件，必须是邮件内的全部商品及赠品，不得拒收部分商品，不得扣留赠品
C. 投递人员必须按详情单上大写金额足额收取货款，不得将部分商品投交收件人，不得收取部分货款
D. 如收件人提出开箱验货要求，投递人员应主动提醒收件人验视邮件外包装是否完好，并协助收件人一同开箱验货
29. 邮政车辆使用人员必须严格遵守的职责有（　　）。
A. 爱护邮政车辆　　B. 做好邮政车辆的日常维护工作
C. 严格遵守通信纪律　　D. 与维护人员密切协作
30. 邮件安全保密规定，工作人员不得将邮件情况或者封面所写（　　）向他人泄露和私自抄录。
A. 寄件人地址　　B. 收件人地址
C. 收件人姓名　　D. 寄件人姓名
31. 《邮政法》规定，邮政企业的权利和义务有（　　）。
A. 履行普遍服务的义务
B. 依法保护邮政用户的通信自由和通信秘密
C. 为用户提供迅速、准确、安全、方便的邮政服务
D. 邮件的验视权和无着邮件的处理权
32. 各局在受理客户查询后可通过（　　）查询手段进行查询。
A. 直查　　B. 递查
C. 索取签收证明资料　　D. 综合信息
33. 窗口营业员在放置收寄处理好的邮件时，正确的做法有（　　）。
A. 邮件应放置在规定位置
B. 小件邮件应放入指定的容器内妥善保管
C. 所有邮件应放入指定的容器内妥善保管
D. 大件邮件应堆放整齐

34. 以下不可作为局内投交邮件处理的有（　　）。
A. 收件人要求在局内投交的
B. 由于出现不正常情况需要收件人到相关揽投机构领取的
C. 收件人为单位名称，单位放假
D. 收件人外出，不在指定地址
35. 下列关于袋牌上标注内容的说法正确的有（　　）。
A. 邮件的种类
B. 寄发局、接收局
C. 挂信以外的其他给据邮件袋牌上还要注明重量
D. 给据邮件的，还填有号码
36. 查阅特快专递业务档案时，在接待查询登记簿上应注明（　　）。
A. 查阅人的单位　　B. 查阅人的姓名、日期
C. 查阅内容　　D. 查阅数量
37. 下列关于依法保护邮政用户的通信自由和通信秘密的说法正确的有（　　）。
A. 除因国家安全或者追查刑事犯罪的需要之外，任何组织或者个人不得以任何理由侵犯公民的通信自由和通信秘密
B. 任何单位和个人不得私自开拆、隐匿、毁弃他人邮件、快件
C. 除法律另有规定外，邮政企业及其从业人员不得向任何单位或者个人泄漏用户使用邮政服务的信息
D. 快递企业违法提供用户使用快递服务的信息，尚不构成犯罪的，由邮政管理部门责令改正，没收违法所得，并处 2 万元以上 5 万元以下的罚款
38. 对国内特快专递邮件业务档案销毁应做好记录，下列属于记录的内容的有（　　）。
A. 档案的种类　　B. 档案的时间
C. 处理方法　　D. 处理日期
39. 国内经济快递业务采用的发运方式有（　　）。
A. 经济航空　　B. 航空
C. 陆运　　D. 海运
40. 邮件袋管理四有标准是（　　）。
A. 使用有计划　　B. 处理有手续
C. 存放有专处　　D. 管理有专责
41. 按照递送区域范围分，快递可分为（　　）。
A. 同城快递　　B. 区域快递
C. 国际快递　　D. 国内快递
42. 快件的递送方式有（　　）。
A. 门到门　　B. 门到机场
C. 专人派送　　D. 上门取件
43. 京津环渤海地区的快递是以（　　）为中心。
A. 北京　　B. 天津
C. 青岛　　D. 大连

44. 长江三角洲地区的快递是以（　　）为中心。

A. 上海　　B. 南京

C. 杭州　　D. 苏州

45. 珠江三角洲地区的快递是以（　　）为中心。

A. 广州　　B. 深圳

C. 佛山　　D. 东莞

46. 航空快递进口作业环节有（　　）及反馈等。

A. 提货　　B. 清关/分拨

C. 转运/派送　　D. 签收/录入

47. 一般情况下航空快递禁运品包括（　　）等。

A. 动物　　B. 军火

C. 不可兑限的票据　　D. 金条

48. 一般情况下航空快递限运品包括（　　）等。

A. 动物　　B. 手表

C. 不可兑限的票据　　D. 茶叶

49. 快递管理中的仓库管理收件入库与要核对运单与快件的（　　）目的地代码、收件人信息等内容。

A. 重量　　B. 票数

C. 件数　　D. 快件品名

50. 国内快递快件按照付款方式可分为（　　）。

A. 陆运件　　B. 到付件

C. 寄付件　　D. 月结件

51. 国内快递快件按照运转状态可分为（　　）。

A. 特殊件　　B. 问题件

C. 异常件　　D. 月结件

52. 国内快递快件中的问题件可分为（　　）。

A. 拒付件　　B. 滞留件

C. 退回件　　D. 错发件

53. 快件公司接单员的文明用语有（　　）、对不起及谢谢等。

A. 您好　　B. 请

C. 欢迎　　D. 不知道

54. 快件收寄处理过程中，各环节对所经手的邮件，应特别注意审核（　　）。

A. 封装规格　　B. 收寄规格

C. 邮件重量　　D. 资费标准

55. 国内出口手工验单缮写时，为便于相关局查找和处理，缮写验单应做到（　　）。

A. 文字工整　　B. 事由清楚

C. 节目具体　　D. 颜色区分

56. 国内特快专递邮件封面书写要求，对于一票多件的表述正确的有（　　）。

A. 备注内可以书写目的地代码，寄件人要求整票集齐投递的，需在备注栏明确标明

"一票多件，集齐投递"

B. 一票多件的主件邮件详情单内容需全面填写，其中重量信息按"票重"格式填写

C. 一票多件的编号信息需通过手写或打印的方式标注在详情单备注栏，编号格式为"编号－总件数"

D. 一票多件的子件邮件详情单内容不必填写收寄件人名址和联系方式

57. 国内验单的作用有（　　）。

A. 解决问题的重要依据　　B. 判明责任的原始凭证

C. 具有法律效果　　D. 答复用户投诉的说明

58. 寄件人要求撤回特快专递邮件时，下列说法正确的有（　　）。

A. 到任何一个邮局提出撤回申请　　B. 出示个人身份证件或单位证明信

C. 交验原特快专递邮件详情单　　D. 交验原特快专递邮件收据

59. 如果一件物品类特快专递邮件重量为（　　）千克，其包装箱、盒外必须用非金属捆扎带箍紧。

A. 1　　B. 6

C. 10　　D. 15

60. 特快专递邮件收寄封发后，按封发路向、邮件业务种类，制作封发路单，核对无误后，封发路单上要加盖（　　）。

A. 日戳　　B. 经手人名章

C. 封发路向　　D. 邮件业务种类

61. 下列不属于国内电子验单适用范围的有（　　）。

A. 分拣封发环节的国内进口邮件发生异常

B. 转运环节的国内进口总包处理时发生异常

C. 速递专业投递点发现邮件异常

D. 邮政电子营业窗口发现邮件异常

62. 下列代收货款业务费用中，（　　）由签约客户负责支付。

A. 货款金额　　B. 结算手续费

C. 偏远服务费　　D. 退回费用

63. 下列属于国内特快专递转口邮件生产传递过程环节的有（　　）。

A. 开拆　　B. 收寄

C. 分拣　　D. 封发

64. 关于特快专递邮件的查询有效期，下列说法正确的有（　　）。

A. 国际出口特快专递邮件自交寄次日起 4 个月内受理查询

B. 国际出口特快专递邮件自交寄次日起 6 个月内受理查询

C. 中速快件自交寄之日起 4 个月内受理客户提出的查询

D. 中速快件自交寄之日起 6 个月内受理客户提出的查询

65. 以下关于投递特快专递邮件的表述正确的有（　　）。

A. 严禁擅自将邮件投交收发室代转

B. 对于不许投递员入内将邮件投交收件人的军政保密单位，可把邮件投递到该单位收发室，但必须同该单位签订"邮件投递协议书"

C. 对于军政保密单位，明确特快专递邮件妥投到收发室后，应电话告知收件人邮件已妥投

D. 投递员应将特快专递邮件投交收件人所在单位收发室

66. 邮政速递主要经营（　　）等业务，涵盖标准和经济不同时限水平和代收货款等增值服务。

A. 国内速递　　B. 国际速递

C. 专线速递　　D. 一体化物流

67. 特快专递寄件人要求撤回其邮件时，下列说法正确的有（　　）。

A. 只能到分拣局提出撤回申请　　B. 出示个人身份证件或单位证明信

C. 交验原特快专递邮件详情单　　D. 交验原特快专递邮件收据

68. 特快专递邮件一般查询是指寄件人要了解相关特快专递邮件的（　　）等的免费查询。

A. 查询手续　　B. 投递日期

C. 签收人姓名　　D. 收费标准

69. 下列关于邮政企业职工仪态礼仪说法错误的有（　　）。

A. 仪态也叫姿态

B. 仪态主要指人的举止动作

C. 仪态是指人外显的可观察的动作或身体各部分呈现出的姿势态度

D. 邮政员工在服务过程中要做到举止优雅、笑不露齿

70. 特快专递邮件投递完毕后，以下关于投递员投递后检查的说法正确的有（　　）。

A. 查看车上有无遗漏未妥投的邮件　　B. 查看容器内有无遗漏未妥投的邮件

C. 查看背包内有无遗漏未妥投的邮件　　D. 查看信箱内有无遗漏未妥投的邮件

71. 以下关于投递车辆使用注意事项，说法正确的有（　　）。

A. 车辆上路时，应遵守交通法规，安全驾驶

B. 未经许可投递员不得将投递车辆驶离本投递区域或从事与投递无关的工作

C. 车辆可以供投递员个人使用

D. 车辆不可搭载与工作无关人员或与邮件无关的物品

72. 下列可以按国内特快专递邮政公事邮件寄递的有（　　）。

A. 特快专递业务档案　　B. 生产部门交寄的特快专递邮件验单

C. 复验必须递查的查单　　D. 法院专递邮件

73. 扁平型信函文件厚度超过 10 毫米的应用（　　）封装。

A. 特快专递邮件专用封套　　B. 大小合适的包装箱

C. 快递包装袋　　D. 坚实的金属箱

74. 下列关于邮政企业交寄邮件验视权的说法正确的有（　　）。

A. 对用户交寄的信件，必要时邮政企业可以要求用户开拆，检查信件内容

B. 对信件以外的邮件，邮政企业收寄时应当当场验视内件

C. 邮政企业发现邮件内夹带禁止寄递或者限制寄递的物品的，应当按照国家有关规定处理

D. 进出境邮件中夹带国家禁止进出境或者限制进出境的物品的，由公安部门依法处理

75. 各局在总包邮件（　　），均应根据实物逐件、逐袋勾挑核对相关清单、总清单、路单信息，以确保登单节目与实物相符。

A. 发出之前　　B. 接收时

C. 接收之后　　D. 复重时

76. 下列属于邮政速递的核心服务理念的有（　　）。

A. 全心　　B. 全员

C. 全网　　D. 全速

77. 下列属于国内特快专递邮件袋管理的“四无”标准的有（　　）。

A. 无积压　　B. 无挪用

C. 无损毁　　D. 无散失

78. 利用摩托车、电动车、自行车投递的，离开前锁好车辆及箱体，如有不能随身携带的邮件，下列做法正确的有（　　）。

A. 车辆可委托路边行人代为看管

B. 车辆应在可视范围内停放

C. 车辆应在监视器可视范围内停放

D. 车辆可委托保安或值班人员代为看管方可投递

79. 以下关于国际及台港澳特快专递邮件全程时限的描述正确的有（　　）。

A. 发往世界各国家和地区主要城市的国际特快专递邮件传递时限一般为 3 ~7 个工作日

B. 绝大多数国际特快专递邮件是以我国的北京、上海和成都为出境口岸发往世界各地的

C. 我国的非出口口岸城市在计算时限时，还应加上特快专递邮件自交寄城市到达出口口岸城市的国内传递时限

D. 自杭州发往香港的特快专递邮件，一般可于交寄后的下一个工作日予以投递

80. 快递标准规定，除了与顾客有特殊约定外，同城快递服务时限不超过（　　）小时，国内异地快递服务时限不超过 72 小时；快件的单件重量不宜超过（　　）千克，快件的单件包装规格任何一边的长度不宜超过（　　）厘米，长、宽、高三边长度之和不宜超过（　　）厘米；快递服务组织应对快件提供至少 2 次免费投递。

A. 24　　B. 50

C. 150　　D. 300

81. 特快专递投递人员回班后，要将未妥投的物品类邮件与所剔下的投递详情单，按照（　　）进行包、单贴合。

A. 邮件内件性质　　B. 邮件时限

C. 邮件地址　　D. 邮件号码

82. 关于对信件、包裹和印刷品的封装，应满足的要求表述正确的（　　）。

A. 信件封装以不影响快递封套的正常封口为准，封装完成后，应在快递封套的显著位置标注“信件”字样，不应将信件打包后作为包裹寄递

B. 包裹封装应综合考虑寄递物品的性质、状态、体积、质量、路程和运输方式等因素，选用适当的方式封装

C. 印刷品应平直封装

D. 以上全不对

83. 关于封发包括以下要求正确的有（　　）。

A. 应准确封发，防止错发漏发

B. 应对中途需要中转的以及小件物品，建立总包进行封发

C. 应及时录入封发信息，并按规定上传网络

D. 以上都错

84. “勾挑核对”的主要内容和作用包括（　　）。

A. 根据实物逐件、袋勾挑核对相关清单、寄单和路单

B. 保证登单节目与实物相符

C. 控制重登、漏登和错登并防止误发、误投

D. 保证收进与发出的数字相符

85. 特快专递邮件内件为硬质物品时，可以使用（　　）。

A. 快递服务组织应具有工商行政管理机关注册登记的企业法人资质

B. 在省、自治区、直辖市范围内的经营快递业务的服务组织，其总部及分支机构的人员总和不应低于 15 人

C. 跨省、自治区、直辖市经营快递业务的服务组织，其总部及分支机构的人员总和不应低于 100 人

D. 经营国际及中国港澳台快递业务的组织，其总部及其分支机构人员总和不得低于 20 人

86. 根据快递服务国家标准的规定，除了与用户有特殊约定之外，快递服务期限描述正确的有（　　）。

A. 同城快递服务时不超过 24 小时　　B. 国内异地快递服务时限不超过 72 小时

C. 港澳台快递服务时限不超过 6 个工作日　　D. 上述都对

87. 除出现海关清关障碍等因素外，寄达下列地区各国主要城市的国际快递服务时限应满足的要求，表述正确的是（　　）。

A. 亚洲和北美洲地区快递服务时限不超过 6 个工作日

B. 欧洲地区快递服务时限不超过 8 个工作日

C. 大洋洲快递服务时限不超过 9 个工作日

D. 其他地区国际快递服务时限可视实际情况而定

三、判断题

1. 快递业务员面对客户，一定要诚实守信，在向客户介绍产品时，实事求是地介绍真实情况，不能为了招揽客户，不顾事实地提供虚假信息。（　　）

2. 一个快件若按不同的性质和标准划分，可归属不同的类别，并呈现出不同的特点。（　　）

3. 标准时限是《快递服务》标准中规定的时限要求。（　　）

4. 按照业务方式，可将快件分为保价快件、保险快件和普通快件三类。（　　）

5. 如果快件运单轻微破损，不影响查看快件信息，按照正常快件进行派送。（　　）

6. 在进入顾客办公场所前，要保持衣着整齐和头发整洁。（　　）

7. 如发生快件、车辆被盗抢的情况，快递业务员应提供真实、有效的破案线索，积极配合警方侦查工作的展开。 (　　)

8. 对犯有私自开拆、隐匿、毁弃邮件电报罪并窃取财物的，依照《刑法》应按私自开拆、毁弃邮件电报罪从重处罚。 (　　)

9. 快件处理必须执行统一的规定、标准的做法、严谨的流程。 (　　)

10. 总包交接单是明确作业环节之间总包交换责任的单据。 (　　)

11. 在总包交接验收时，对不符合标准的总包，双方必须当面处理，记录情况。(　　)

12. 总包接收时，应按车辆到达的先后顺序接收总包。 (　　)

13. 轻泡件要取体积重量作为计费重量。 (　　)

14. 快递运单是一种格式合同，由正面寄递信息和背书条款两部分组成。 (　　)

15. 目前快件的收寄、处理、派送过程中的搬运装卸工作已全部实现自动化。 (　　)

16. 单据与重要文件要用文件封封装。 (　　)

17. 英文地址的书写格式是从最小的地址单元开始写，范围层层扩大。 (　　)

18. 快递服务是快速收寄、分发、运输、投递单独封装具有名址的信件和包裹等物品，以及其他不需储存的物品，按照承诺时限递送到收件人或指定地点，并获得签收的寄递服务。 (　　)

19. 车辆的施封是为保证快件运达目的地而建立的一种控制手段。 (　　)

20. 填写的地址不清楚无法分拣。 (　　)

21. 只经营华东地区的快递公司可以接收寄往成都市内的快件。 (　　)

22. 禁寄物品是国家法律、法规明确禁止寄递的物品。 (　　)

23. 限寄规定是本着既照顾和方便客户的合法需要和正常往来，又限制投机倒把和走私违法行为而制定的。 (　　)

24. 北京到上海的直封快件是可以在北京直接进行派送处理的快件。 (　　)

25. 封发频次只根据业务员收件时间而定。 (　　)

26. 快件封发清单从内容上看有普通快件清单、保价快件清单、代收货款清单等。 (　　)

27. 快件总包质量检查主要是检查总包内件数量。 (　　)

28. 各堆位之间不需要明显的隔离或标志，也不需要留有通道。 (　　)

29. 航空运输投资大、运量小、费用高、易受天气影响。 (　　)

30. 遵纪守法，诚实守信不属于快递业务员职业守则的内容之一。 (　　)

31. 快递服务最根本的制胜点就反映在“热情服务”上。 (　　)

32. 快递业务员要主动、热情、耐心，对老、幼、弱、孕客户，应给予更为周到细致的服务和帮助。 (　　)

33. 从中国现代快递的发展来看，先有国内快递，后有国际快递。 (　　)

34. 《快递服务标准》规定，依照国家相关的法律、法规，对快递等邮政业务实行市场准入制度。 (　　)

35. 快递运单的实物保存期限应不少于 6 个月，电子文档保存期限不少于 1 年。(　　)

36. 在没有自动识别设备时，可以手工键盘输入条形码。 (　　)

37. 承担民事责任的各种方式既可以单独适用，也可以合并适用。 (　　)

38. 对较大快件，不再装入总包空袋，可进行单独发运，视同总包。 ( )
39. 实物封志是目前绝大多数快递企业普遍使用的封志。 ( )
40. 人工拆解和机械拆解的作业流程、操作步骤基本相同。 ( )
41. 拆解塑料封扣时，剪口应在拴有包牌一面的扣齿处，以保证包牌不脱落。 ( )
42. 机械拆解总包，机械发生故障时，作业人员自行维修。 ( )
43. 客户填写运单时，业务员应该提示客户注意运单填写的一些基本要求和规范。 ( )
44. 体积较大的锥形物体，选择能完整粘贴运单的最大侧面，平整粘贴运单。 ( )
45. 快件放置的方向、防辐射等标签应粘贴在快件侧面，便于在搬运、码放时容易识别。 ( )
46. 在搬运过程中，虽外包装完好，但能感觉到快件内物品之间有摩擦、碰撞的声音需要处理。 ( )
47. 自动化分拣机的分拣格口一般摆成方形，按照摆放方式也称为方形分拣设备。 ( )
48. 车辆封志一般有门锁、特制塑料或金属条码封条等。 ( )
49. 快件尺寸长或高超过 150 厘米属于不符合要求的快件种类。 ( )
50. 快递服务组织应建立环保理念，在封装物、服务车辆、服务场所、工作环境等方面达到环保要求。 ( )
51. 快件登单要在生成总包后打印出封发清单。 ( )
52. 在同一快递企业内部，有些需要特殊作业处理的快件与其他普通快件使用的包牌有区别。 ( )
53. 总包封装在装袋、封扎、封闭袋口时，可使用一些辅助工具和器具，以便快速方便地完成快件封装作业。 ( )
54. 可燃液体标识的颜色是蓝色。 ( )
55. 一般文物属于国家禁止寄送物品。 ( )
56. 快递企业限制收送金银等贵重金属及制品，在合理范围内可以收送。 ( )
57. 信息录入只需要把快件的运单号码、派送时间录入快递企业的信息系统。 ( )
58. 精密仪器应采用纸箱或全木箱包装，快件与箱壁应预留约 2 厘米的空隙，用缓冲材料填充。如只用的纸箱包装外面还有旧的运输或包装标识的，必须将其清除，避免旧的快件标识造成操作失误。 ( )
59. 大型的圆柱形物品，可以用各色垃圾袋进行包装，然后使用胶纸进行缠绕包装。 ( )
60. 派送路线是指将业务员在派送快件时所经过的地点和路段，按照先后顺序连接起来所形成的路线。 ( )
61. 地址错误和不详的快件，需要按照运单上的收件电话联系客户进行派件。 ( )
62. 快件交接时发现快件破损，且重量与运单填写重量不符，只要用快递企业专用胶纸粘贴牢固，就可以进行派件。 ( )
63. 核对总件数就是根据交接清单逐件核对所记录总数是否与实际物品数量相符。 ( )

64. 动物器官可能是一种妨害公共卫生的物品。（　）

65. 快递货物重量按毛重计算，计量单位为千克。重量超过整千克的尾数四舍五入。具体来说就是，快递产品计费重量小数点进位处理方式：续重以 1 千克为计重单位，不足 0.5 千克，按 0.5 千克计；足 0.5 千克，四舍五入取整数。（　）

66. 每张航空货运单的货物重量不足 1 千克时，按 1 千克计算。贵重物品按实际毛重计算，计算单位为 0.1 千克。（　）

67. 每件货物的长、宽、高之和不得小于 40 厘米。（　）

68. 一般来讲快递每千克货物体积超过 6 000 立方厘米的，为轻泡货物。轻泡货物可以以每 6 000 立方厘米折合 1 千克，具体不同快递公司根据不同的货物和运输方式可以有不同的折算基数。（　）

69. 无人分拣中心的“分拣”之路：从将包裹放入自动分拣设备开始，就是机器在工作，而且机器会对包裹进行六面扫描，无论面单贴在包裹的哪一侧，都能快速识别面单信息，智能程度堪比人类。（　）

70. 现代自动智能分拣系统可以做到自动装车，识别发货订单这种事情也不在话下，甚至会自动调配车辆。在分拣前后端无人 AGV 自动装车、卸车作业的操作轻松自如。所以，一件货物从进入分拣中心到被运走，其中可以不用经过任何人的手。（　）

71. 快递产品的特点之一是它的服务性。（　）

72. 快递服务应该保证限时性、准确性与安全性的统一。（　）

73. 普遍性与特殊性的结合也属于快递产品的特点之一。（　）

74. 快递产品会随环境或情势的变更而随时改变其内涵和外延，这是快递产品的动态性。（　）

75. 所有的快递产品并非孤立的，不仅和市场环境相关联，而且与快递企业的内部管理及营运流程相关联，这是快递产品的关联性。（　）

76. 快件投递时间不应超出快递服务组织承诺的服务时限。（　）

77. 快递服务组织应将快件投递到约定的收件地址和收件人。（　）

78. 收派员在接到客户需要寄件的信息，在规定时间内赶到客户处收取货物与客户交接的过程为收件。（　）

79. 快递到件后的流程顺序：车辆到达后货物卸车──→仓管员扫描快件──→仓管员与收派员交接快件，办理快件出仓。（　）

80. 邮局收寄脆弱或流质易溶物品的邮件时，一般均在这类邮件上粘贴红杯标签或红杯水标签，但也有加盖红杯戳。该戳为木质，长方形，用红色油墨加盖。（　）

81. 在电子化支局系统上线后，“给据邮件合拢表”由过去的手工填写改为系统自动打印，只要收寄的给据邮件进入了收寄系统，就能在合拢表上反映出来。（　）

82. 对于收寄环节来说，平衡合拢的具体要求就是：每班、每日收寄和发出的邮件必须平衡、一致，以防止邮件的延误和丢失。（　）

83. 快递服务组织不应相互串通，操纵市场价格，损害其他经营者或者消费者的合法权益。（　）

84. 快递产品是指快递经营企业基于快递的基本运作流程，针对市场所提供的各类型的快递服务，以满足客户的各类需求。（　）

85. 快递服务与快递产品既有联系又有区别，联系是快递产品本身就属于快递服务的内容；区别在于快递产品是快递服务的具体化。 （ ）

86.《快递服务标准》规定，快递服务组织及其分支机构的人员总和应不低于20人。 （ ）

87. 快递运单是一种格式合同，快递运单包括传统运单和电子运单两种，传统运单由正面寄递信息和背书条款两部分组成，电子运单无背面条款信息，但与传统运单有相同的法律效果。 （ ）

88. 快递运输车辆的施封是为保证快件运达目的地而建立的一种交通安全控制手段。 （ ）

89. 填写的地址不清楚不一定造成无法分拣。 （ ）

90. 动物器官不属于妨害公共卫生的物品。 （ ）

91. 航空运输投资大、运量小、费用高、破损率高、易受天气影响，却更适合快递向农村拓展。 （ ）

92. 遵纪守法，诚实守信是快递业务员职业守则的内容之一。 （ ）

93. 快递服务最根本的制胜点或特性就反映在“热情服务”上。 （ ）

94. 快递业务员要主动、热情、耐心，在提供服务和帮助上对老、幼、弱、孕客户和普通客户一视同仁，不应有任何差异。 （ ）

95. 从中国现代快递的发展来看，先有国内快递，后有国际快递。 （ ）

96. 快递运单的实物保存期限应不少于6个月，电子文档保存期限不少于2年。（ ）

97. 快递服务中需要承担民事责任的各种方式可以单独适用，但不可以合并适用。 （ ）

98. 对较小的快件，为了方便需要也可以不装入总包空袋，可以直接进行单独发运，视同总包。 （ ）

99. 电子封志是目前绝大多数快递企业普遍使用的封志。 （ ）

100. 快件总包人工拆解和机械拆解的作业流程、操作步骤完全不同。 （ ）

101. 拆解塑料封扣时，剪口应在拴有包牌一面的扣齿处，以保证包牌不脱落。 （ ）

102. 机械拆解总包，机械发生故障时，作业人员不可以自行维修。 （ ）

103. 客户填写运单时，业务员不许提示客户注意运单填写的一些基本要求和规范，怎么写完全由客户自己做主。 （ ）

104. 体积较大的锥形物体，应选择底面，粘贴运单。 （ ）

105. 标识快件放置方向的标签、防辐射标签等应粘贴在快件的上表面，这样便于在搬运、码放时容易识别。 （ ）

106. 在搬运过程中，外包装完好，虽感觉到快件内物品之间有摩擦、碰撞的声音，但也不能进行任何形式的处理。 （ ）

107. 车辆封志一般不能用门锁，只能用电子封志、特制塑料或金属条码封条等。 （ ）

108. 快件尺寸长或高超过150厘米，如用经济快递则属于符合要求的快件种类。 （ ）

109. 登单就是登记快件封发清单，它是快件传递处理的记录，各环节根据记录的内容

接收和处理快件。（ ）

110. 快件登单要在生成总包前打印出封发清单。（ ）

111. 目前快递业常见的分拣方式主要有全自动化分拣、半自动化分拣、人工分拣。（ ）

112. 快件派送时限是指完成快件交接，至客户处成功派送快件、运单和款项交接等活动的最小时间限度。（ ）

113. 同城快递服务时限不超过36小时。（ ）

114. 《快递服务行业标准》明确规定：快件的单件重量不宜超过30千克。（ ）

115. 登单就是登记快件封发清单。（ ）

116. 外国海关对限制寄递物品的规定：如果寄达国对某些寄递物品有限量、限值的规定，应按照寄递国的规定办理。（ ）

117. 对于不规则物品的体积测量：取物品的最长、最高、最宽边量取。（ ）

118. 精密仪器及电子产品类物品可采用布袋、麻袋、纸箱包装。（ ）

119. 限寄就是国家为适应控制某些物品流通和保护某些物品特许经营权的需要，对一些物品的寄递限定在一定范围内。（ ）

120. 快递服务员各类服务动作要大方得体，请用户做事时掌心向上，用手指直对客户；向客户投交账单时，面向客户，单手递、单手接。（ ）

121. 快件初分拣是指将快件一次性直接分拣到位，当快件运送到寄达地或派送路段进行再次分拣。（ ）

122. 分拣中心规模越大、级别越高，设置的分拣区域就越少。（ ）

123. 快件直封就是快件分拣中心按快件的寄达地点把快件封发给到达城市的分拣中心。（ ）

124. 扫描员对运单信息审读不细或书写潦草，都容易造成后续环节对相关信息判断有误，导致误分。（ ）

125. 快件登单就是登记每票快件的收发记录清单。（ ）

126. 限寄就是国家为适应控制某些物品流通和保护某些物品特许经营权的需要，对一些物品不允许寄递的规定。（ ）

127. 总包的封装，是将多个发往同一寄达地的快件集中规范地放置在袋或容器里，并将袋或容器口封扎的过程。（ ）

128. 保价快件最高赔偿额不超过客户投保的声明价值。（ ）

129. 快递企业一般不规定保价物品的最高赔偿价值。（ ）

130. 根据《快递服务》邮政行业标准规定：快递服务组织应向客户提供电话或互联等查询渠道。（ ）

131. 查询渠道主要有网站查询、电话查询、网点查询三种方式。（ ）

132. 客户电话查询时，快递企业应在30分钟内告知客户。（ ）

133. 毁损件是因包装不良、操作不当等原因，导致内件部分或全部价值损毁的快件。（ ）

134. 清关指海关对快递服务组织或其代理报关人呈交的单据和快件依法进行审核、查验、征收税费、批准进出口的全部过程。（ ）

135. 查询信息有效期自快件收寄之日起，到快递服务组织可受理用户查询的最长时间间隔。（ ）

136. 快件总包是混装在一个容器内，同一路由、同一种类的快件的集合。（ ）

137. 查询信息有效期应为快递企业收寄快件之日起 2 年内。（ ）

138. 由于顾客的责任或者所寄物品本身的原因造成快件损失的快递企业对快件损失不负有责任。（ ）

139. 快件包装原则包括：适合运输原则，便于装卸原则，适度包装原则。（ ）

140. 按照快递服务标准规定，通常同城快件应该在 48 小时内送达。（ ）

141. 一般来讲国际快件应该在 10 日内送达。（ ）

142. 快递查询结果应在 60 分钟内告知查询者。（ ）

143. 国内异地快件应在 72 小时内送达。（ ）

144. 一般每天只保证在白天客户查询及投诉处理畅通无阻就可以了。（ ）

145. 快递业务服务质量目标是及时、准确、安全。（ ）

146. 快递流程是静态的。（ ）

147. 快递实物传递网络包括快递网和快递信息网。（ ）

148. 收派集散点的设立要参考一个地区人口密度、经济水平、交通运输资源情况、与外界的联系程度、人们生活水平等因素。（ ）

149. 快件一般可以按内件性质、寄达范围、时限要求、资费收取等对其进行分类。（ ）

150. 快件全程时限是不可分割的一个整体。（ ）

151. 发现快件中含有禁止出境的物品，快递企业不得擅自处理，应当立即通知并协助海关进行处理。（ ）

152. 快递服务组织应建立环保理念，在快递封装用品、运输车辆、服务场所、工作环境的等方面达到环保要求。（ ）

153. 在分拣、封发、运输、报关等处理过程中，应制定完备的监控制度，配备必要的监控设备；不准许无关人员接触快件；不准许从业人员私拆、隐匿、毁弃、窃取快件，确保快件的处理安全。（ ）

154. 在分拣、封发、运输、报关等处理过程中，如发现问题快件，应及时做好记录并妥善处理；如需对快件进行开包，应由制定人员，在有关人员或设备的监控下进行，并做好记录。（ ）

155. 按照赔偿责任，可将快件分为保险快件、保价快件和普通快件三大类。（ ）

156. 服务礼仪的基本要求主要包括语言修养和非语言修养两个方面。（ ）

157. 寄件人申请改寄、撤回或更改收件人地址、姓名，申请人未带有关证件，经说明情况后，业务人员可以按申请要求办理。（ ）

158. 定期体检的目的在于防止患有某些疾病的人不适于该工作，早期诊断，早期治疗。（ ）

159. 《快递市场管理办法》规定，从事快递经营活动的企业应当办理备案手续。（ ）

160. 犯非法获取国家秘密罪处 5 年以下有期徒刑、拘役、管制或者剥夺政治权利；情

节严重的，处 5 年以上 7 年以下有期徒刑。（ ）

161. 业务员在接到客户寄件需求信息后，应立即赶往客户处进行快件接收。（ ）

162. 快件保价是指客户向保险公司申明快件价值，保险公司与客户之间协商约定由寄件人承担基础资费之外的保价费用。（ ）

163. 客户自交寄快件之日起 3 年内可向快递企业提出赔偿要求。（ ）

164. 发生内件品名不相符，如主要是因为客户错误填写运单造成的，则快递企业无需赔偿。（ ）

165. 朋友之间寄递物品，可以不受禁限寄规定中的危害国家安全条款的约束。（ ）

166. 包装既有保护快件的功能，也有推广业务的功能。（ ）

167. 高价值快件要求包装牢固，也属于过度包装。（ ）

168. 发现快件外包装明显破损后，业务员应当进一步检查包装内物品。（ ）

169. 派送信息的录入仅要求可靠性。（ ）

170. 快递使用电动车应该将电池电量用完之后再去充电。（ ）

171. 业务员收到处理人员出具的交接清单后，应对交接快件数量进行核对。（ ）

172. 派送时限是收寄快件时向客户承诺的最晚派送时间。（ ）

173. 衣着整洁是快递业务员职业守则的基本内容之一。（ ）

174. 快递服务是门到门、桌到桌的精细化服务，它的最大特点是快速。（ ）

175. 从中国现代快递的发展看，先有国际快递，后有国内快递。（ ）

176. 快递网络是各快递企业传递各类快件的收派集散点、分拣处理场所及设备、运输线路、派送段道等支撑力量的总称。（ ）

177. 投诉处理时限是快递服务组织自受理用户投诉之时起，到完成用户投诉处理的时间间隔。（ ）

178. 快通网络是若干面向客户服务的呼叫中心、收派处理点、负责快件集散的分拣转运中心以及连通这些网点的网络，按照一定的原则和方式组织起来的，在控制系统的作用下，遵循一定的运行规则传递快件的网络系统。（ ）

179. 按照赔偿责任，可将快件分为保价快件和普通快件两大类。（ ）

180. 服务礼仪的基本要求主要包括语言修养和非语言修养两个方面。（ ）

181. 寄件人申请改寄、撤回或更改收件人地址、姓名，申请人未带有关证件，经说明情况后，业务人员可以按申请要求办理。（ ）

182. 当日工作结束前，应检查场地内所有阀门、开关、电源是否断开，确认安全无误后方可离开。（ ）

183. 职务侵占罪、盗窃罪和侵占罪都是以非法占有财物为目的，侵犯通信自由权的犯罪。（ ）

184. 快递合同违约责任的形式分为不履行合同义务和履行合同义务不符合约定两种。（ ）

185. 经营者和消费者发生争议时，只有双方提出请求，消费者协会才能出面进行调解。（ ）

186. 标识快件放置防雨淋、防晒等的标签应粘贴在快件包装箱的上面和侧面，便于在搬运、码放时能够很容易地识别。（ ）

187. 快件保价是快递企业直接向客户做出的承诺。（　）

188. 快件更址是指快递企业根据寄件人的申请，将已经送抵收件人的快件退还的一种特殊服务。（　）

189. 根据快递服务标准，某快件规格为 50 厘米 ×60 厘米 ×50 厘米，则符合邮政行业标准。（　）

190. 报纸、海报、书刊、杂志可作为快件的外包装。（　）

191. 单位计价不区分首重和续重，也不区分快件是否为轻泡件。（　）

192. 寄付、到付、月结等均是营业款的结算方式。（　）

193. 如快件复核后运单需客户重新填写，快件则不能交接给处理人员。（　）

194. 交接快件的数量核对工作只需由处理人员单独完成即可。（　）

195. 卸下快件后，检查车辆装载状况，如果是汽车运输，不论车辆的重心是否发生偏移，都不需要重新捆扎和调整货物位置。（　）

196. 业务员小王派送快件到客户处时，客户没有携带有效证件，于是小王用手机拨打运单上的收件人联系电话来确认收件人。（　）

197. 香港居民身份证，可以作为证明身份的有效证件使用。（　）

198. 到付费用是寄件人寄件前已与快递公司共同认可的，收件人查验完毕后付费，无需再次称重计费。（　）

199. 快递企业要发展壮大，应该不断培养与现有客户的关系，即做好客户维护工作。（　）

200. 对那些将要搬迁但不清楚要搬去何处的客户，最好在其有搬迁迹象前结清余款。（　）

201. 快件是快递服务组织依法收寄并封装完好的信件和包裹等寄递物品的统称。（　）

202. 内件，是指客户寄递的信息载体和物品。根据信息载体和物品的概念，国内快件主要可分为信件类快件和包裹类快件两种。（　）

203. 信件类快件是指内件符合收寄规定的各种馈赠品、商业货样及商品类快件；包裹类快件是指内件符合收寄规定的各种手写或印刷的文件、资料类快件。（　）

204. 保价贴纸，应粘贴在每个表面的骑缝线上，起到封条的作用，提醒在运输过程中不允许拆开包装。（　）

205. 到付款结算的方式有：到付现结、到付计账、到付转第三方付三种方式。（　）

206. 根据快件性质和规格，快递公司业务员应与寄件人共同确认后填写快件实际称重重量和计算的体积重量。（　）

207. 清单的种类分为纸质清单和电子信息清单两种。（　）

208. 运单的粘贴方法目前有不干胶运单直接粘贴和借助透明运单袋粘贴两种。（　）

209. 总包是指将寄往同一寄达地的多个快件，集中装入的容器或包装。（　）

210. 电子签收时如果客户不愿意签字，业务员可以替客户进行电子签收。（　）

211. 快件中转指快件从原寄地往目的地的整个运送中停留转运的模式及流程。快递的集货混装的运送方式是快件中转的前提。（　）

212. 常用的度量衡工具有电子地磅、电子秤和卷尺。（　）

213. 对于零散小件货物可以直接进行快件装车。 ( )

214. 运单粘贴的位置是在快件外包装的适当位置。 ( )

215. 快件交接原则包括当面交接，交接时签字，运单与快件一起交接。 ( )

216. 客户签收快件可采取手工签字、盖章签署、电子签收三种方式。无论采取哪一种方式，客户都可以在打开外包装后再签字。 ( )

217. 可燃液体的标识的颜色是红色。 ( )

218. 一般文物不属于国家禁止寄送物品。 ( )

219. 有毒压缩气体（白纸印黑色上有骷髅头和气瓶）；无毒压缩气体（白纸印蓝色上有气瓶）；有毒品（白纸印黑色）；氧化剂，爆炸品，自燃物品，遇水燃烧物品，易燃压缩气体（白纸印正红色）。 ( )

220. 快递企业禁止寄递金银等贵重金属及制品。 ( )

221. 快递信息录入不是只把快件的运单号码、派送时间录入快递企业的信息系统。 ( )

222. 精密仪器应采用纸箱或全木箱包装，快件与箱壁应预留约 5 ~ 10 厘米的空隙，用缓冲材料填充。如使用的纸箱包装外面还有旧的运输或包装标识的，必须将其清除，避免旧的快件标识造成操作失误。 ( )

223. 形状不规则物品，可以用各色垃圾袋进行包装，然后使用胶纸进行缠绕包装。 ( )

224. 派送路线是指将业务员在派送快件时所经过的地点和路段，按照先后顺序连接起来并结合上门取件所形成的路线。 ( )

225. 快件派送时限是指派件员完成快件交接，至客户处成功派送快件、运单和款项交接等活动的最大时间限度。 ( )

226. 如果快件运单轻微破损，不影响查看快件信息，也需按照问题件进行处理。 ( )

227. 地址错误和不详的快件，都需要退回寄件人。 ( )

228. 快件交接时发现快件破损，且重量与运单填写重量不符，只要直接办理退回寄件人手续并退回寄件人即可。 ( )

229. 核对总件数就是根据交接清单逐件审核记录总数是否有汇总计算的错误。 ( )

230. 特快专递邮件时限分为全程时限、作业基本时限等。 ( )

231. 临近下班时段投递邮件时，应遵照“先投递散户，后投递机关大户”的投递顺序，采取跳跃式的方式进行投递。 ( )

232. 邮件投递前，投递员应电话预约投递时间。预约不成功，暂停投递。 ( )

233. 邮件投递前，应电话预约投递时间，预约不成功，按址投递。 ( )

234. 全球特快专递邮件业务要求落实好各责任段落的管理，加强现场监督检查，堵塞漏洞，务使各项规章制度都能严格地贯彻执行。 ( )

235. 邮政通信网是由邮政营、投局所及设施，各级邮件分拣封发中心和邮政运输系统，按照一定的原则和方式组织起来，在控制系统作用下，按照统一的运行规则传递邮件的网络系统。 ( )

236. 国际及台港澳特快专递邮件寄递中，适于邮递的货样、商品、馈赠礼品、手稿文

件可以作为物品寄递。（ ）

237. 邮政容器按质地和外形的不同可分为邮袋、信盒和集装箱等。（ ）

238. 特快邮件按内件性质分为“信函”“文件资料”和“物品”三种。（ ）

239. 国际及台港澳特快专递邮件寄递中，信函与文件资料混封时，应按信函交寄。（ ）

240. 国际及台港澳特快专递邮件寄递中，信函与文件资料或物品混封时，不得按信函交寄，应按文件资料或物品类交寄。（ ）

241. 书写国内特快专递邮件封面时，要求字体正规、工整，字迹清晰，不写怪字或潦草字，但如有书写错误要在封面上进行涂改。（ ）

242. 邮政货运航空公司、中铁快运均是中国邮政速递物流股份有限公司的子公司。（ ）

243. 中国、日本、韩国、美国、澳大利亚、中国香港 6 个国家和地区的邮政部门于 2002 年在美国夏威夷卡哈拉东方饭店召开了 6 个邮政 CEO 高峰会议，会后组成了卡哈拉邮政合作组织。（ ）

244. 2002 年，卡哈拉邮政合作组织的创立，统一了国际 EMS 服务标准。（ ）

245. 国内标准快递物品类邮件包装箱、盒的最大尺寸：长度不超过 1 300 毫米，长度和长度以外的最大横周合计不超过 1500 毫米，公差 3 毫米。（ ）

246. 按照《快递服务》邮政行业标准的重量与规格要求，快件的单件重量不宜超过 50 千克；快件的单件包装规格任何一边的长度不宜超过 150 厘米，长、宽、高三边长度之和不宜超过 300 厘米。（ ）

247. 书籍、报纸、目录及书包等可按文件类国内特快专递邮件寄递。（ ）

248. 物品类特快专递邮件重量超过 3 千克时，包装箱、盒外必须用非金属捆扎带箍紧。（ ）

249. 对于包装物上标有“↑”符号的国内特快专递邮件，如交寄人认为邮件确属可倒置邮件，应由寄件人将“↑”符号划销，并在详情单备注栏内注明“可倒置”字样后，即可揽收。（ ）

250. 特快专递邮件内件为硬质物品时，可以使用特快专递邮件专用封套封装。（ ）

251. 国内标准快递按内件性质分为信函、文件和包裹三类。（ ）

252. 内件是指客户寄递的信息载体和物品。根据信息载体和物品的概念，国内快件主要可分为信件类快件和包裹类快件两种。（ ）

253. 需要捆扎的特快专递邮件，应先进行捆扎再将邮件详情单牢固粘贴在邮件封面上，但捆扎带不应覆盖详情单条形码。（ ）

254. 投递出班前装车完毕后，要检查作业现场有无遗漏邮件，做好出班“三净”工作，即：墙面净、桌面净、地面净。（ ）

255. 特快专递邮件投递作业进口接收的环节包括：接运准备、总包接收、总包封发。（ ）

256. 袋牌上标有的内容邮件的种类、寄发局、接收局等，给据邮件袋牌上还要注明重量。（ ）

257. 在投递邮件过程中应妥善保管邮件，可将邮件交给收件人领导翻阅。（ ）

258. 邮政网按其管理功能及其作用范围分为全国干线邮政通信网、省级邮政通信网和邮区邮政通信网。（　）

259. 日戳日期字钉应当在每个工作日开始以前更换，日戳更换字钉后，每次要在“日戳打印簿（邮1615）”上盖一清晰戳样，经检查无误后方可使用。（　）

260. 特快专递邮件投递后，投递信息应集中录入手持终端系统，并保证所录入内容准确无误。（　）

261. 邮政职业道德是指从事邮政工作的人员在邮政通信生产管理中应遵循的行为规范的总和。（　）

262. 投递邮件时，若请他人代收，签章、批注代收关系应清晰可辨。（　）

263. 全球特快专递邮件业务的特点可以归结为“特”“快”“递”三个字。（　）

264. 全球特快专递邮件业务的特点可以归结为“特”“快”“专”三个字。（　）

265. 邮政物流是中国邮政的新兴业务，它包括合同物流、功能性物流和国际空运三大主要产品。（　）

266. 投递时收件人不在，如收件人指定他人代收，投递后不必通知收件人。（　）

267. 邮件处理中心的功能是将集中到该处的各类邮件进行分拣封发及总包经转，并担负邮件运输的任务。（　）

268. 投递员出班投递，若收件人是单位名称，应投交收件单位收发室或前台，有联系电话的要及时告知相关收件人。（　）

269. 书写国内特快专递邮件封面时，收件人的姓名、有效联系电话可简写。（　）

270. 国内特快专递邮件按照寄达范围分为市内、市郊和郊县三类。（　）

271. 国内特快专递邮件按照寄达范围分为省际、省内异地和同城特快专递邮件三类。

（　）

272. 收派员投递快件后，应及时录入投递信息并上传网络。（　）

273. 国内特快专递业务一般分为国内标准快递和国内经济快递。（　）

274. 国际物流是提供运输或同城配送等单一服务内容的基础型业务，包括国际货运代理、国际贸易代理、保税物流等业务。（　）

275. 特快专递投递人员回班后，要将未妥投邮件带回操作现场进行整理，投递签收详情单直接送档案室。（　）

276. 撤回是指收寄局根据收件人的申请，将已交寄的特快专递邮件退还寄件人的一种特殊服务。（　）

277. 对尚未首次投递的国内快件，如寄件人提出申请，快递服务组织可提供撤回服务，提供撤回服务时，快递服务组织应告知寄件人需要承担的费用并告知收费标准。（　）

278. 国内特快专递邮件封面书写要求，一票多件的子件邮件详情单内容只需填写收寄件人名址、联系方式和该邮件重量。（　）

279. 计算长方形包装的最大尺寸时，所谓最大横周，就是该物品的宽与高之和。

（　）

280. 国内特快专递邮件封面书写要求，对于附加服务、收寄代收货款邮件时，必须在相应的“□”内画“√”，并用阿拉伯数字注明应收金额。（　）

281. 国内特快专递邮件封面书写要求，对于附加服务、收寄代收货款邮件时，必须在

相应的“□”内画“×”，并用大写数字注明应收金额。（ ）

282. 在邮件安全保密规定中，发现隐匿、毁弃或丢失信件，侵犯公民通信自由权利的，必须及时报告上级主管人员。（ ）

283. 投递特快专递邮件时要认真复核点交，与收件人做到“勾挑核对”。（ ）

284. 投递特快专递邮件时要认真复核点交，与收件人做到“收投相见”。（ ）

285. 邮政用户应依法用邮，遵守禁寄和限寄物品的规定。（ ）

286. 快件内部处理主要包括分拣、封发、运输等环节。（ ）

287. 如在内部处理过程中发现禁寄物品，应立即停止寄递，对各种反动报刊、书籍、淫秽物品、毒品及其他危险品，应及时通知公安机关处理，并及时报告当地邮政管理部门。（ ）

288. 特快专递邮件内件为贵重物品时，必须装入完全密封的容器内，再装入纸质包装箱、盒内，箱盒内要用吸附性强的填充物填塞妥当。（ ）

289. 较重的金属物品或贵重物品，应用坚实的金属或硬塑料制成的内箱匣或特制的包装箱匣封装。（ ）

290. 特快专递邮件投递出班前处理的环节包括：代客包装、分拣处理、道段处理、平衡合拢、装车出班。（ ）

291. 特快专递邮件投递出班前处理的环节包括：开拆录入、分拣处理、道段处理、平衡合拢、装车出班。（ ）

292. 邮政企业应当为用户提供迅速、准确、安全、方便的邮政服务”是邮政通信服务方针的具体内容。“迅速”，是指邮件传递的速度要快，要及时。具体用邮政企业为用户提供的某种邮政服务的全程时限要求表示。不同的邮政业务种类，如特快专递邮件、普通邮件对全程时限有不同的要求。（ ）

293. 投递作业出班前，揽投员要将邮件按照内件性质与所负赔偿责任进行区分。（ ）

294. 国内经济快递圆卷形邮件最小尺寸是长度30厘米、直径10厘米。（ ）

295. 根据不同业务种类邮件的时限要求，转运邮件是速递投递人员的岗位职责之一。（ ）

296. 投递员回班后应会同总台人员对各业务种类的投递派送单、妥投详情单及未妥投邮件的件数、签收规格进行审核。无误后，总台人员在“详情单”上登记。（ ）

297. 投递员回班后应会同总台人员对各业务种类的投递派送单、妥投详情单及未妥投邮件的件数、签收规格进行审核。无误后，总台人员在“进口投递邮件平衡合拢交接登记表”上登记。（ ）

298. 邮政通信的任务之一是，邮政通信是全社会人民群众沟通信息、联络感情的最普通的通信方式。（ ）

299. 信函类特快专递邮件封装可以使用自制的封套。（ ）

300. 应按所寄物品的性质、大小、轻重、寄递路程远近和运输情况等，选用适当的包装材料妥为包装。（ ）

301. 各生产单位必须在每日对给据邮件和总包邮件分别进行平衡合拢。（ ）

302. 规定每件特快专递邮件的最小尺寸限度，是便于对特快专递邮件的操作处理以及

能使特快专递邮件装入邮袋。（　　）

303. 特快专递邮件跟踪查询系统是一种计算机系统软件。（　　）

304. 公文、合同不可按信函类国内特快专递邮件寄递。（　　）

305. 中速快件按内件性质分为信函、文件资料和物品三种。（　　）

306. 中速国际快件业务即“China International Express”。中速快件业务是指中国邮政速递物流股份有限公司与商业公司合作办理的国际快件业务。通达全球 220 多个国家和地区，中速快件根据重量、运递时限和服务方式的不同，分为“标准快件”“经济快件”“重货快件”等；同时提供门到门、门到港、港到港以及增值服务。（　　）

307. “国内经济快递”特快专递邮件的全程时限要求和现有国内标准特快专递邮件时限水平相同。（　　）

308. 袋绳是用于封扎邮袋口的线绳或麻绳。（　　）

309. 国内特快专递邮件禁止寄递果汁、盐酸、硝酸、有机溶剂、农药、危险化学品等。（　　）

310. 快递、速递、快运、快件、航空快递/快件这些只是名称的不同，其含义都是指“物件的快捷运送”。（　　）

311. 航空快递又称速递、快件、快运。具体来说就是由专业经营该项业务的货运代理公司，与航空运输公司合作，派专人用最快的速度，在货主、机场、用户之间传送急件的运输服务业务。（　　）

312. 可以以航空快递形式发运的物品有：动物、珠宝、珍贵的艺术品、文物、古玩等。（　　）

313. 航空快递时在数量上不受某些国家海关限制的物品：动物制品、酒类液体等。（　　）

314. 航空快递物品体积外包装单边长度，一般不应超过 102 厘米；三边相加一般不应超过 175 厘米。（　　）

315. 航空快递计费重量是在毛重与体积重量中选取较高者。（　　）

316. 运营人在经营进出境快件业务报关时，发现快件中含有禁止出境的物品，可以擅自处理。（　　）

317. 外国驻华使领馆及其人员进出境的公、私用物品以航空快件进口时，必须办理严格的通关手续。（　　）

318. 国际快件支付投保金额的 1%。（　　）

319. 航空快递时，动物可以接受投保。（　　）

320. 航空快递时，贵重金属及宝石等不能接受投保。（　　）

321. 快递管理是指对整个快递作业进行全方位的控制、协调、督导和跟进的全过程。（　　）

322. 作业管理是直接关系到“内部与外部客户满意度”的硬指标，是快递管理的核心内心之一。（　　）

323. 仓库管理是快递管理中“内勤管理”或“内部管理”的主要内容，仓管水平直接影响“收派的效率、货件的安全、运送的准确率”，关系到对客户的服务承诺。（　　）

324. 快递作业中在收件入库时，需要检查物品是否属于禁运品；是否超出服务范围等

内容。 ( )

325. 客户管理是服务型企业的永恒课题，是企业外部管理的核心内容。 ( )

326. 财务管理的核心内容，是控制成本，实现预期目标。 ( )

327. 快递管理中，单票重量过大的货件，本公司操作成本不应高于“外包成本”，否则就应让外部承包。 ( )

328. 寄往政府机关的任何国内快件一律拒收。 ( )

329. 来历不明的客户投寄的国内快件，必须彻底检查。 ( )

330. 快件公司查询员在为客户转接电话时，应避免未做沟通交代就转接，使同事莫名其妙、措手不及。 ( )

331. 快件公司查询员在为客户转接电话时，可以未等有关同事拿起话筒，转接方就已挂机。 ( )

332. 顺丰快递业务中，空运件的单件货物外形长不超过 2.5 米，宽不超过 1 米，高不超过 0.8 米，否则，不能通过机场安检。 ( )

333. 收派员在填写运单时，重量和价格栏填写后不得改动；万一错填，原单作废，再填新单，以免纠纷。 ( )

334. 收派员在填写运单时，重量在 100 千克以下的，小数点实行二退三进、七退八进的标准。如 2.2 千克，按 3 千克计费。 ( )

335. 国际快递进出境货物在超过正常申报期限后申请，每日需缴纳完税价格的万分之五的滞报金。 ( )

336. 进口快件的完税价格，以到岸价格为审定基础。

四、简述题

1. 快递与物流的关系？
2. 快递集散中心（中转场）的功能？
3. 航空快递业务与普通航空货运及国际邮政有什么区别？
4. 快递公司仓库作业操作要点？
5. 快递公司收派员的工作职责有哪些？
6. 作为快递公司的接单或查询员，当有客户问你要收派员的手机号码时，你应如何处理？
7. 在快递作业中，因客户原因或快件操作失误，收件人拒付运费的到付快件（拒付件）应如何处理？
8. 请简要回答总包封装的基本要求。
9. 在核查禁限寄物品时如何验视快件？

五、案例题

1. 快递公司客户部工作人员接听到客户投诉，在因客户没有准备好快件，而收派员不愿等候的情况下，如何处理？
2. 首重的确定及简单的运费计算。
3. 某客户通过快递企业寄递 70 千克的整机，请根据相关规定，快递企业应如何处理？

请说明理由？

4. 请列出10种限制寄递出境物品？

5. 卸载总包时，哪些需要单独码放？

6. 某客户向快递公司交来4件单件包装的物品，量得长、宽、高分别是A（165厘米、40厘米、30厘米）、B（120厘米、40厘米、60厘米）、C（150厘米、100厘米、110厘米）、D（90厘米、90厘米、140厘米），根据相关规定，以上物品尺寸哪个不符合快件规格？请说明理由。

7. 快件派送流程分为几种，各如何操作？

8. 某客户有5个快件需要发货，重量均不超过50千克，3个快件为非航空快件，尺寸分别为：

（1）10厘米×80厘米×155厘米；

（2）90厘米×110厘米×110厘米；

（3）15厘米×20厘米×130厘米；两个快件为航空快件，尺寸分别为：

（4）30厘米×50厘米×100厘米；

（5）1厘米×1厘米×120厘米。

根据相关规定，这5个快件，哪几个符合快件规格，哪几个不符合，请说明理由。

9. 某一航空快件，从上海发往北京（国内异地），使用纸箱包装，其尺寸为30厘米×40厘米×60厘米快件称重共10千克，试计算资费（首重12元，20千克以下每千克8元）。

10. 快件交接需注意哪些事项？

11. 某客户想寄递厚度为4厘米且不易破碎、抗压类的书稿，请问如何选择包装材料？

12. 一票从北京寄往深圳的快件（航空运输，系数为6 000），由2件组成，都使用相同的纸箱包装，快件A的长宽高分别为60厘米、40厘米、30厘米，实重5千克；快件B的长宽高分别为60厘米、40厘米、30厘米，实重为18千克。将一票快件整体进行重量计算，计费重量为多少？

六、资料阅读题（阅读材料回答问题）

资料一　快递业发展“十三五”规划（节选）

（一）“十二五”回顾

产业发展势头迅猛。“十二五”期间，快递业实现持续高速增长，业务量收入分别增长7.8倍和3.8倍，快递业务收入占邮政业业务收入比重由45%提升到69%，快递业的重要地位日益凸显。初步形成7家年收入超200亿元、8家年收入超100亿元的快递企业，快递业市场化、网络化、规模化、品牌化程度不断提高。“十二五”末，我国快递年业务量突破200亿件，继2014年首次突破100亿件后再登新量级，稳居全球首位，最高日处理量突破1.6亿件，成为中国经济的一匹“黑马”。

能力水平持续提升。全国快递服务营业网点从6.4万个增至18.3万个，县级网点覆盖率达95%以上，乡镇网点覆盖率提升至70%，快递网络向中西部地区、中小城市及县域乡镇加快延伸。全国建成快件分拣中心逾千个，配备全自动分拣设备的枢纽型分拣中心61个，在建或建成投入使用的快递专业类物流园区超200个，处理能力显著增强，集约化程度进一步提高。快递专用货机从19架增至71架，3家快递企业拥有自主航空机队，航空快件占国内货邮吞吐量的比例超过一半。高铁运快件和电商快递班列取得突破，快递干线车辆从 7 万辆增至 19 万辆，快递综合运输能力大幅提升。手持终端近 80 万台，主要城市在用智能快件箱逾 6 万组，快递电子运单使用率达到 55%，行业智能化水平明显提升。

转型升级步伐加快。重点快递企业探索建立现代企业制度，多元资本在快递领域交叉持股、相互融合，市场主体活力和创造力不断激发。业务板块由“1 + 1”向“1 + 3”拓展，重点聚焦电子商务、制造业、跨境贸易等领域，产业链进一步延伸。仓配一体化、代收货款、供应链管理等业务种类加快发展，服务内涵不断扩大，部分快递企业正由传统快递服务提供商向综合性快递物流运营商转型。快递公共服务站、连锁商业合作等末端收投新模式相继涌现，末端服务方式日益多元。快递服务满意度逐年提高，时限准时率相对稳定，用户有效申诉率逐年下降，快递服务质量明显改善。

发展环境显著优化。《中华人民共和国邮政法》修正实施，为快递业高速发展奠定了法律基础和保障。制定修订 6 项部门规章，发布《快递服务》等 23 项国家和行业标准，《快递条例》列入国务院立法计划，行业法规和标准体系日益健全。简政放权深入落实，经营快递业务的企业年度报告审核、分支机构名录核定发放、分支机构备案和许可注销初审等多项职权全面下放到市（地）局。快递业务经营许可制度逐步优化，实现全流程网上办理。快递业纳入国家鼓励发展产业目录，快递服务类别列入《国民经济行业分类》（2011 版）。《国务院关于促进快递业发展的若干意见》等国家政策相继发布，促进与关联产业协同、企业兼并重组、快递末端投递等一系列产业政策陆续出台，“营改增”税制改革平稳实施。各地促进快递业发展的意见措施相继落地，快递发展政策红利不断释放。

（二）“十三五”展望

“十三五”时期，世界经济在深度调整中曲折复苏，格局更趋复杂。我国经济步入新常态，经济发展方式正在加快转变，新的增长动力正在孕育形成，经济长期向好基本面没有改变。随着供给侧结构性改革的加快推进、大众创业万众创新的全面深化和行业关联产业环境的持续优化，我国快递业进入难得的发展机遇期。

1. 供给侧结构性改革为快递业转型升级提供新动能

我国经济发展逐步向形态更高级、分工更优化、结构更合理的阶段演化，将在更高层次上推动供需矛盾的解决。国家协同推进新型工业化、信息化、城镇化、农业现代化，超大规模内需潜力不断释放，为我国快递业持续高速发展创造了广阔空间。随着电子商务、制造业、农业等关联产业升级，快递业上游产业环境将更加优化，全新供给模式加快形成，迫切需要提升快递服务供给质量和效率。资本介入逐步加快，融资环境不断改善，跨界融合渐成趋势，将有力推动快递业市场主体兼并重组，建立完善的现代企业制度。推进快递业供给侧结构性改革，将逐步打破行业发展单一、同质、低质化现状，向多元、规范、精细化转型，压减低效供给，提高质量效率。

2. “互联网 +”行动计划为快递业创新发展提供新引擎

“互联网 +”行动计划推动形成网络化、智能化、协同化的产业发展新形态，将为经济社会发展增添新动力。快递业对接供需两端，积极提高服务匹配能力，将逐步打造一个服务于各行各业、服务于新经济的生态体系。快递发展空间未来将向更广阔的领域延伸，快递与电商合作不断深化，与现代农业、制造业、跨境贸易等协同模式不断拓展。线上线下互动，将进一步畅通实物流、信息流、资金流，推动快递业加速升级，发展便民利商新业态。新一代信息技术与现代制造业、生产性服务业等融合发展，将进一步创新服务链、打通信息链、改造实物链，助推快递业步入新的发展时代。

3. 开放型经济新体制为快递业国际化发展提供新机遇

我国正加快构建开放型经济新体制，推进高水平双向开放，将逐步放宽商贸物流等外资准入限制。随着国内包裹快递市场的全面开放，快递业市场竞争进一步加剧，将推动行业改革向纵深发展。"一带一路"战略步入务实合作阶段，区域间贸易活动更为频繁，国际物流战略通道建设将进一步加强，亟须形成一批深度参与国际分工、具有国际竞争力的快递企业。中国制造"走出去"步伐加快，为快递企业实施"跟随发展"战略、拓展海外市场创造有利条件。自由贸易区战略实施和跨境电子商务发展，促使快递企业加快提升订单处理、跨境运输、海外仓储、境外投递等能力。

4. "放管服"改革为快递业健康发展提供新助力

面对经济下行压力和传统动能减弱，我国进一步深化简政放权、放管结合、优化服务改革。快递业务经营许可程序不断优化，商事制度改革进一步推进，将有利于推动社会资源有效聚合，持续释放快递市场活力。加强快递业事中事后监管，坚持放管结合，将有利于规范市场秩序，适应新业态、新模式发展，促进快递市场主体公平竞争。提高政务服务效率，加强政企互动，提高行业政策的针对性和有效性，将有利于助推行业健康有序发展。

5. 资源环境制约对快递业绿色发展提出新要求

我国资源环境承载能力的刚性约束趋紧，生态环境恶化趋势尚未得到根本扭转。随着快递业持续高速发展，传统发展模式受成本、资源和环境的制约越来越严峻。劳动力等生产要素成本不断上升，对行业发展影响日益突出。车辆、包装材料等生产资料需求量大幅增加，资源消耗和环境影响将进一步加大。未来快递业将全面节约和高效利用资源，通过减少收寄、分拣、封发、运输、投递等各个环节对环境的污染和资源消耗降本增效。通过减少对传统能源的依赖，优化要素投入结构，实现快递业"低污染、低消耗、低排放、高效能、高效率、高效益"的绿色发展。

新机遇、新需求也伴随着新问题、新矛盾，快递发展同时面临诸多挑战。一是经济新常态下经济增速换挡、结构调整阵痛、动能转换等困难相互交织，快递消费需求与有效供给不匹配、要素成本攀升等问题明显。二是网购人口红利逐步衰减，电子商务发展进入增速减缓期，快递增长的结构性风险加大。三是新技术、新业态、新商业模式不断涌现，新旧市场主体间资源争夺日趋激烈，市场格局不确定性增加。四是模式创新与现行法规之间碰撞日趋频繁，对政府治理提出新挑战。五是传统安全威胁和非传统安全威胁交织，寄递安全事件频发多发，网络安全、信息安全等问题时有发生，行业安全风险加大。

要求：

（1）结合上述资料谈谈我国快递业发展取得的成就与发展潜力。

（2）结合上述资料谈谈我国快递业为什么要发展以及发展的机遇与挑战是什么？

资料二　新科技助力快递业"提质增效"

我国快递行业正在进入"提质与增量并存，降本与增效并举"的新周期，快递企业必须坚持科技创新，并以此助力服务与效率的全面提升，强化核心竞争力，促进我国由快递大国向快递强国迈进。

根据国家邮政局发布的统计数据，2018 年我国快递包裹量突破 500 亿件，占全球快递包裹市场份额的一半以上，连续五年稳居世界第一。"十二五"以来，我国快递业务量已增长了近 13 倍，年复合增长率达到 45.5%。快递业在拉动经济增长、带动相关产业发展与升级等方面，正在扮演着越来越重要的角色。

随着我国社会主要矛盾转化为人民日益增长的美好生活需要和不平衡、不充分发展之间的矛盾，快递业也从外延扩张型的高速增长阶段转向高质量发展阶段。同时，面对着信息化、自动化、人工智能等新技术的突飞猛进，快递巨头们为了增强核心竞争力，纷纷加大科技研发及投入力度，一场"科技"大战的序幕悄然拉开。

（一）不断突破，快递业"日新月异"

近年来，我国快递需求愈加旺盛，在多种因素作用下，快递业务量持续增长。快递市场迎来了更多玩家，除了邮政 EMS、顺丰、百世和"三通一达"等传统的快递企业外，京东、苏宁等电商企业，东航快递、德邦物流等物流企业也迅速进入快递市场。此外，联邦快递、联合包裹、雅玛多（中国）运输有限公司、欧西爱司物流（上海）有限公司、嘉里大通物流有限公司等外资快递品牌也纷纷在中国快递市场拓展业务……

在市场竞争不断加剧的大环境下，快递巨头们放弃了"价格战"，不断修炼内功，"向西、向下、向外"延伸网络布局，并开始由单一的快递服务提供商向多种服务的综合性快递物流运营商转型。我国快递业发展，呈现出"日新月异"的局面。

1. 快递业务量持续增长

近年来，我国经济飞速发展，居民生活和消费水平持续提升；电子商务飞速发展，网络购物成为人们日常生活的一部分；"懒人经济"和生活节奏不断加快。越来越多的人愿意享受上门服务，快递需求愈加旺盛。同时，政府及相关部门不断出台政策，鼓励快递业发展。在多重因素的共同推动下，我国快递业务量持续增长。

国家邮政局统计数据显示，2018 年全国快递业务量达到 507.1 亿件，比上年增长 26.6%；净增量为 106.5 亿件，创历史新高；全国快递企业日均快件处理量 1.4 亿件，最高日处理量达到 4.2 亿件，同比增长 25.7%；快递业务收入达到 6 038.4 亿元，同比增长 21.8%；人均快件使用量为 36 件，较上年增加 7 件。2018 年快递业务量收分别是 2010 年快递业务量收的 21.7 倍和 10.5 倍，年均复合增长率分别为 46.9% 和 34.2%，远高于同期国内生产总值增速，成为新经济的亮点。

2. 网络布局"向西、向下、向外"发展

我国快递行业区域性特征明显，由于经济发展水平的差距，快递业务主要集中于东部地区，中西部差距明显。不过，随着电子商务成为脱贫攻坚的重要手段，国家"向西、向下"战略持续推进，中西部和广大农村地区快递业务量增速持续高于东部和城市地区。在此背景下，快递企业开始加大中西部以及农村地区的网点建设，尤其是农村地区快递服务网络建设方面，根据国家邮政局的统计，2018 年全国农村地区快递服务网点达到 6 万多个，快递企业乡镇网点覆盖率达到 92.4%，同比提高 5.1 个百分点。另一方面，全球化电子商务推动了全球产业整合和供应链重构，尤其是跨境电商的发展，更是给中国快递企业带来了千载难逢的发展机遇，不少快递企业开启"向外"网络布局战略，争相在国际舞台上崭露头角。快递企业网络布局呈现出"向西、向下、向外"的总体趋势。

3. 快递企业向综合性快递物流运营商转型

2017 年，国家邮政局发布了《快递业发展"十三五"规划》，明确鼓励骨干快递企业拓展服务领域，健全仓储、冷链、运输、金融、供应链管理等能力，加快向综合性快递物流运营商转型。

骨干快递企业不断拓展服务领域，由单一的快递服务向仓储、快运、冷链、同城等多样化服务扩展，由快递服务企业向综合性快递物流运营商转型。其中，顺丰发展最为迅速，已初步建立了为客户提供一体化综合物流解决方案的能力，不仅提供配送端的高质量物流服务，还延伸至价值链前端的产、供、销、配等环节，从消费者需求出发，以数据为牵引，利用大数据分析和云计算技术，为客户提供仓储管理、销售预测、大数据分析、金融管理等一揽子解决方案。物流产品包含时效快递、经济快递、同城配送、仓储服务、国际快递等多种快递服务，以零担为核心的重货快运等快运服务，以及为生鲜、食品和医药领域的客户提供冷链运输服务。此外，顺丰还提供保价、代收货款等增值服务，以满足客户个性化需求。

在进一步布局综合物流，提升综合服务能力方面，顺丰投资并购不断，例如，2018 年 3 月，收购广东新邦物流有限公司核心资产及相关业务，并建立“顺心捷达”快运业务独立品牌；2018 年 8 月，与美国夏晖集团宣布联合成立新夏晖；2018 年 10 月，与德国邮政敦豪集团（DPDHL）达成战略合作，并设立顺丰敦豪供应链公司；2018 年 3 月，领投美国知名科技货代公司 Flexport C + 轮融资，与 Flexport 建立深层次战略合作关系，优化国际业务全链条。

（二）技术助力，促进效率提升

近年来，快递企业纷纷加大投入，用于转运中心、信息系统及干线运输网络等建设。如，电子面单、自动输送与分拣系统、智能机器人、人工智能、大数据、云计算等技术在快递行业相继投入使用，在推动我国快递行服务效率和水平方面起到了关键作用。

1. 电子面单开始普及

2014 年之前，多数快递企业使用的是纸质面单，而纸质面单成本高，人工录入信息效率低，出错概率高，而且受天气和运输影响较大，信息安全难以保障。2014 年 7 月，菜鸟电子面单上线，可以说是我国快递业信息化发展的里程碑。电子面单的应用，不仅降低了分单成本，提升了揽签时效，还为快递企业数字化发展打下了基础，帮助企业收集整合用户信息，企业方可通过数据了解分析获取用户画像，发挥价值。基于电子面单打通了寄件人、快递企业与收件人以及干支线路的数据，促进了自动分拣的实现，推动了整个快递效率的提升。目前国内排名前 15 的快递公司都在使用电子面单。

2015 年，快递实行实名制后，用户的信息暴露在面单上，信息泄露问题引发了社会热议，各大快递企业与平台着手改变面单形式以保护用户信息。2016 年，京东上线“微笑面单”；2017 年，菜鸟上线“隐私面单”；2017 年，顺丰上线“丰密面单”。

为响应国家节能减排的号召，助力绿色快递发展，2019 年 6 月 11 日，菜鸟联手快递公司推出了“新版电子面单”，面积缩小近一半，从两联单变为一联单。6 月 17 日，申通快递也进行了电子面单“大瘦身”，申通方面预计，2019 年 9 月“一联单”普及率将超过 60%。

2. 自动化物流技术与装备加快推广应用

随着用户对快递服务时效性要求的不断提高，快递企业积极用自动化输送分拣系统、智能分拣机器人、智能包装设备、无人仓等自动化、智能化物流技术及装备替代人工，以提高快件处理的效率及精准性。

自动化输送分拣系统的应用较为成熟，但是快递企业仍旧在不断创新，不断研发新品。

自动化输送分拣系统持续创新特征明显。例如，顺丰针对不同业务场景下各种分拣能力的需求，研发了低成本、高可靠性的推臂式中速分拣系统、摆轮分拣系统以及交叉带分拣系统，实现从硬件设计、结构设计到控制算法及系统软件的完全自主研发，并已批量在中转场部署。其中，摆轮分拣系统实现了小件包与单发件的免托盘混合自动化分拣。同时，顺丰进行模式创新，国内首个用于重货场地的高架布局式自动化分拣项目投入运营，通过实现重货全流程无人化分拣处理，降低操作人员的劳动强度和人力成本，并填补了国内重货分拣领域自动化技术应用的空白。

智能分拣机器人被行业推广应用。如，2018 年，申通在郑州、金华、上海、福州、深圳、漯河、武汉等城市的中转场地共铺设 33 套全自动分拣机器人（小黄人）或者交叉带分拣设备，自动化分拣设备的投入预计可以节约 70% 的人工成本，进一步降低人力成本消耗，提高分拣作业效率。

无人仓技术应用逐步展开探索。无人仓可实现从入库、存储、包装、分拣的全流程、全系统的智能化和无人化。菜鸟启动了物流 IoT 战略开启了“未来园区”。园区内大力投入了自动化分拣线、AGV 机器人、机械臂等技术，大幅提升了分拣效率。

3. 智能快递柜不断“进化”

在解决快递业“最后一公里”问题方面，智能快递柜颇受青睐。2012 年 9 月中邮速递易率先推出“速递易”智能快递柜；2015 年 6 月，顺丰、申通、中通、韵达、普洛斯共同投资创建丰巢科技；2017 年 7 月，中国邮政以 50% 股份控股速递易；2017 年 9 月丰巢科技收购了中集电商“e 栈”，在大量资本助力下，智能快递柜在全国得以推广，数量呈几何曲线式增长，2015—2018 年的总量分别为 6 万组、10 万组、27. 1 万组和 35 万组。

智能快递柜不断升级。除了数量的增长以外，智能快递柜也在不断升级。2018 年 8 月，菜鸟驿站推出具有刷脸功能的菜鸟智能柜，用户可在 2 秒内极速开柜取件；2019 年 5 月 27 日的全球智慧物流峰会上，菜鸟又发布了智能柜的升级产品，升级后的菜鸟智能柜一改传统快递柜多取货口的设计，采用一口取件的方式，包裹存放量提升了 1. 6 倍。

（三）“新科技”大战已打响

如今摆在快递企业面前的，除了巨大的市场发展机遇，还有消费者对快递包裹完整性、清洁性、高品质的极致追求，以及劳动力成本增加、竞争激烈等诸多问题。各家快递企业已然意识到，只有不断创新科技，以新技术手段实现“提质增效”，提升综合实力，才能在竞争中拔得头筹，顺丰、韵达、中通、圆通、申通等快递巨头纷纷成立科技部门或公司，大数据、区块链、无人机、5G 等一大批新科技正在被探索和应用，一场“科技”大战正在上演。

1. 大数据技术

大数据技术正被广泛地应用于快递行业当中，例如基于对大数据及云计算的应用，对快件全生命周期进行全程可视化管理；通过对客户发出快件的各操作环节进行服务质量和时效的跟踪，确保在揽收环节、中转环节、运输环节、派送环节及时发现问题，进行预警并投入资源迅速解决，如运输环节中，全程轨迹可视、偏离预警、疲劳驾驶预警等；大数据在运营与管理方面的作用也不容小觑。值得一提的是，顺丰将大数据与人工智能技术结合，并应用在速运、仓储、快运、冷运、医药、国际、金融等业务领域，建设了包括智慧管理平台、智能决策平台、物联网实时监控平台、智慧仓储系统、数据灯塔等一系列大数据产品和系统。

2. 区块链技术

区块链技术具有去中心化、去信任化、可扩展等特点，是未来网络中一种底层架构存在，可解决中心平台垄断、信用认证难题、信息不对称等问题，是企业发展的必然趋势。目前，区块链技术正在由传统的信息互联网向价值互联网时代的过渡中，国家已经制定了相应的发展框架和监管政策，引导大众企业应用区块链技术。

2018 年，韵达科技开启了区块链技术应用于企业的探索，以区块链渗透到供应链开始“快递物流行业区块链 +”的征程。应用方向上，主要在联盟链为技术架构平台、以资产管理、审计、大快运件、高保价件、溯源等方面进行了有益的应用探索。

顺丰在多个领域实现了区块链技术的应用，例如在医药溯源方面，基于 GS1 编码标准，结合冷运业务和医药仓实现全链条药品追踪，保障药品质量；在跨境溯源方面，采用保税仓前置结合社区零售的新模式，创造了海关清关新模式，极大地降低了货品清关时间等。

3. 无人机与无人车技术

无人机可以实现同城物流的加急业务，以及满足部分特殊场景（偏远山区、交通不便地区、特殊医疗资源递送等）的快递服务需求，使物流网点、终端之间的流转获得更高效率。例如，2018 年，顺丰自主打造的无人机研发团队全面掌握了物流无人机核心技术，获得 300 余项专利，其中发明专利占比近 50%，覆盖无人机设计、云平台、运营管理等物流无人机研发和应用的相关领域。2018 年 11 月 6 日，顺丰发布方舟无人机，该无人机适用于中短距离末端配送业务。2018 年 11 月 15 日，顺丰无人机快递接驳柜在赣州南康正式应用，意味着顺丰物流无人机可实现全程自动化运行。韵达也已成立“无人机研发专项团队”，覆盖无人机的研发、设计、测试与应用等相关领域。

无人快递车主要在流量密度较大的区域，解决“最后一公里”的配送服务，包括小区配送、园区配送、快递员接驳等多种应用场景。除了京东、菜鸟、苏宁等电商快递企业在研发无人快递车以外，也有传统的车企在关注这一领域，例如，德国第 67 届汉诺威商用车展上，雷诺展示了一款 Ez – Pro 概念车。

不同于国内的无人投递车，这款无人快递车由一个自动化的“领导仓”和若干“机器人仓”组成，投递服务可以由“领导舱”和“机器人舱”共同完成，也可以由机器人仓独立运作；每一个车还可配备调度员，他们可以监督整个投递过程和无人驾驶的机器人舱，还可以提供高效和定制的服务，比如递送一些易碎物品或者高级物品；机器人仓还可以充当商店、食品柜台和其他类型的零售空间。

应用在干线运输方面的无人货车也广受关注。2018 年 5 月，京东硅谷研究院研发的 L4 级别的自动驾驶重型卡车在美国完成测试。2018 年 5 月，苏宁物流与智加科技联合推出的达到 L4 级别无人驾驶能力的重型卡车“行龙一号”完成路测。

4. 5G 技术

5G 网络超高的数据上传和下载速度、更加广泛的覆盖范围和更加稳定的连接，将从根本上改变移动连接。5G 技术融入快递业之后，必将提升效率。2019 年，中国邮政、德邦快递、圆通速递等多家邮政快递都已在布局 5G 相关的战略合作。中国邮政与中国联通签署战略合作协议，双方将探索运用物联网、大数据、云网一体、5G 等新技术，推进智慧物流平台建设、视频监控云存储管理和服务。德邦快递与中国联通签署战略合作仪式，双方将充分利用中国联通在云网一体、大数据、物联网、5G 通信等领域的优势，将共同建设 5G 联合实验室。物流信息互通共享技术及应用国家工程实验室发布的《5G 网络技术在新一代物流行业中的应用》报告称，随着 5G 移动通信技术的全面商用，人工智能、大数据云计算、物联网以及区块链等核心技术的产品将逐步落地。

要求：

（1）根据资料二谈谈现代科技在快递中的作用。

（2）怎样有效利用现代科技武装快递。

（3）结合资料二，以习近平新时代中国特色社会主义思想为指导，分析快递业如何才能解决我国社会的基本矛盾。

主要参考文献

1. 《中华人民共和国邮政法》。
2. 《中华人民共和国海关对进出境快件监管办法》。
3. 李力谋：《快递实务》，中国商务出版社 2006 年版。
4. 国家邮政局：《快递业务操作与管理》，人民交通出版社 2011 年版。
5. 中国物流网。